籠と竹のよもやまばなし

池田瓢阿

淡交社

籠と竹のよもやまばなし

籠と竹のよもやまばなし　もくじ

竹のはなし

表紙撮影／宮野 正喜
装丁／坂上谷 守

はじめに

古来、籠も竹も、日本人の身近にありすぎたのかもしれない。

ゆえに、あまり気に掛けられることもなく、あってあたり前と見過ごすうちに、生活をともにしてきた竹材や籠づくりを生業《なりわい》とする者がいなくなり、近隣の竹林は放置されて荒れ、厄介者として問題視されているのが現状である。

しかし、籠も竹も、未だ神事や祭礼など、日本人の精神性を示す場において、重要な位置を占めている。

また、茶の湯に携わる者にとっても、なくてはならない大切な存在であり続けている。

本書は、籠師としての立場だけでなく、もっと広い意味で「籠」と「竹」を見つめ直し、その歴史や扱われ方などを私なりに再考察しつつ、思い出話などを交えながら、エッセイ風にまとめたものである。

わかりやすくいえば、「籠」や「竹」について、私が徒然《つれづれ》に頭に浮かんだことどもを、読者に語る内容となっている。

本書をまとめるにあたり、江戸千家宗家の月刊誌『孤峰《こほう》』において、五年間連載させていただいた文章をもとにしたが、途切れ途切れであった話や、考察が浅かったものを見直し、今の自分が知りうる情報や考え方を加え、さらに楽しく読んでいただけるよう、工夫をしたつもりである。

そう、難しいことは書いていない。興味のある題目から読んでいただければと思う。また、章を「籠」と「竹」にわけたのは、「籠」は必ずしも「竹」でつくられてきたわけではない、ということを示したかったからである。

もっともっと「籠」や「竹」について知り、見聞を広げていただくよう、一つずつ扉を開いていって下さる方が多くあることを願ってやまない。

本書は、江戸千家宗家の月刊誌『孤峰』において、平成十五年から五年間にわたり連載された「籠の歴史と茶の湯」（同十五～十七年）と「竹花入の歴史と茶の湯」（同十八～十九年）をもとに、大幅に加筆修正し、再構成したものです。

また、本文に添えてあるイラストは、著者がすべて描いたものです。

籠のはなし

一、籠のはじまり

東京メトロ千代田線を「根津」駅で降り、一番出口の階段を上がると、すぐ右側に不忍《しのばず》通りと言《こと》問《とい》通りの交差する信号が見える。これを言問通りに沿って右側、つまり東京大学(東大)方面へと向かう急坂を「弥生坂《やよいざか》」という。この坂を登りきって、少し行くと、通りの左側に東大工学部の敷地がある。さらに進んで行くと、その敷地の角に五坪ほどの空地があり、人の背より少々高いくらいの石碑が椎《しい》の古木の下に静かに佇んでいる。近づいて見ると「弥生式土器発掘ゆかりの地」の文字が大きく刻まれている。

生物学の教授としてアメリカからやって来たエドワード・シルベスター・モース(一八三八〜一九二五)が、明治十年(一八七七)に日本で初めて、科学的な方法に基づく発掘を行い、大森貝塚を発見した。そこから縄文式土器が出土して、縄文時代の存在が知られるようになった。それから七年後の明治十七年(一八八四)、学生らによって東大近隣の「向ヶ岡遺跡(現・弥生二丁目遺跡)」から縄文とは異なる土器が発掘された。土器が発見された当時、この地は「向ヶ岡弥生町」と呼ばれていたが、ゆえに「弥生式土器」「弥生時代」の名称が生まれ、縄文期に続く文化期の存在を証明したと、この碑は伝えているのである。

さて、本郷の東大学内には、総合研究博物館がある。昭和五十年(一九七五)の晩秋、二十代の私は、古代の籠の研究のため、父に連れられて、ここを訪ねた。館の三階でエレベーターを降り、廊下の壁際の棚に古代人のいくつもの頭蓋骨が並んでいるのを見ながら、おそるおそる研究室に入ると、室内には土器や埴輪が所狭しと陳列されていた。その中で私がいちばんびっくりしたのは、例の弥生町初出土の壺形土器が、何気なく、ちょこんと置かれていたことであった。見ると、ほとんど装飾らしき装飾はなかったが、丸みを帯びた器形は素直な生命力にあふれていた。私は、その壺形土器の簡素な美しさに先人の美意識を感じ、弥生人の美意識は時代を経て、現代の日本人にも受け継がれていると思ったものである。また、縄文式土器の優品も数点飾られており、弥生式土器とは異種の迫力ある造形が、見る者に迫ってくる。このように、私たちが訪れた研究室内には、縄文・弥生期の古代の匂いが充満していたのである。

ところで、籠のはじまりは「鳥の巣」であった、という仮説がある。技術の歴史について書かれた文献を調べると、かなり有力な説らしいが、なるほど、最初はそんなものかという気もする。鳥には生まれながらにして籠(巣)を編む能力が備わっているわけで、誰に教えられるでもなく、木々の小枝を集めて巣という器をつくる。ヒトはその技術を盗み、使うことで籠づくりを学んだのであろう。あるいは、鳥の巣に粘土質の土を塗り込めて、水を汲む道具に発展させたりもしたのであろう。そして、粘土を塗り込めた籠を火で焼けば、それは土器へと繋がっていった。このような経験を積んで、人間はさまざまな技術を手に入れたという仮説は、いってみれば、籠がヒトの脳みそを刺激したことにほかならない。籠づくりが人類の発展に貢献しているという、私にとっても嬉しい夢のある話なのである。

夢のある話をもう一つ掲げたい。

戦前の発掘のことになるが、シベリアの永久凍土層からマンモスの骨とヤナギで編まれた籠が一緒に発見されたことがあるという。マンモスは約一万年前には死滅しているので、それ以前の出土品となり、当時これらは約二万年前のものと断定された。何故、マンモスと籠が結びつくのかと疑問を持たれる向きもあると思うので、説明しよう。二万年前の人々は石器による武器を持ち、集団で狩猟を行っていた。また、獲物は食料とするだけではなく、皮や骨も利用する。ことに、マンモスは骨組が大きいので、その助骨を梁《はり》とした住居をつくり、暮らしていたのである。つまり、マンモスの骨で家をつくり、そこで暮らしながらヤナギで編んだ籠に食料などを入れ、置いていた、当時の人々の光景が浮かぶのである。

世界的に見ても、籠は古代より各地で編まれ、使われてきた。竹に限らず、木や木の皮、蔦や葛の類・柳など、その地に生える植物で編まれている。

日本でも、近年、籠の考古資料に新しい発見があった。青森市の三内丸山《さんないまるやま》遺跡から、木の実(クルミ)が入った袋、いわゆる「縄文ポシェット」と名づけられた籠が出土したのである。これはイグサの類で編まれており、当時の籠の技術の一端を読み取ることのできる出土品として

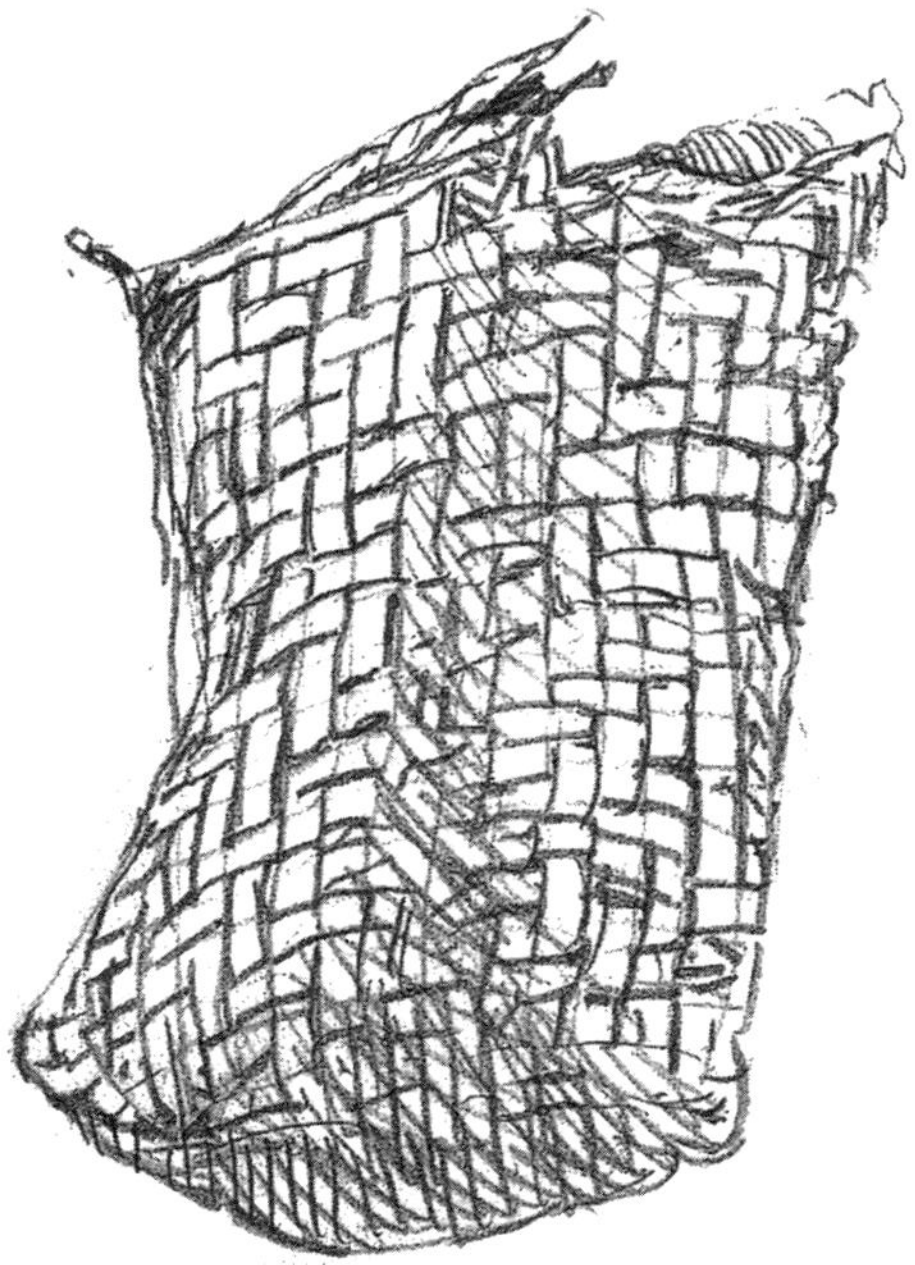

縄文ポシェット

貴重である。しっかりと編まれていて、とても四～五千年前のものとは思えない。また、福井県の鯖江市では、三千年前の大型の籠が出土している。これは、ヒノキで編まれており、木の実を入れておくための道具であったらしい。籠は竹冠に龍と書くが、縄文時代には、竹の籠はきわめて少ないことを、お伝えしておきたい。

　縄文時代にしろ、弥生時代にしろ、籠の出土例は多いとはいえない。それは、植物で編まれているために腐りやすく、石器や土器のように原型を留めるのが難しいのである。そこで、籠の考古資料として役に立ったのが「籠目土器」といわれるものである。籠目土器とは、土器をつくる際に陶土の表面に籠の編み目が刻印された種類の土器のことをいう。縄文・弥生の時代を通じて、底にのみ籠目文の見られる土器群がある。轆轤《ろくろ》のなかった時代、たとえば、籠地の板の上に土をのせ、そこで成形していけば、自然と器の底に籠目が残ることになる。

　また、それとは別に、表面全体に籠目

籠目土器の破片

文が残る土器もある。それはおそらく型抜きされたものだと思う。やはり、轆轤なしで土器をつくる方法として考えられたはずである。ごく最近まで、アメリカインディアンのある部族の間でもバスケット（籠のこと）を陶器づくりに利用する技術が残されていたという話を思い出す。

父と訪れた東大の総合研究博物館では、残念ながら籠目土器を見ることができなかった。しかし、美しい造形の土器を拝見した満足感を収穫とし、帰りの途《みち》すがら「弥生式土器発掘ゆかりの地」の石碑に立ち寄った。この丘陵一帯に弥生時代の集落があり、そこに弥生人の生活が営まれていたのだろう。きっと彼らは土器をつくるばかりではなく、籠も編んで暮らしに役立てていたはずである。

それが今、私の仕事に繋がっている不思議を、この碑を見るたびに感じるのである。

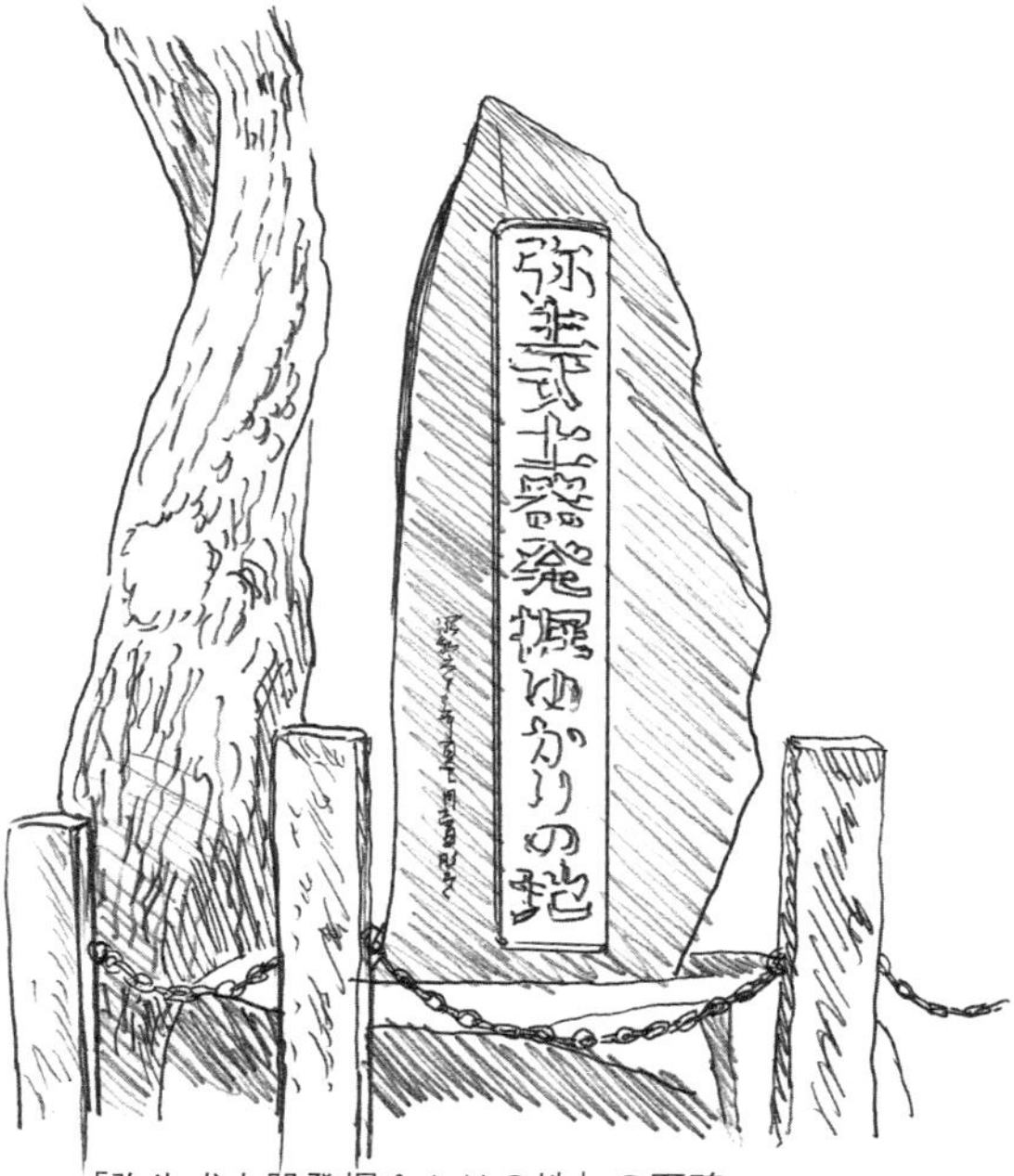

「弥生式土器発掘ゆかりの地」の石碑

二、籠と漆

茶会に行くと、正客が決まらず、席がはじまらない時がある。お坊様でもいて下されば大変助かるのだが、そうそううまく事が運ぶ席ばかりではなく、半東がこの方と思うお客様に声を掛け、ようやく点前がはじまることも珍しくない。また、少々遅れて席入りしようものなら「よいところへ来た」とばかりに上座に座らせてしまうこともある。こんな時、私は腹を決めて、正客という立場をできるだけ楽しむようつとめている。

何といっても、主茶碗を手にすることができるし、その茶碗で亭主の心入れのお茶をいただくこともできる。まさに正客ならではの幸せといえよう。また、薄茶席ならば、すぐ傍に煙草盆《たばこぼん》が出されているのも嬉しい。盆に仕組まれた道具に、籠地や竹の道具があると、ことさらである。

煙草盆は、喫煙の習慣が一般化した江戸時代初期から茶席で用いられはじめたという。形は多様で、手付き・手なし・

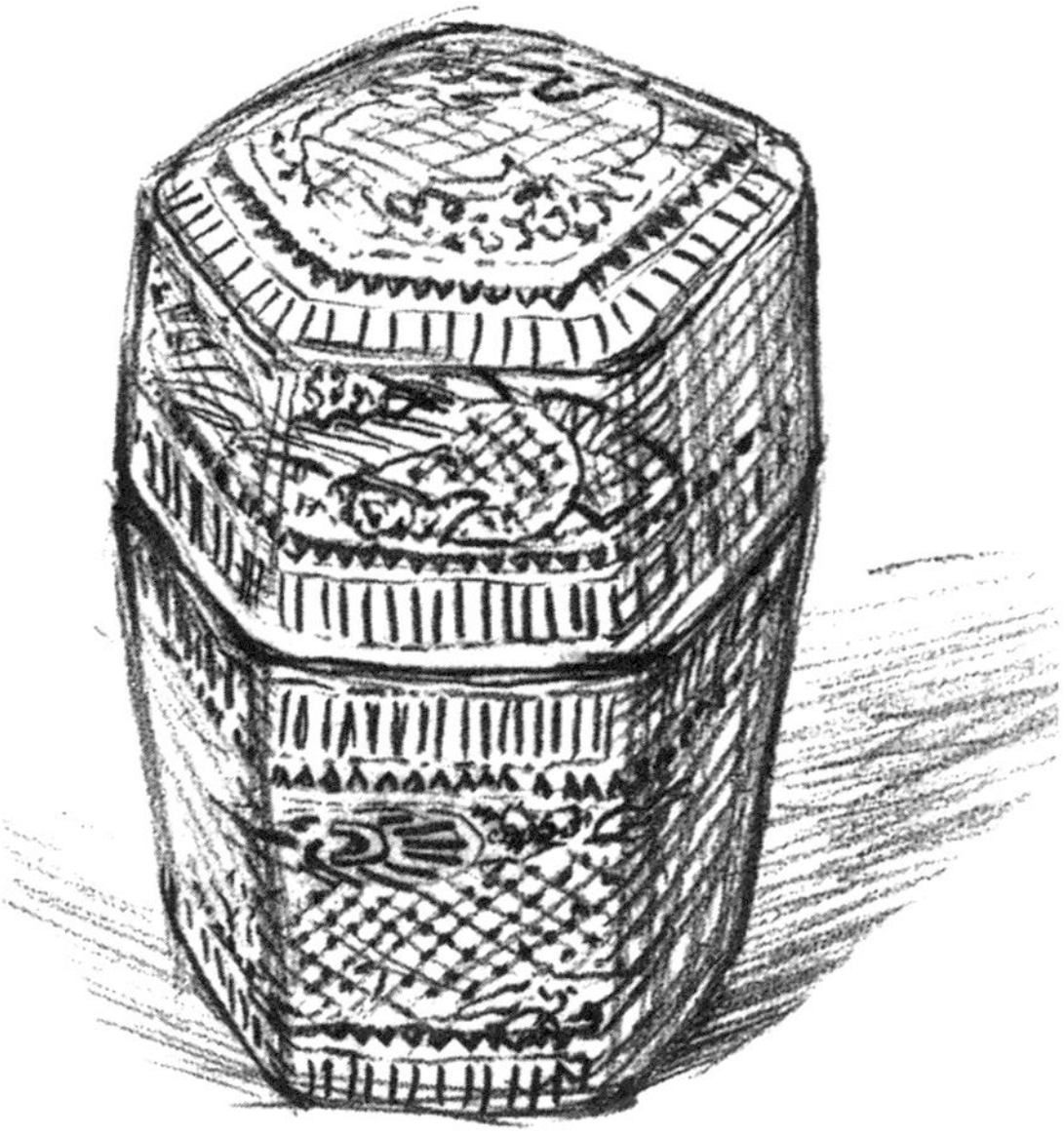

蒟醤の煙草壺

木地・塗り・籠地の物などがあり、宗匠や茶人の好み物も多い。そして、煙管《きせる》を一対、盆に添えるのが習いではあるが、今はこれで煙草を吸おうという人はいないようだ。私がお茶を習いはじめた頃は、稀に煙管を上手に操って、美味しそうに煙を燻《くゆ》らせる老茶人の姿を見かけたものだ。また、火種を入れる「火入」と刻み煙草を入れる「煙草壺(煙草入)」にも名品・珍品が多く、見逃す手はない。火入には、染付を中心として唐津や織部・志野などの陶磁器が用いられ、煙草壺には蒟醤《きんま》・独楽《こま》・天川《あまかわ》などの漆器が多く用いられる。これらの漆器は、いずれも東南アジアから渡来したものであり、日本の漆器にはない、おおらかな雅味が漂っている。まさに、煙草を喫するという舶来の南蛮趣味に見合う容器といえよう。

なかでも、蒟醤は、その多くの器胎《きたい》が竹で編まれて形づくられたもの(藍胎《らんたい》という)であることをご存じであろうか。竹の籠地の上に下地となる漆を厚く塗り重ね、そこに文様を施し、その上にまた色漆を塗って研ぎ上げているので、籠の編み目は感じられず、木地か籠地かを見わけられる人は少ないように思う。しかし、籠地ゆえに、木地とは異なる、そこはかとない柔らかさが生まれ、しかも軽くて丈夫な器となるのだ。

では、いつ頃に蒟醤の漆器が茶道具として取り上げられるようになったかというと、不審菴が所蔵する利休所持の「蒟醤茶箱」が古い例とされているので、遅くとも桃山時代(十六世紀)には使用されていたことになる。おそらく、利休はこの蒟醤の箱の洗練された造形と軽くて丈夫な特性を知って、茶箱に見立てたのであろう。

ほかに、茶器・香合・煙草盆・食籠《じきろう》・菓子器などに見立てられた蒟醤の茶道具があり、先に述べたような下地が厚く編み目の見えないものと、意識的に編み目を見せるものもある。その産地は、竹と漆に恵まれた土地である、タイやミャンマーなどでつくられてきたものであることが、先学によって明らかになりつつある。

同様に、日本も竹と漆に恵まれた地であることから、蒟醤の手法が伝わってのち、天保年間（一八三〇～四四）に玉楮象谷《たまかじぞうこく》が高松で編み目を潰して塗る技法を再現して以来、日本の蒟醤の産地として名高くなった。また、久留米では、明和年間（一七六四～七二）に同藩の御抱え塗師によってはじめられた堅地塗《かたぢぬり》の伝統を礎とし、塗師・川崎峰次郎が竹籠に応用し、精巧で優雅な茶道具などを完成させた、編み目を生かす「久留米籠地塗」が有名である。

また、我が国では、漆の歴史も古く、はるか縄文時代早期にまで遡ることが近年の研究により確認されている。そして、蒟醤のような装飾文様はなくとも、それに似た朱塗の籃胎漆器が縄文時代の晩期にはすでに使われていた。

❖籃胎漆器

私は年に一回、講演会と籠の講習会を開くため、青森県八戸市を訪れている。招いて下さるギャラリーの主人とご母堂の人柄もあり、かれこれ二十数年来になる。その会の合間をぬって、市内各地の名跡をご案内下さるのだが、当地の歴史の奥深さを毎回味わわせていただいている。初めて八戸を訪れた時には、市の代表的な文化財である「是川遺跡《これかわ》」をご案内いただいた。青森県は三内丸山をはじめ、数多くの遺跡があり、埋蔵文化財の宝庫であるが、八戸市の中心部の南、四～五キロに位置した丘陵地にある是川遺跡からは「籃胎朱塗漆器」が出土したことを、私が知っていたからだ。

この遺跡は、大正九年（一九二〇）に泉河岩次郎という人が自宅の敷地内で発見し、発掘保存をしたのがはじまりで、同十一年（一九二二）にはその重要性が認められ、本格的な発掘調査が行われるようになったのである。そして、昭和三十二年（一九五七）に国の史跡に指定された是川遺跡から出土した遺物は、縄文時代晩期を飾る優品が多く、現在、六百三十三点が重要文化財に指定されている。この出土品の特色は、漆、ことに朱漆を使って彩色したものの多さである。それを代表するのが「籃胎朱塗漆器」なのである。

籃胎朱塗漆器

口径十五センチ、高さ十センチほどの小さな籠で、美しい姿形がほぼ完全な状態で発見されたのは、泥炭層《でいたんそう》に深く埋もれていたお陰だという。また、栃《とち》や胡桃《くるみ》などの木の実の殻と一緒に出土していることから、食器として使われていたと思われる。しかし、この籠の材料は竹ではなく、是川遺跡の出土品に多い木製品ではないかと考えられる。つまり、木の皮などで網代《あじろ》状に編まれているように見える。その器胎を基として、天然のアスファルトで下地を固め、天然の丹《に》(水銀朱)を混ぜた漆を塗って彩色を施す。この技術レベルの高さには驚かされるばかりである。

同様に、正倉院宝物に「漆胡瓶《しっこへい》」という、鳥頭に象った蓋を持つペルシア風の水差しがあるが、これも木材を器胎としたものである。

このように、日本において、籃胎の材料がいつ木材から竹材に変わったのかは定かではないが、縄文時代にはじまって現代に至るまでつくり続けられている籃胎漆器を、日常あるいは茶道具の中に見つけられたら、そこには三千年の歴史があることを想起していただきたいと思う。

三、和歌に詠まれる籠

毎年一月に執り行われる宮中の「歌会始の儀」。明治時代には一般国民からの詠進《えいしん》も認められるようになり、今では「お題」も平易なものになって、詠進歌の一般応募は毎年二万五千通ほどあるという。私は、詠進するわけでもなく、ましてや招かれるわけもないので、テレビ中継を拝見しながら、選ばれた和歌を楽しむのがもっぱらである。また、毎年異なる言葉が選ばれる「お題」は、その年の茶会の取り合わせに織り込まれたり、引出物のモチーフとしてあしらわれたりと、年のはじめの華やかな雰囲気を演出するのに一役をかっている。

このように、和歌は、万葉の昔から日本人の心の表現として綴られ、時代を繋いで今日に至るまで、私たちの感性が大きくは変わっていないことを示してくれているように思う。

籠《こ》もよ　み籠持ち　掘串《ふくし》もよ　み掘串持ち　この丘に　菜摘ます兒　家聞かな　告らさね　そらみつ　大和の国は　おしなべて　吾こそ居れ　しきなべて　吾こそ座せ　吾こそは　告らめ　家をも名をも

雄略《ゆうりやく》天皇（在位四五六〜四七九年）の作と伝えられる『万葉集』巻第一の巻頭に掲げられた御製歌《おおみうた》である。「籠もよい籠を持ち、掘串（木や竹でつくられた、土を掘り起こして菜を採取する道具）もよい掘串を持ち、この丘で菜を摘む娘さんの家を聞きたい、名乗っておくれ。この大和はことごとく私が統《す》べる国だ。すみずみまで私が治めている国だ。私こそ告げよう。家も名前も」という内容である。実にのびのびと雄大で、万葉の時代の雰囲気と雄略天皇のお人柄が伝わってくる。雄略天皇は、倭の五王(讃・珍・済・興・武)の最後の武王にあたり、弥生時代に続く古墳時代、大和朝廷の王である。大和朝廷は東国まで勢力をおよぼし、中国の王朝(南北朝代の宋)に朝貢《ちょうこう》して、外交的にも国の支配を確固たるものとしていた。そんな時代に詠まれたこの歌に「み籠」が詠み込まれていることに注目したい。「み掘串」とともに、乙女が菜摘みの道具として手にしている籠は、おそらく雑器とは異なる、行事あるいは神事用のものであったに違いない。「み籠」の形は想像するしかないが、能の演目である「大原御幸」や「花筐」などに観るような、竹を荒目に編んだ手付きの籠と考える。ただし、荒目といっても丁寧につくられ、儀式用とするならば、彩色がなされていたとも考えられる。それこそ、みすぼらしい雑器ならば歌に詠まれることもないし、雄略帝が感動されるような籠を美しい乙女が持っていたと思うのが妥当であろう。

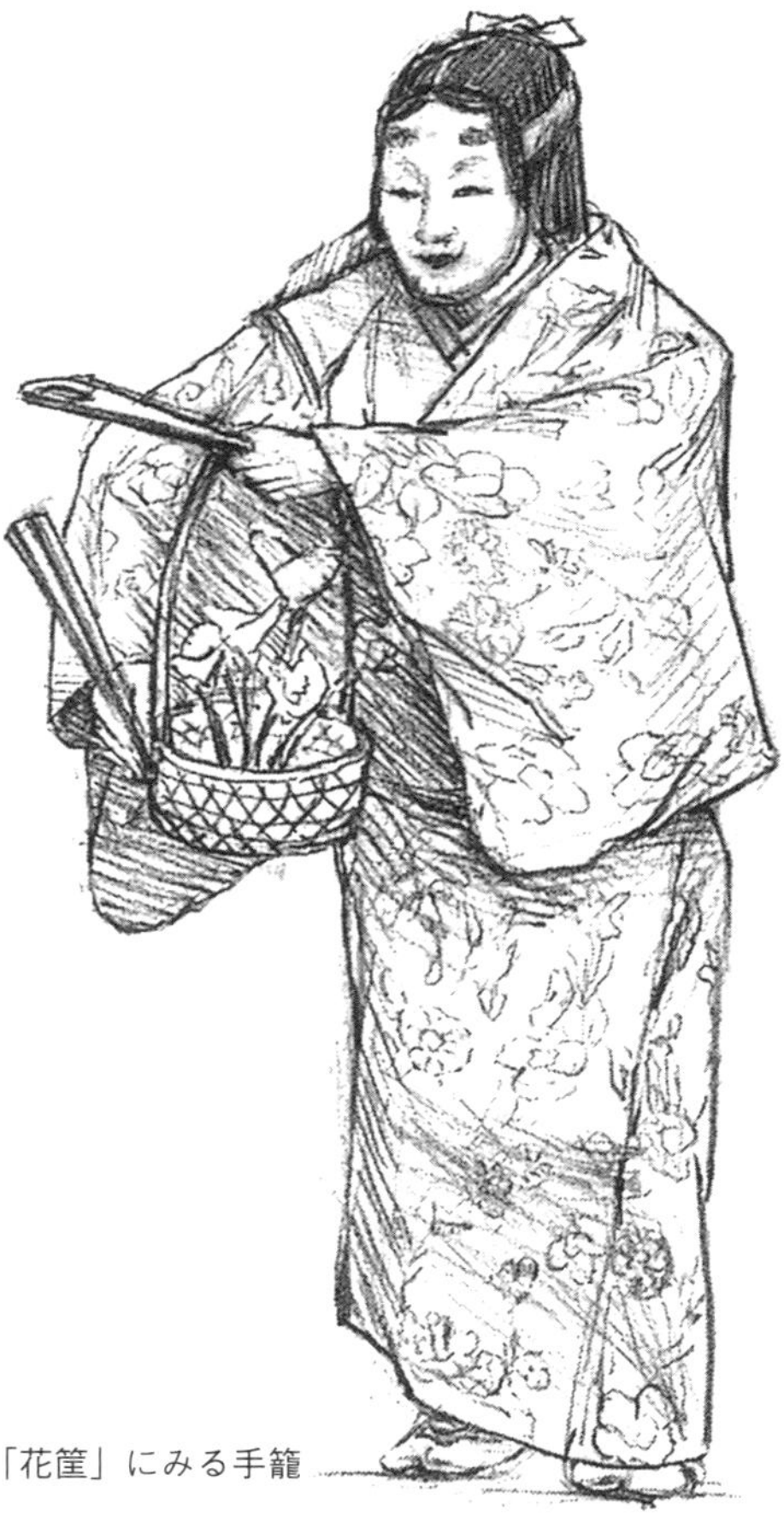

能「花筐」にみる手籠

また、奈良時代には、太安万侶《おおのやすまろ》らによって『古事記』や『日本書紀』などの歴史書も編纂されており、それらの書物の中にも「籠」に関する記述がある。

『古事記』上巻に載る「海幸彦と山幸彦」の話は、絵本にもなって子どもの頃から親しんできた昔話であるが、その中に、籠で編まれた小舟が出てくるのである。火遠理命《ほおりのみこと》(山幸彦)が兄の火照命《ほでりのみこと》(海幸彦)に乞いて互いの道具を交換して釣りをしていた時、火照命の大事な鉤《つりばり》を失って途方にくれていると、見かねた塩椎神《しおつちのかみ》が「无間勝間《まなしかつま》の小舟」をつくって与え、この舟に乗って海神の宮に行けばきっと助けてくれると教えられた、とある。この「无間勝間の小舟」とは、隙間のない編み目の籠の小舟と解釈されている。つまり、網代編みの小舟という意味である。網代編みとは、薄く割いた植物(木の皮や竹の身など)を二ツ目とばし、あるいは三ツ目とばしに編むことによって隙間をつぶしてゆく編み方である。この編み方だと、隙間がないために、目止めをしてやれば水が浸入するのを防ぐことも可能となる。「无間勝間の小舟」とは、そのような原始的な舟の一つと思われる。なお、『日本書紀』には、同様の話が記載されており、「無目籠《めなしかつま》」と表現されている。

『古事記』中巻の巻末には「秋山の下氷壮夫《したひおとこ》と春山の霞壮夫《かすみおとこ》」という話が載る。こちらも兄弟の葛藤が描かれているが、その文中に、兄弟の母が「伊豆志河の河島の節のある竹を取って大きな目の荒い籠をつくり」、兄弟の争いを鎮めたとある。伊豆地方にある韮山《にらやま》は千利休が初めて竹の花入をつくったとされる土地であるが、この話からも伺えるように、伊豆は昔から竹の豊かな土地であったことがわかる。また、節のある竹とは、ササ類のメダケ(女竹)のことであろうか。いずれにしろ、この時代には、すでに竹が盛んに籠として使われていたことを知るのである。

❖南イタリアの壁画に描かれた籠

南イタリアのカンパーニア地方にあるヴェスヴィオ火山が突然大噴火を起こして、山の南東に位置していた都市・ポンペイが火山の溶岩流と火山灰に埋没したのは、西暦七九年八月のことであった。そして、三日間続いた噴火は、すっかりこの地域の様相を変えてしまったという。今、ポンペイの遺跡は発掘調査が進み、その全貌が明らかになって、古代ローマ時代の人々の暮らしぶりを知る貴重な資料を与えてくれている。また、ナポリが近いこともあって、日本人のよく訪れる観光地としても親しみがある。ご多分に漏れずというか、私もその一人である。

まず驚いたのは、修復によって蘇った都市の大きさと建造物の立派さであった。しかも、住居内の壁のいたるところに、みごとな壁画が描かれ、とても一地方の都市とは思えぬ質の高い文化と暮らしぶりを見せつけられた思いであった。そのポンペイからサルノ川をはさんだ近郊に、スタビアという街がある。ここもヴェスヴィオ火山の噴火で消滅してしまった古代都市があったところである。その遺跡から出土した壁画には、ポンペイの壁画に負けぬ素晴しい作品があり、その一つに、当時の花籠が描かれたものが存在する。

現在、ナポリ国立博物館が所有する「花を摘むフローラ」と名づけられた壁画は、世界の名画の一つとして選ばれるほど世に知られた存在である。フローラとは、古代ローマにおいて「花の女神」を指した。美しい乙女が見返り美人図を思わせるポーズを取りつつ、右手で背の高い草花を手折り、左腕には花籠を抱いているのが見える。女神が後ろ姿であるために籠の全体図はわからないが、いずれにしろ、竹で編まれたものではないのは確かである。柳の枝など、ヨーロッパの温暖な地域で手に入る植物によって編まれたものであろう。籠の形は広口、目透かしに編まれた大きめの花籠のようだ。水受けは見えず、単なる花摘みの籠として解釈してよいと思われる。

雄略天皇の御製歌と「花を摘むフローラ」壁画には、同じキーワードがある。つまり、春の野原、美しい乙女、草花摘み、そして「籠」。時代も地域・文化も異にしているのに、同様なものに感動する不思議。それは、生命への讃歌と捉えることが、いちばん素直な解釈のように思われ、また、時空を超えて「籠」が存在する神秘に驚かされる。

「花を摘むフローラ」の壁画

四、正倉院の籠

奈良・東大寺は、大仏殿を中心として、東に二月堂・法華堂《ほっけどう》（三月堂）、西に戒壇院《かいだんいん》、南に勧学院・南大門、北に正倉院などが配置されている。これらの建造物の中で、天平時代から戦火にあわず、その宝物とともに当時の姿を今にとどめているのが正倉院である。

奈良時代から平安時代にかけて、大寺院などにはそれぞれの財物や什宝類を納める正倉があり、幾棟もの正倉を垣や築地で囲んだ一帯を「正倉院」と称していたという。有名なところでは、興福寺や法隆寺などにも正倉が付属していたが、歳月の経過により失われ、現在は東大寺のみに残ることから「正倉院」といえば、東大寺のものを指すこととなる。まさに、奇跡的に残された遺構というべきであろう。

また、正倉院に収められた宝物は、奈良時代に舶載したものや日本で制作された美術工芸の遺品であり、それらは秋に一般公開され、奈良まで足を運べば、天平の工芸・美術の粋を目の当たりにできる。私も何度も伺ったが、自身の専門分野ばかりではなく、すべての分野において現代の技術を凌駕《りょうが》する完成度の高さと美しさは魅力的であるし、見るたびに刺激を受ける。

竹製品に限っても、それらの品々は際立って優れており、おそろしいほど緻密につくられている。また、技法が複雑で、ほかの分野の工芸（漆工・金工など）とリンクしていて、現代では再現が困難ではないだろうかと思う品もある。もちろん、それらは民具ではない。強大な権力者がパトロンとなって初めて可能な作業である。また、作品の崇高さは、当時の信仰心の高まりと無縁ではないと考える。余談だが、民具に関しては、今をもっても発掘による検証や絵画や文書類に頼るほかなく、事実、茶の湯がはじまる時代までの籠の実像はわかりにくいままであるが、正倉院宝物の中で明らかに籠であるといえるものは、仏具・遊戯具・文房具・武具に見ることができるので、次に紹介しよう。

❖花籠

インドからもたらされた散華《さんげ》の法は、日本ではおもに蓮弁形の紙に彩色を施した花や樒《しきみ》の花を代用して行われる。そして、散華の花を入れる器は、花籠《けご》・華籠《けご》・散華盆・花皿などと呼ばれ、金属・漆《しっ》皮《び》（皮で本体をつくり、漆で彩色したもの）・竹籠などでつくられている。

正倉院に収められている「花籠」は、実に簡素である。いわゆる「盆笊《ぼんざる》」の形で、一目見ただけ

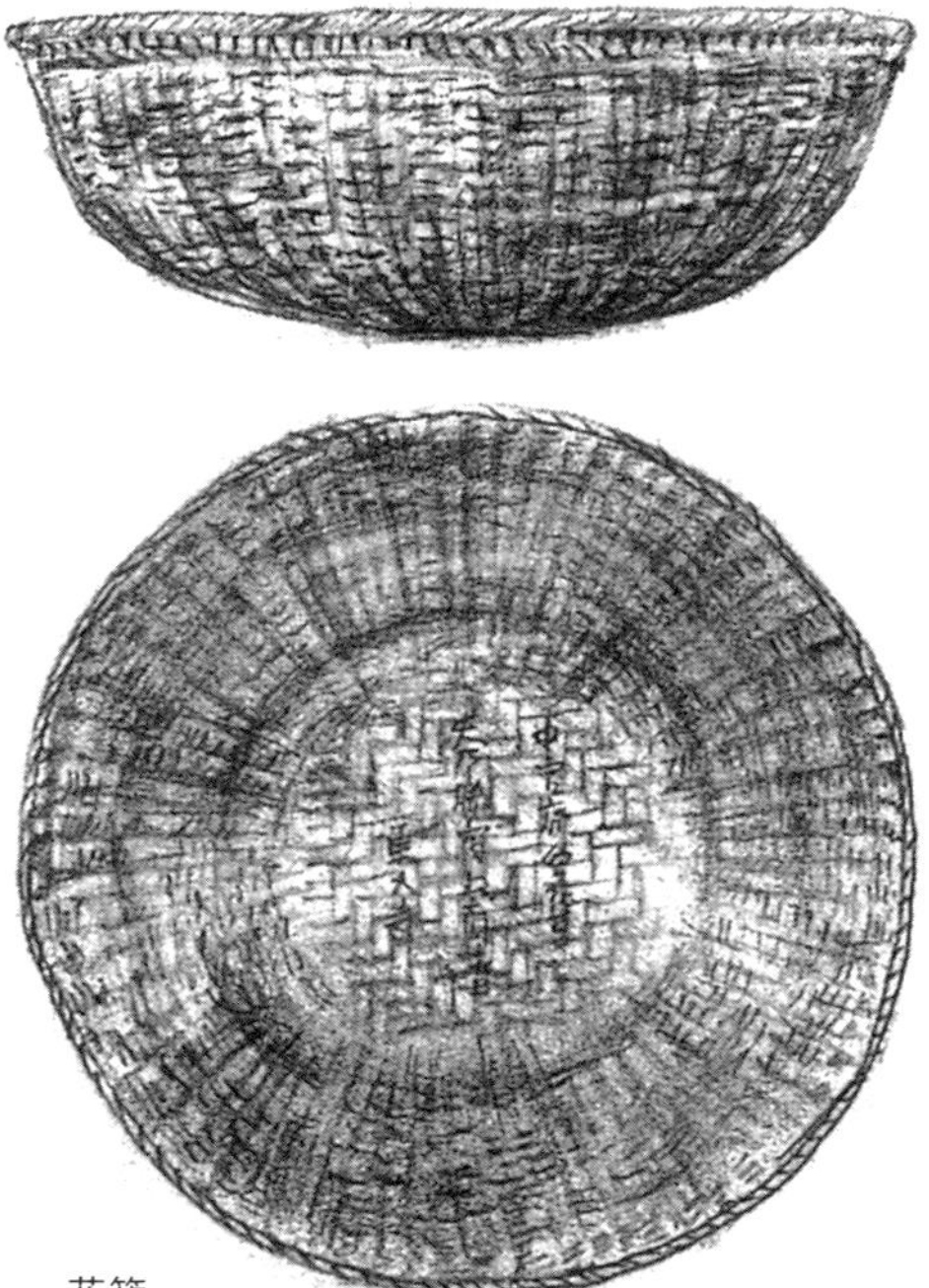

花籠

ではただの雑器にしか映らない。しかし、その籠が正倉院に五百六十六口も伝わっていること、底面に「中宮斎會花筥　天平勝寶七歳七月十九日　東大寺」あるいは「東大寺　天平勝寶九歳五月二日」と、それぞれに由緒が墨書されていることは重要なことである。天平勝宝七年（七五五）は、聖武天皇の生母・藤原宮子の一周忌にあたる。また、同九年（七五七）は、聖武天皇の一周忌である。つまり、この大量の「花籠」は、その折の散華の用を果たした器となる。

　花籠の寸法は口径が三十六〜四十センチぐらいで、形は深型と浅型とがあり、どちらも竹の皮は用いず、身の部分を薄く割《さ》いて網代《あじろ》底に編み、細めの竹で「山道《やまみち》編み」に編んで立ち上げてから「タタミ編み」とし、口縁は「蛇腹《じゃばら》編み」で留めている。見かけは雑器であるが、実に品よく、姿も美しい。それに、技術的に見ても現在の盆笊と何ら違いのない笊籠が、千二百五十年近くも昔にすでに完成していた驚きと、それらが今に伝わっている不思議さもある。

❖漆縁籧篨双六局龕

　この難しい文字が並ぶ「漆縁籧篨双六局龕《ぬりぶちきよじよのすごろくきよくのがん》」は「木画紫檀双六局《もくがしたんのすごろくきよく》」の容器である。つまり、中国から伝わった双六というゲームの盤を入れるためにつくられた美しい箱である。箱の表面は、竹を細くかつ薄く割いて、紫や紅に染めたものと染めないものを組み合わせて、まるで錦のような柄の籠地をつくり出し、その籠地を板状にしたものを箱全体に装飾として張りつけ、縁は木地などでつくり、回し縁に黒漆を塗ってアクセントとしている。長さ六十五センチ、幅三十九センチ、高さ三十五・三センチというから、かなり大きな印籠蓋づくりの箱である。寸法の厳しさ、文様の美

漆縁籧篨双六局龕

しさ、技法のおもしろさ、完成度の高さなど、どこをとっても素晴らしく、正倉院に収蔵されるべき品であることがわかる。

❖白葛箱

文房具としては、葛で編まれた「白葛箱《しろつづらのはこ》」がある。光明皇太后自筆の王羲之の臨書である「楽毅論《がっきろん》」や「杜家立成《とかりっせい》」の容器と思われる。この籠は、被《かぶ》せ蓋づくりになっていて、竹ではなく、葛藤《つづらふじ》

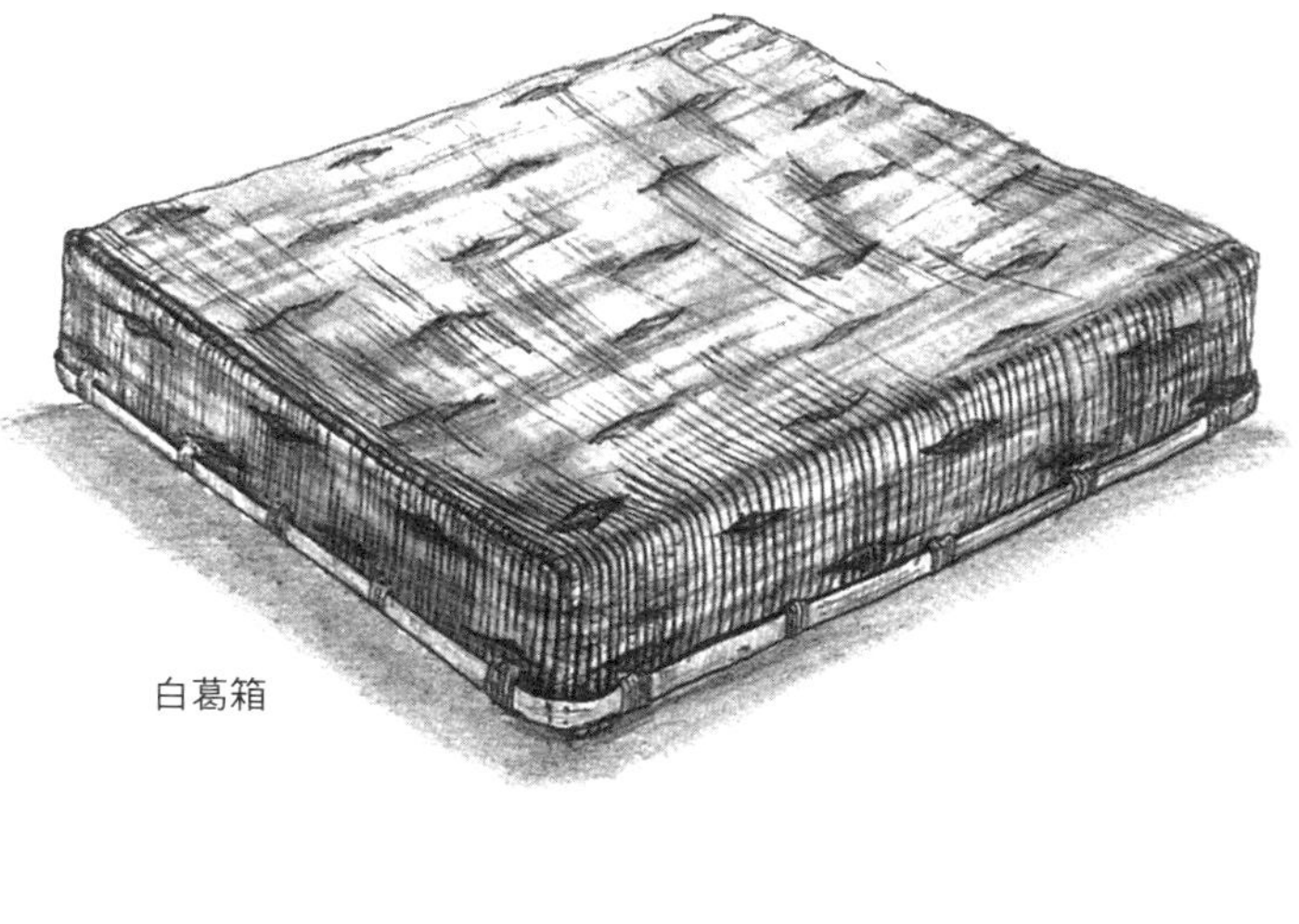

白葛箱

で繊細に編まれ、「漆縁籧篨双六局龕」とは対照的に、全体が非常に柔らかな調子でつくられている。蓋と身の表面に蘇芳《すおう》染めの葛で菱文がところどころに描かれ、実に手に優しく、見る者の心が安らぐような女性的な容器である。

❖胡禄

武具には、箭《や》(矢)を入れて背中に負って携帯するための道具である「胡禄《ころく》」があり、三十三具現存している。それに概ね五十本の矢と鏑矢《かぶらや》一本をセットされたものも収められている。「胡禄」の矢を入れる部分はすべて葛で編まれた籠地であるが、背の板は葛で編まれたものとそうでないものとがある。また、籠地は個々に編み方を変えて、さまざまな文様をあらわし、朱漆を塗ったもの、黒漆を塗ったもの、白葛のままの三種類がある。

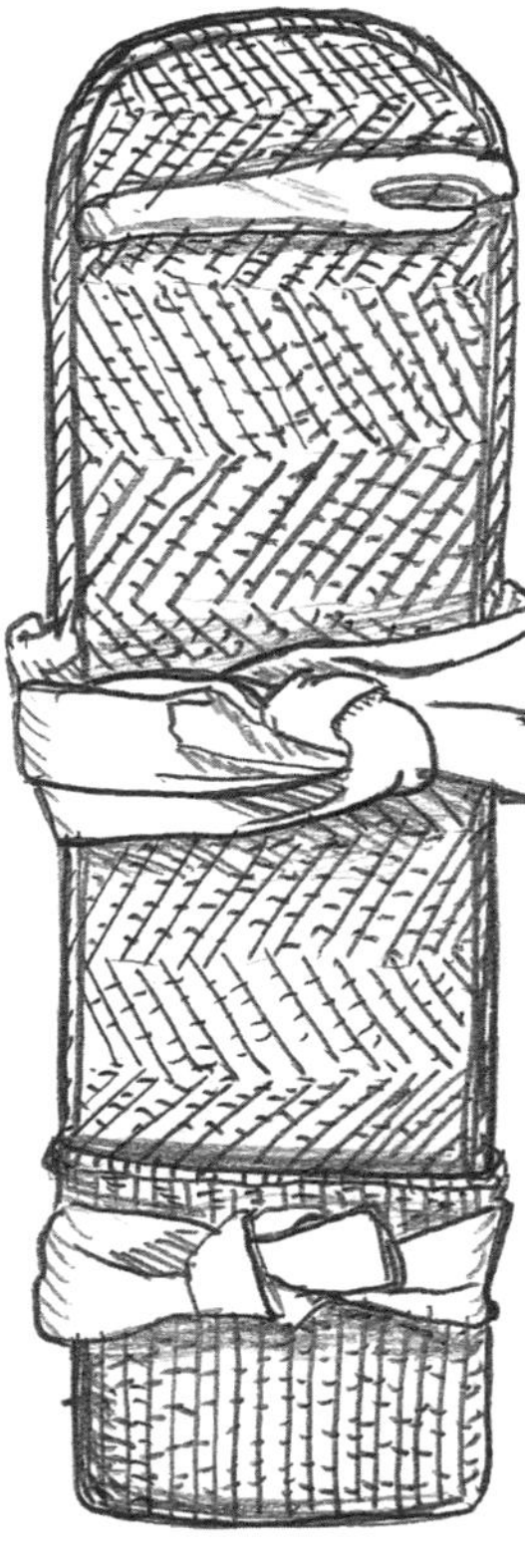

胡禄

五、笠を編む

お謡いを習いはじめて十数年になる。以来、厳しい指導で知られる観世流の重鎮である関根祥六先生に稽古をつけていただくとともに、能の世界の奥深さを教えていただいている。時に、稽古以外に、能の面《おもて》や小道具について話をして下さったりもする。そんなある日の稽古場でのこと。先生はお能に使う笠を二つ手にしてお出ましになったので、今回は笠のお話が伺えるのだと、なかば単純に考えていた。

お能には二種類の笠があるという。一つは「男笠」。円周が、大きいもので六十センチくらい、小さいもので四十五センチくらいの、富士山形というか、浅い円錐形《えんすいけい》をした黒塗りの笠で、本体は檜《ひのき》か竹を細めに割いて網代文様に編まれている。もう一つは「女笠」で、円周は男笠とほぼ同じだが、形は饅頭を半分に切って浅くしたような姿をした、黒塗りの網代編みである。

ご説明を伺いながら、笠を興味深く拝見していると、先生が「小さいほうの男笠がだいぶ古くなって傷んでしまった。一つ同じ物を編んでもらえないか」とおっしゃった。先生のお使いになる笠を編めるのは光栄なことであるが、私はその気持ちと裏腹に困惑した。読者諸兄は、籠師の私なら籠の笠を編めて当然と思われるだろう。実は、それは間違いである。同じ竹を扱う仕事でも、専門にわかれていて、それぞれに制作上の秘伝があり、特殊な工具などもある。もちろん、先生はそんなことは承知の上であえて私に頼まれたのであろうが、やはり丁重にお断りをしようとした時、稽古仲間の一人である、K氏が「カサづくりの名人を知っているから紹介しよう」というので、結局引き受けることになってしまった。ならば、これも勉強と考え直して、紹介いただいたカサづくりの名人の家を訪ねた。

早速仕事場に入れてもらい、今日の用件を切り出したが、どうも様子がおかしい。仕事場に笠が見当たらないのだ。その代わり、綺麗な蛇の目傘が何本も立て掛けられ、壁には「助六」の写真が飾ってある。私はハッとして「編み笠、頭に被る笠はつくられないのですか」とたずねると、名人は「いや、私はさす傘のほうで、歌舞伎に使う傘のことだったら何でも聞いて下さい」という。お互い勘違いに気づいて、しばらく言葉が出なかったことはいうまでもない。しかし、せっかくお伺いしたのだからと、歌舞伎の小道具に使う和傘づくりの名手に、歌舞伎の傘について直々にお教えいただいた。

日本の「さしがさ」の歴史は、奈良時代にはじまるという。長い柄《え》のついた「笠」を貴人にかざし、おもに日よけとして用いたという。これを「蓋」と書き、「きぬがさ」と読むそうだ。蓋は、竹で骨組みをつくった笠に菅《すげ》などを張り、金銀の装飾や錦などで飾り、儀式・祭礼用としてつくられたもので、雨を凌《しの》ぐものではない。我々が知る「蛇の目傘」や「番傘」といっ

蛇の目傘

た開閉できる個人用の雨傘が一般に広まるのは、江戸時代を待たなければならないのだ。

名人は、蛇の目傘をつくる工程を見せてくれた。傘全体の骨組み、柄は吟味した竹でつくる。日本刀の剣先を折ったものを小刀に使い、器用に削るさまは、私どもの仕事にも通ずる点が多いことに気づかされる。竹でできた骨組みに染めた和紙や布を張り、傘の裏側は色糸で縫うように留め、細部に漆などを用いて仕上げていく。かようにしてつくられる傘は「江戸傘」といい、「京傘」とはつくりが違うということであった。

❖五月雨の笠

子どもの頃の梅雨の思い出というと、傘より長靴にまつわるもののほうが多い。黒のゴム長靴は、私にとって何より楽しい履き物であった。小学校へ通う途《みち》すがら、あちこちにできた水たまりを飛び越えたり、大きな水たまりの真ん中を歩いて渡ったりしたものだ。また、雨上がりの水たまりの水面に映る木陰は美しく、思わず見上げると、丸々とした青梅の実が若葉の中に見え隠れしている。鬱陶しい長雨ではあるが、草花は美しく、心落ち着く季節でもある。

そんな日本の梅雨は、陰暦の五月にあたるので、古来「五月雨《さみだれ》」と呼ばれている。

五月雨に物思ひをれば郭公　夜ふかく鳴きていづちゆくらむ　（紀友則『古今集』）

雨の多い日本では、古くから雨具は必需品であった。すでに『日本書紀』には「素戔嗚尊　青草を結束《ゆ》ひて蓑笠《みのがさ》として宿を衆神に乞ふ」と「蓑笠」の記述がある。

また、『万葉集』にも、次のような雨の歌がある。

ひさかたの雨の降る日をわが門に　蓑笠着ずて来る人や誰
（『万葉集』巻十二）

水を吸うことで膨張し、雨を防ぐ蓑笠は、農漁村の仕事を助け、身分の高い人の外出にも着用された。ことに笠は、貴賤男女の別なく、雨や雪を除け、日射しを防ぎ、時には顔を隠す必要から長距離の外出には不可欠のものであった。

大君の御笠に縫へる有間菅　ありつつ見れど事なき吾妹
（『万葉集』巻十一）

菅笠《すげがさ》は、ことに雨除けの笠であり、竹で骨組みをつくった上に菅をのせ、糸で縫って留めた低い円錐形の笠である。能で使う「男笠」よりやや小型になる。

このように、笠は、奈良時代から雨具として必携の被り物であった。また、笠の形はいろいろあり、身分・職業・用途によって異なった。

平安時代になると、武士の旅行用に「綾藺笠《あやいがさ》」が用いられた。これはイグサを編んで裏に絹を張ったもので、「流鏑馬《やぶさめ》の笠」といえばおわかりいただけようか。

綾藺笠を被る男性と市女笠を被る女性

また、当時、女性の外出用として「市女笠《いちめがさ》」が流行している。なお、「男笠」の形は、もともと大和国・大峰山の修験者が用いたものに近く、のちに一般に広まったものであるという。

歌舞伎の傘づくりの名人を訪ねた数日後、報告を兼ねて、お稽古に行き、ことの次第をお話して、先生の所持されている男笠を拝借して写すことになった。何度か試作を繰り返し、一年後に私の男笠の完成をみた。苦労してつくっただけに愛おしさはひとしおであり、先生も大変喜んで下さったので、報われた想いで一杯になった。しかし、二度目はないようにと祈っていることは、先生には内緒である。

六、香炉の火屋と伏籠

探し物は苦手である。あちこちひっくり返しても見つからず、挙げ句の果ては人に助けを求めることになる。しかし、目当ての物が見つからずとも、以前から行方知れずになっていた時計とか懐かしい写真など、思わぬ宝物を発見することも少なくない。つい先日も、箪笥にしまったはずの古帛紗を探していて、引出しをかきまわしていたら、縦十四センチ、横十センチほどの小さなノートを発見した。

その少々黄ばんだノートの書き出しには「昭和五十八年（一九八三）」と記されていた。私はこの年の五月から昭和六十一年（一九八六）の四月までの三年間、香道の稽古に通っていたのだが、小さなノートはその三年間の組香の記録であった。古帛紗のことはすっかり忘れて、ページをめくりながら記録を読むうちに、不思議とその状況やその時々に聞いた香の匂いまでもが蘇ってくる。

香席に流れる静かな時。香元は手慣れた様子で香包から香木を銀葉にのせる。聞香炉が連衆に回される。そして、聞香炉から立ちのぼるかすかな熱気と香の匂いを鼻で感じながら、私はふと思った。阿子陀《あこだ》香炉の火屋《ほや》は、何故、どれも籠目なんだろうかと。

阿子陀香炉

阿子陀香炉は、火取《ひとり》香炉とも呼ばれ、聞香炉に入れる香炭団《こうたどん》を席中に運ぶための道具で、阿子陀瓜に形が似ることから、その名がある。古くは、衣類に薫物《たきもの》を炷《た》きしめたり、部屋に香を炷き込めるために使われた。そして、阿子陀の胴には意匠をこらした蒔絵が描かれ、おおかたは金属でできた籠目(六ツ目)の火屋をのせる。この姿を思い描くうちに『源氏物語』の一節を思い出した。

御櫛の箱、うちみだり箱、香壺《かうご》の箱ども、世の常ならず、くさぐさの御薫物ども、薫衣香《くぬえかう》、又なきさまに、百歩《ひやくぶ》のほかを多く過ぎ匂ふまで

(『源氏物語』「繪合」)

香壺とは香を入れる壺のことで、御薫物とは練香のこと、薫衣香とは衣類に薫ずる練香のことである。このように、平安時代の香は練香が好まれたのである。香木は仏教の伝来とともに我が国に渡来し、神仏に供するために用いられたのがはじまりであるが、平安時代になると香を楽しむことが貴族の間で流行し、練香によるさまざまな匂いがつくられた。それが『源氏物語』にも影響をあたえているのである。

そして、平安時代の貴族たちの身だしなみとして、薫衣香を炷いて衣類に香を炷きしめることが行われた。阿子陀のような香炉に炭団を入れて練香を炷き、衣類で香炉を覆って匂いをうつすのだが、この時、直接香炉に衣を被せるわけにはいかないので、使われた道具がある。それが「伏籠《ふせご》」である。

伏籠は、竹で編まれた釣鐘状の籠である。六ツ目という透かし文様に組まれていて、ちょうど衣類で覆えるほどの大きさにつくられており、香を炷きしめるのに都合がよい。雑器であるが、貴人の暮らしにはなくてはならぬものであった。

この伏籠は『源氏物語』の「若紫」の段に、次のようなくだりがある。

雀の子を犬君が逃がしつる。伏籠のうちに籠めたりつるものを

伏籠は、民間で庭に放った鶏などを入れておくのに使われたものもあるが、貴族間ではこの場面のように「匂懸《においかけ》」とも呼ばれた薫香用の籠としたほうがよいように思う。若紫はその伏籠を持ち出して、雀の子を捕え、閉じ込めておいたのだろう。この「若紫」を題材にした絵物語は、振袖の絵《え》解《とき》文様などに伏籠と雀の姿が描かれている。

この匂懸の竹の伏籠は、後世、木製の伏籠柱や金属製の伏籠に取って替わることになる。つまり、阿子陀香炉の金属でつくられた火屋が六ツ目透かしになっているのは、竹の伏籠がもととなり、金属でつくられるようになった伏籠が火屋に変化して、阿子陀香炉にのり、今香席に置かれている形になったのではないか、などと想像しながら、香を聞き終えたのである。そんな雑念のため、二つ香を聞き間違えていたことが、ノートに記されていた。いや、集中できなかったのではなく、香木の気高い匂いが私の想念をふくらませ、夢心地に誘われたからということにしておこう。

❖鬚籠

『源氏物語』と籠の関わりについて、もう少し考えてみたい。

物語には宮廷生活のさまざまな姿が描かれているが、ことに祝いごとは華やかで、読んでいても楽しい場面が多い。「初音」の段は、新年の初子の日の祝いごとである。

北のおとどより、わざとがましくし集めたる鬚籠《ひげこ》ども、破子《わりご》など、たてまつれ給《たま》へり。えなら

ぬ五葉の枝に移れる鶯も、思ふ心あらむかし

寝殿造りの建物の縁側に置かれた鬚籠と枝に止まって囀《さえず》る鶯の図は、江戸時代初期につくられた「初音の調度」などに見られ、蒔絵の構図となって今に伝わる。この「鬚籠」も伏籠と同じく、竹で「六ツ目透かし」に編まれた籠である。形は少々異なり、適当な表現が見当たらないが、果物のパイナップルのような不思議な形をしている。これは、贈答の品を籠で包んでいる故で、包んだ籠の先をおそらく美しい組紐などで結んで飾るために、竹の切り端が立つのである。

つまり、その竹の先端が、髭のようだという意味の「鬚籠」である。鬚籠には果物などの品々を入れ、貴族間で贈り合うのに使われた。また、仏教的な儀式には、今でも使われている。鬚籠も伏籠と同様に素朴な籠であるが、宮廷生活に溶け込んで、生活の彩りとして役に立っていたのである。

こうして、探し物も忘れて、ノートに書かれた当時の記録を読み終えてしまった。三年で香道をやめてしまったのは残念であるが、尊敬する先生が亡くなり、もう続ける気がしなくなってしまったのである。それにしても、探し物の古帛紗はどこにあるのだろうか。

鬚籠と鶯

七、絵巻物に描かれた籠

私は五年に一度、東京・日本橋にある百貨店の美術画廊で個展を開かせていただいている。会期をいつも初夏と定めているのは、私の本業である、籠の花入に入れたい夏の草花が手に入れやすい時期というのが、その理由。また、茶の湯の世界でも、初風炉といって涼しげな花籠が求められる季節という事情もある。わざわざ言うほどのことでもないが、私は日本の優しげな草花が好きである。桔梗、撫子、姫百合、糸芒と、籠に入れたい花を選ぶために、いつも南青山にある「花長」さんに通っているが、あれもこれもと、ついつい買い過ぎて、使いきれぬほどの花を会場に届けてもらう羽目になるのが常である。また、私の花好きを知っている知人からも、庭で育てた茶花などをいただき、自然と個展会場は花づくしとなる。そして、籠は、和の草花と非常に相性がよい器なので、お互いが調和した会場は、自然と居心地のよい空間になるのも事実。晩年の千利休が、何故、盛んに籠を花入として用いられたのかもわかる気がする。

会場は百貨店ということもあり、立ち寄られるお客様もさまざまである。お茶やお花の先生方、お稽古に熱心な女性たちが中心だが、お茶やお花には興味のなさそうな家族連れ、昼休み時のサラリーマン、買い物帰りの奥様から、お坊さん、役者さん、政治家の先生までが、会場をのぞいては籠のつくり方を聞いたり、花の名前を尋ねたりして帰られる。まだお目にかかったことはないのだが、毎回、日本画の大家の先生が来場して下さるとも聞いた。画題として興味を持たれたのだろう、くらいに思っていたが、どうやら私の作品をお買い上げいただいたらしく、某年の、その百貨店のカレンダーに、私がつくった花籠が描かれているのを見て、びっくりしたことがある。

籠を描くのは難しい。籠の編み方や構造を理解していないと、私から見れば似て非なるものとなってしまう。実際、茶道具の解説書のイラストを見ても、専門家が監修をしていないと思われる絵がほとんどだ。最近は、日常に竹籠を眼にする機会が失われた。まして、手慰みに籠を編むことなど皆無。描くにしても、あまりに籠は非日常の道具となってしまったのかもしれない。しかし、この日本画の先生に描かれた花籠は、編み目も的確に表現され、制作者の私が見ても、納得の絵になっていたのは、さすがであった。きっと、じっくり観察されたのに違いない。

ところで、絵師が何の苦労もなく、籠を描けた時代とは、籠が人々の日常の暮らしに溶け込んでいた時代でもあったはずである。籠が生き生きと生活を彩り、人とともにあった、そんな時代の様子を知りたければ、絵巻物を見るのが、いちばんである。絵巻物とは、日本で制作された大和絵形式が主の、巻子装の絵画作品のことである。平安時代後期から鎌倉時代にかけてが全盛期で、とくに鎌倉時代は　多彩な題材と豊富な内容がさまざまな画風で数多く描かれた。そして、室町時代になると、内容的に衰退期を迎えるが、町絵師の活躍により、庶民の需要へと広がっていったという。

『慕帰絵詞《ぼきえことば》』は、南北朝時代の観応二年（一三五一）に制作された絵巻物で、現在、西本願寺に収められている。というか、もともと本願寺がつくった絵巻なので、現在もそこにあるというべきかも知れない。内容は、親鸞上人《しんらんしょうにん》の曾孫にあたり、本願寺の実質的な開祖といわれる覚如《かくにょ》上人の伝記であり、中世の寺院の生活や、当時の風俗などを知る貴重な資料になっている。ことに巻五に描かれた、和歌の集いの図には茶道具らしきものが見られることでも知られている。

さて、本絵巻で籠を探してみよう。まず、巻三の「行寛法印につき法相学を学ぶ」の段では、簀子《すのこ》敷きの縁側で、稚児と僧が、縁に置かれた鳥籠を挟んで、うち興じる図が描かれている。ここに見る鳥籠は、他の絵巻にもあらわれるのと同じもので、あっさり描かれているが、青竹で球体に編んだ六ツ目籠であることはわかる。籠の中には止まり木らしきもの、天辺には朱色の緒が取りつけられている。鳥籠を吊るす時には、おそらくこの緒が使われるのであろう。また、同巻五「永仁三年冬、親鸞上人伝を撰述して、絵に描く」の段では、巻三と同じ形の鳥籠が、道沿いに飾るようにして吊るされている。鳥籠を飾った家は、竹で編んだ網代塀をめぐらし、往来を行き来する壺装束の女たちの市女笠《いちめがさ》も、竹で編まれたものらしい。荷を籠に入れ、担ぐ男の姿も見える。そして、「正和四年、家集『閑窓集』を撰集する」の段にも、奔馬の背と手綱を取る男の肩には振り分けにした籠が、籠いっぱいの餅とともに描かれている。

『慕帰絵詞』に描かれた鳥籠

『年中行事絵巻』に描かれた籠

『年中行事絵巻』（江戸時代の模本。ただし、原本は平安時代）では、巻三「闘鶏、蹴鞠」の段に描かれる「貴族の邸の鶏合」の絵がおもしろい。闘鶏の場となる寝殿の庭を中心に、それぞれに自慢の鶏を持ち寄っている。伏せた籠（青竹の六ツ目籠）にマイ鶏を入れ、あるいは籠から出して世話をしながら出番を待つ烏帽子《えぼし》狩衣《かりぎぬ》の男たちと、見物の者たちの表情が巧みに描かれている。鶏を入れた青竹の籠は、儀式用とあって、雑器とはいえ丁寧に編まれていることが、その描写から読み取れる。

ほかにも、国宝『信貴山縁起』（朝護孫子寺蔵／平安時代）の「山崎長者の巻」いわゆる「飛倉の巻」には、畑で手籠に瓜を積む女が、空を飛ぶ米俵に唖然としている図が、国宝『鳥獣人物戯画』（高山寺蔵／平安時代）甲巻には、「猿僧正」の巻に兎の雑仕が籠に盛った瓜を捧げている図が、国宝『一遍上人絵伝』

（歓喜光寺蔵／鎌倉時代）には「常陸の国において中風の男を治す」の段に、一遍一行がそれぞれ背負い籠や笈《おい》を担いだ図が見られる。また、国宝『法然上人絵伝』（知恩院蔵／鎌倉時代）の巻十九には、旅の僧の背には笈が、手には笠が描かれ、巻三十四の海辺の風景の中には、漁民の生活に欠かせぬ魚籠《びく》が所々に描かれている。それぞれ竹で編まれたものであろう。そして、編み目の違いもちゃんと描き分けがなされている。

このように、絵巻物から籠の姿を見つけ出すことは難しいことではないし、描かれた籠の描写も自然である。籠の多くは日常雑器であり、暮らしに欠かすことのできぬものとなれば、絵巻物を描いた絵師にとっても、描きなれた対象物であったということであろう。ただ、残念ながら、絵巻物には、唐絵に見られるような、あるいは花伝書にあるような、花籠の図は見られない。もし、見つけられれば、当時の花籠の使われ方をよりリアルに知ることができるのだが…。まだまだ絵巻物から籠の描写場面を探す作業は続きそうである。

八、ブログから知る籠

青葉の季節である。窓から見える、心が染まるかと思うほどの木々の緑に時たま眼を休ませながら、私はパソコンの前に座る。デジカメで撮った写真の保存、原稿の執筆、メールのやり取りなど、かなりパソコンに頼っている現状は、以前には考えられなかったことである。仕事に関しては長年アナログ派で通していた私を知る人からすれば、さぞや驚かれることであろう。しかし、今や私にとって必需品となったパソコンは、仕事場に一台、自宅に一台、それと講演会用に使うネットブックと呼ばれるモバイルパソコン一台の、都合三台になる。もちろん、この原稿もワードで打って、メールで編集者に送っている。また、貴重書を求めて国会図書館にアクセスしたり、古書を求めて検索したりするのも日常になってしまった。そして、情報を得るための出だしは、インターネットを活用している。愛機でヤフーやグーグルなどをつらつらと、ネットサーファーとまではいかないが、サイト検索をしていると、興味深い情報に出合うことも少なからずあるからである。

最近は「ブログ」と呼ばれる、個人が情報を公開しているページをよく読むようになった。「ブログ」とはＷｅｂｌｏｇ（ウエブログ）の略だが、カレンダーを含んだ日記帳のようなもので、本当に個人的で自由な意見を読めるのが楽しい。また、種々雑多なブログがある中で貴重な知識を公開しているブログも多い。ある日、「雨の日の過ごし方」をキーワードにして検索した時に出合ったのが、なんとお坊さん（おそらく曹洞宗）と思われる方のブログであった。今では、お寺にパソコンという状況は日常的になったといえるが、それでもお坊さんがパソコンに向かい、夜な夜なキーボードをたたく姿は、想像するだにほほえましくもある。

このお坊さんによると、日本の寺院では旧暦の四月十五日から七月十五日にかけて一ヶ所にとどまって修行する「夏安居《げあんご》」があり、この安居に何回参加したかで法臘《ほうろう》（僧侶としての年齢）が決まるのだという。この夏安居は「雨安居《うあんご》」ともいい、もとはインド仏教の習わしである。雨季のはっきりした地域では三ヶ月の間、僧侶は雨のため外出もできず、托鉢《たくはつ》もできないことから、はじまった修行の姿。日本は、梅雨はあっても雨季が顕著ではないので、形式だけが残ったのだという。

ミャンマーのパゴダ（寺院）

一方、雨季のはっきりしたミャンマーは仏教心の篤い国で、僧は雨季の間、パゴダ（寺院）の中に籠《こ》もり、法を聞き、唱え、瞑想する日々を送る。雨安居に入るのは、雨季のはじまる七月の満月の晩から。この初日には信者たちが供物として僧に衣服を贈る風習もある。熱帯において雨季は比較的に過ごしやすい気温になり、瞑想するにふさわしい時期。こうして一ヶ所に僧侶が集まり、清浄な暮らしの中で修行に専心するのは、心が落ち着く長雨の音に雑念を吸収する効果があるからに違いない。

雨安居が明ける日は、三ヶ月後の満月の晩。雨季も終わり、信者たちは無数の蠟燭《ろうそく》を灯して仏陀《ぶつだ》を迎え、パゴダから参道に出る僧侶を待つ。この夜は安居明けの僧たちに供物を贈る儀式が行われる。おおかたは石鹼や歯磨き粉といった生活用品だが、その供物を入れる籠の編み残し部分にお札を刺して渡すことも行われる。イケメンのお坊さんには、ことに立派な供物が渡されたりもするらしい。

ところで、この供物用の籠が、実は日本の平安貴族たちが贈答に用いた「鬚籠《ひげこ》」と同じ形をしている。偶然か必然かはわからないが、おそらく仏教における儀式用の器物として我が国にも伝えられた籠が、その本来の意味を失いつつも形が残ったものなのであろう。

また、浅草の浅草寺《せんそうじ》では、六月の十八日に百味供養という法会が行われる。それは種々のお菓子を小籠に入れて仏様に捧げる儀式だが、それもまさしく、彩色した竹ヒゴを混ぜて六ツ目に編んだ

供物を入れる籠を持つ僧

鬢籠の形をとっている。ただし、職人さんに継ぐ人がなく、現在は亡くなった造り手の奥さんが見よう見まねでつくったという鬢籠が使われているとのことである。そのほかにも、奈良の法隆寺で三月に行われる「聖霊会《しょうりょうえ》」や出雲の美保神社で四月に行われる「青柴垣神事《あおふしがき》」などにも鬢籠が使用されているという。

時間と空間とに隔てられながらも、仏陀に由来する雨安居が平安貴族と現在のミャンマーを結び、浅草寺にもとの姿をとどめる竹の籠で繋がっているとするならば、夢のような話ではある。

ブログの検索からはじめてはいるが、結局はパソコンを離れ、国会図書館に行き、さらには浅草寺に電話をかけて話を聞くはめになってしまった。この通信時代にあって、最後は自分の足で取材している自分に驚いてしまう。インターネットに限らず、便利なものは使い過ぎたり、頼りすぎたりするのが常であるが、何事も実際に見聞するのがよいと思う。それに、パソコンばかりを見ていると、すっかり眼が悪くなってしまった。さて、この稿も書き終わりが近い。そろそろ眼も疲れはじめたし、新緑を眺めに外へ出掛けるとしよう。

九、『茶経』に記される籠と竹

私が初めて茶会というものを経験したのは、齢三歳の時であったと記憶している。母がお茶の稽古に通っていた石州流の先生が席主をつとめる夏の茶会であった。母に教えられた通りに、両の手でしっかりとお茶碗を持ち、お抹茶をいただいた。その姿を連客の方々にたいそう褒めていただいたのを今でも覚えている。そして、人生二度目の茶会は、十代の後半で、忘れもしない、大変刺激的なものであった。

「狂雲茶会」と名づけられたその茶会は、主題を選んで道具を集めて茶会を催し、道具や点前の歴史を研究する集まりであった。昭和四十五年（一九七〇）五月を第一回とし、磯野風船子を中心として、各界の茶数寄、道具好きの名士たちが集まって、新宿駅近くの「柿傳」で八月をのぞく毎月三日間行われていた。私が伺った会も、谷川徹三、荒川豊蔵、加藤唐九郎、伊東祐淳など、個性的な出席者が多かった。まだ若かった私には怖い人ばかりであったが、非常に寛《くつろ》いだ雰囲気の楽しい会でもあった。そして、いちばん驚いたのは、各界の名士の素顔でも、並んだ名道具の素晴らしさでもなく、茶会が終わるや否や、茶会が酒宴になってしまったことである。酒が進むにつれて、しだいに議論は沸騰し、会場は騒然となって、摑み合うような口論がはじまる。会の趣旨からしてわからなくもないのだが、「これもお茶だ」とは、私を連れて行ってくれた父の言葉である。

二十代前半には茶事に招かれるようになった。ご存じのように、茶事は、懐石という食事とそれをすすめる酒がまず出て、菓子、中立ち、濃茶へと進行していく。酒は嫌いではないがあまり飲め

陸羽

ない口で、その点茶事は適度に飲める、ありがたい社交の場であることが、しだいにわかって、今は私にとって大変居心地のよい場所となっている。

そんな茶の湯のはじまりのはじまりに、茶を嗜好品としてではなく、飲む人の精神性を高めるきっかけにしようとした人がいた。それは誰なのか。ご存じ『茶経』を著し、のちに「茶聖」と呼ばれた陸羽《りくう》(?～八〇四頃)である。

唐の玄宗皇帝の時代、湖北省にある雁橋《がんきょう》で一人の子が拾われた。拾ったのは、龍蓋寺《りょうがいじ》に住む智積禅師というお坊さん。そして、その捨子は長じて陸羽鴻漸《こうぜん》と名乗った。陸羽はこのお寺で育てられ、長じて己のアイデンティティーを求めるように旅に出る。そして、河南の地で深く茶と関わるようになるのである。

中国における飲茶の歴史は、伝説を除くと漢の時代にはじまっていたのは間違いないようであるが、陸羽の『茶経』が飲茶の風を一気に中国全土に広めるきっかけとなった。しかし『茶経』における茶は、現在のような抹茶ではなく、おもに「餅茶《へいちゃ》」と呼ばれる、固めたお茶であった。茶葉を蒸して杵臼で固め、これを乾燥させて飲む前に焙《あぶ》り、薬研《やげん》にかけて粉末にして飲むのである。内容は、茶葉に関する知識、製茶の方法、茶器の知識、茶の煮だし方・飲み方・歴史・生産地などにふれ、お茶のあり方を説いている。つまり、『茶経』に記されているのは、その時代のお茶に関するすべての事柄、「All About Tea」といってよい。なかでも、私の興味をひくのは、製茶や飲茶の道具が紹介されている部分である。

　製茶では、茶摘みに使う道具として「籠」が出てくる。いわゆる「背負《せお》い籠」である。また、茶葉を並べて乾燥させる道具や団茶として固めた茶に穴を開けて差し通す道具などに竹が使われている。また、茶器についての解説を読むと、まず「筥《きょ》」という籠でつくられた炭斗《すみとり》が紹介されている。いわく「筥は竹で編み、高さ一尺二寸、径の幅は七寸である。あるいは籐を用いて木形によって筥の形に編む。その編み方は一円眼より六出するやり方である」とある。「一円眼より六出」とは、六ツ目編みのことであろう。ほかに「則《そく》」という茶匙のことが記されている。貝殻や金属のものと並んで、竹の匙が茶の量を測るのに使われると記されている。そして「札《さつ》」という茶筅や「都籃《とらん》」という茶簞笥の解説もある。ともに、竹や籠でつくられているという。また「羅《ら》」（茶を篩《ふる》いにかけるもの）や「合《ごう》」（篩いにかけた茶を貯えておく蓋物）、「竹筴《ちくきょう》」（銀で両端を包んだ竹箸）などの竹の茶道具も掲げられている。

　このように、当時から茶と籠や竹が近い関係を結んでいるのは、茶の産地が揚子江以南の地にあって、竹の産地と重なりあっているためであろう。

そして、日本に初めてお茶が渡来し、喫茶がはじまったのは、平安時代初期の嵯峨天皇の時代といわれている。嵯峨天皇は、漢詩を詠み、飲茶を好み、唐風の文化を愛された。その茶は『茶経』にある餅茶であったといわれる。陸羽が亡くなって十年ほどで、日本にも茶の流行が一時的にしろやってきたことに驚かされる。

❖宋代の茶書

宋代になると、茶は主要な産物として専売制が敷かれるほどになった。ゆえに、その時代には、茶に関する名著が少なからず著されており、その中には籠や竹に関する記述も載っている。

茶の産地として名高い福建に生まれ、北宋の大臣を務めた蔡襄《さいじょう》（一〇一二〜六七）が著した『茶録』の下篇に、竹の茶器について述べられている部分がある。それによると、「茶焙《ほいろ》」は竹を編んでつくるとあり、茶を温めておく容器というものが出てくる。また、「茶匙《ちゃしゃく》」は黄金を上等として、最下等の竹でできたものは「建安では使わない」と記すが、逆にこのことから、竹の茶匙があったことが確認できるのである。

北宋最後の皇帝・徽宗《きそう》（一〇八二〜一一三五）が著したとされる『大観茶論《たいかんさろん》』には、茶筅についての記述がある。それによると、茶筅は筋竹の老れたものでつくられ、先はまばらで強いのがよいと記されている。現代の茶筅に近いものであろうと思われる。

北宋が滅び、南宋の時代には禅院の茶礼《されい》が行われるようになった。抹茶による茶礼も考案された。そうした清規や茶の製法、茶の種などを我が国に持ち帰ったのが、栄西《えいさい》(一一四一〜一二一五)である。先進国の文化としてもたらされた喫茶の習慣は、しだいに僧院から貴族、武家の楽しむところとなり、技芸の一つとして、呈茶の専門職をも生むようになった。やがて、この茶芸が日本の自然観と結びついた時、草庵での茶の湯という方向性を見出し、我が国独自の発展を遂げ、茶道という総合芸術へと昇華したのである。

(茶は)飲用として、行い精《すぐ》れ検徳《ひかえめ》な人に最もふさわしい

と『茶経』はいう。私は下戸で酒宴が苦手でも、陸羽にならい、茶を酒に代わる交友の具としている。酒に強い友人たちに対し、茶ほど私にとってありがたい存在はない。決して、酒が飲めないことへの負け惜しみでいっているわけではない。

十、「燈籠」の思い出

茶事の一つに「夜咄《よばなし》の茶事」がある。だいたい十二月から二月いっぱいにかけてのお誘いが多い。「この寒空になんで呼ぶの？」と思わなくもないが、風邪気味の身体を励ましながら出掛けると、同じ災難にあった仲間が寄付に集い、手焙りにかじりついている。被害者は自分だけではないと思えば、少しは心も安らぐ気がする。憎っくき亭主の迎え付けで手燭《てしょく》を交換し、露地に出ると、飛石づたいに置かれた行灯《あんどん》、そして石燈籠《いしどうろう》の明かりが、本席への道筋を点々と照らしている。露地行灯の蠟燭《ろうそく》と燈籠の燈心の火が風にゆらいで見せる茶庭の幻想的な景色に、迎える側の苦労を想い、やっと「ああ、来てよかったかも」という気持ちになる。そして、蹲踞《つくばい》に進み、心入れの湯桶《ゆとう》を使い、躙口《にじりぐち》から席中をうかがうと、床には「星」を詠み込んだ歌切が、短檠《たんけい》のほのかな明かりに浮かんで見える。亭主の勝ちである。

かように、「夜咄」では、行灯のほか、石燈籠、短檠などの古典的な夜間照明が効果的に使われている。夜が長いからこそ、寒さが厳しいからこそ、細々と明滅する明かりは、周囲の暗さをいや増しに感じさせる。はっきりと物事を露出させないことで、人の目を飽きさせず、想像力を刺激するのかもしれない。

古典的な照明器具といえば、行灯・燭台《しょくだい》・短檠・提灯《ちょうちん》などがあり、いちばん大型のものに石造の燈籠がある。燈籠は、石造のほかに、木製のもの、陶器製のもの、金属製のものなどが知られる。なかでも、石燈籠はいちばん多くつくられているもので、歴史も古い。もとは寺院の堂前に献燈するために置かれたものである。金属製の燈籠も歴史は古く、同様に寺院用として用いられている。珍しいのは、近世になってつくられた陶器製の燈籠で、壊れやすかったせいか、遺品は少ない。

それで思い出すのが、中学生の頃、我が家の応接間に置かれていた志野焼の、糸巻きのような姿の、円柱形の花入のことである。上下と中ほどに出っ張りがあって、不思議な形をしていたが、この花入を持ち込んだ道具屋さんも、何の形かわからないようであった。しかし、上出来の志野で、たっぷりとした白釉の上に草花を描いた鉄絵が鮮やかに施され、当時、子どもながらも惚れ惚れと見入っていたことを覚えている。そして、しばらくは木瓜や蠟梅などを入れて楽しんでいたが、いつの間にか見えなくなり、家からもなくなってしまっていた。

ところが、数年前、同じ形の志野の花入を、ある骨董専門の月刊誌で発見したのである。カラーページに掲載されたその花入は、志野の名品として扱われ、もと

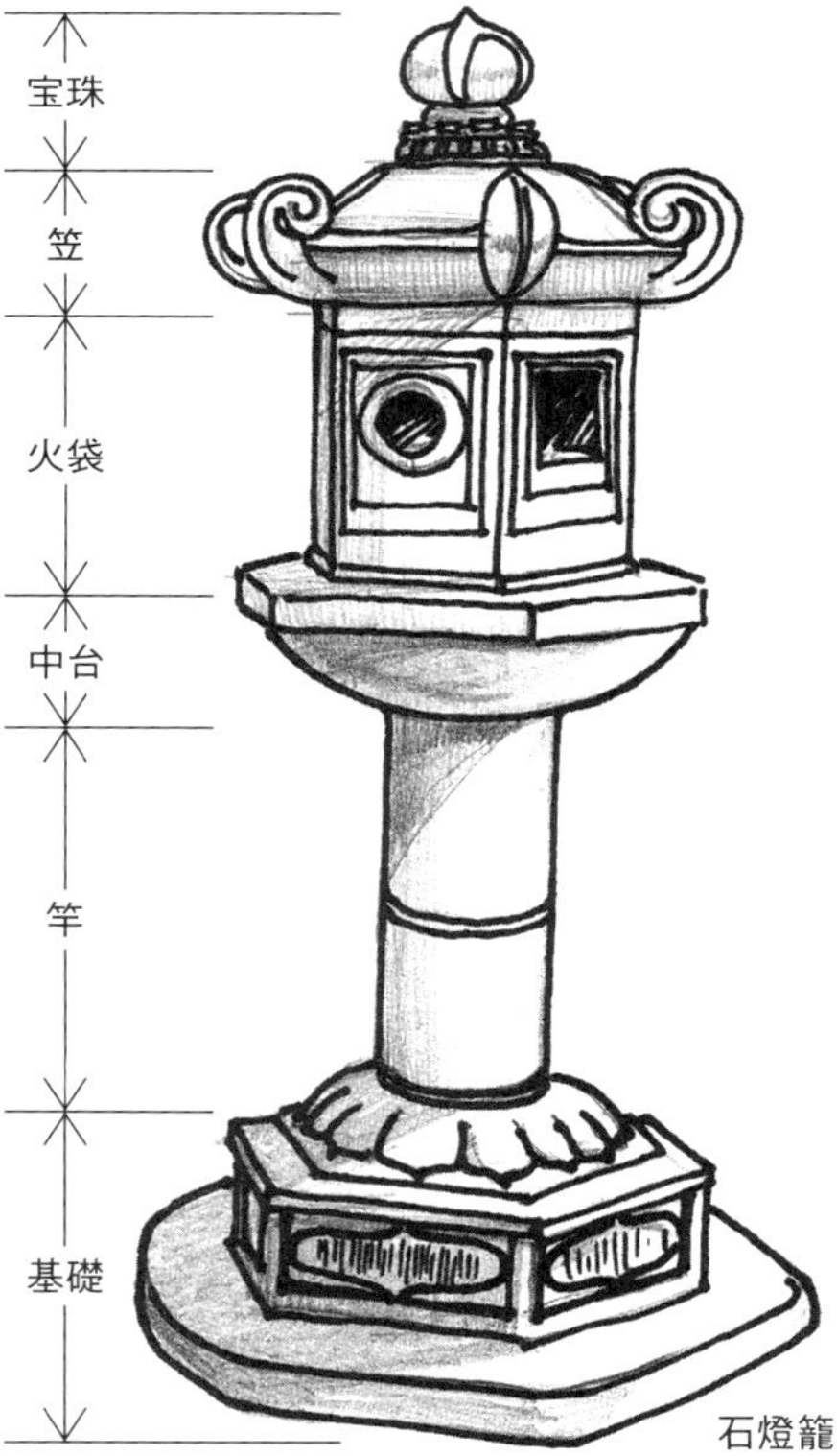

石燈籠

は燈籠の竿の一部分であったと記されていた。四十数年間抱いていた謎が解かれた。しかし、売り買いは骨董好きの宿命ではあるが、私なら手放さなかったのにと口惜しい思いをしたのだ。「夜咄」の茶事で、燈籠を見るたびに思い出す残念咄である。

ところで、燈籠には何故「籠」という文字が使われているのだろう。「籠」は「かご」以外に「こーめる」「こーもる」と訓読でき、音読では「ロウ」と読む。つまり、「食籠《じきろう》」「籠城《ろうじょう》」「参籠《さんろう》」などの読み方から考えても、入れ物としての意味以外に、閉じ込める、取り込む、囲む的な意味があるのだから、燈籠は、消えないように火(灯り)を閉じ込めておくもの、ということになろう。とはいっても、古代・中世からの「籠」の扱われ方やその言葉に宿る神秘性を考えると、まだまだ謎は深まるばかりである。四十数年経って解けた志野の花入のように、謎解きは、結論を急がずに、気長に付き合っていこうと思っている。

十一、籠釈迦に出会う

　平成二十一年春に開催された「興福寺創建1300年記念　国宝　阿修羅《あしゅら》展」の人気はすごかった。当時、マスコミは一斉に、奈良・興福寺の阿修羅像がいかに優れた彫刻であるかを伝え、それに応えるように、イケメン好きの女子が韓流スターを見るような熱いまなざしを送り、その美しさを語っていた。結果、「阿修羅像」を見たい人の長蛇の列が、上野にある東京国立博物館（東博）を取り囲むことになる。聞くところによると、入館者は九十四万人を超えたという。若い頃は好んで行列に並んだ覚えがあるが、今回はその混雑ぶりを見ただけで入場する気が失せてしまった。話題の展示品が陳列され、かつ入館者の少なめの展覧会が嬉しいのは確かだが、そうそうそんなことはあり得ない。

　思い返してみると、同館で平成十五年に開催された特別展「西本願寺展」は、ちょうどよい具合に混んでいた展覧会だった。展示作品の目玉の一つは「三十六人家集」。その料紙の美しさは、当時の日本工芸のレベルの高さを示すものであり、書のみごとさ、歌の素晴らしさが加わり、「至宝」というにふさわしい作品群であった。このような料紙装飾の美にめざめたのは、茶の湯の先輩でもある友人の福田行雄氏のおかげである。それは福田氏の茶事にはじめて招かれた時のこと。実に楽しい趣向の席がすっかり終わってから後に、氏所蔵の装飾経の数々を灯明の明かりの中で拝見したことにはじまる。まさに、料紙芸術の粋を見せられて、時を忘れたことはいうまでもない。また、氏のおじい様である田中親美の制作する模本は、本歌と見紛うほどみごとな仕事であり、大変興味深く拝見させていただいたのだ。

「西本願寺展」の次に行われていた東博の特別展「鎌倉―禅の源流展」にも出掛けた。この展観もほどよい混雑ぶりで、内容も素晴らしかったと記憶している。鎌倉時代から南北朝の時代にかけて、鎌倉は中国(宋)の人・物・文化が直接流入する先進地の様相を見せていたということに驚き、禅宗を受容することで、ありとあらゆる異文化が入って、鎌倉を中心とする関東を活気づかせていた歴史を実感した。そして、思いがけず、展示品の中に、実に興味深いものを見つけた。鎌倉五山第三位にあたる寿福寺の本尊「宝冠釈迦如来像《ほうかんしゃかにょらいぞう》」である。

異名を「籠釈迦《かごしゃか》」というのだそうだ。南北朝末期ないしは室町初期の作といわれ、高さが三メートル近くにもなる大きな坐像で、脱活乾漆《だつかつかんしつ》造りであるという。いわば、張り子の上に漆を塗り固め、金箔を施したもの。乾漆の技法に籠地を用いた籃胎《らんたい》のものもあるが、この像は、残念ながら、塑像《そぞう》を麻布で包んだ上に漆を塗ったもののようだ。しかし、解説がなければ、金銅仏かと思うほどの重々しさのある仏像であった。

❖禅と籠

さて、日本の文化に多大な影響を与えた禅は、紀元前のインドではじまった。六世紀初頭に達磨《だるま》禅師が中国に法を伝え、唐代には仏教の一宗教として広く認知されるようになったという。そして、禅宗が日本に根づくのは十二世紀、鎌倉時代の初期、栄西禅師が臨済禅を持ち帰り、それを庇護した鎌倉幕府、武家の台頭を待たなければならない。

龐居士「竹割の図」

ところで、中国において禅宗が栄えた中唐の時代、龐居士《ほうこじ》という在家の僧がいた。龐居士は、八世紀後半から九世紀初めにかけて活躍した人で、石頭希遷《せきどうきせん》や馬祖道一《ばそどういつ》などに参じながら市井にあって出家せず、清貧を貫いた。家族もみな禅道にあって、互いに研鑽したという。

実は、この龐居士は、籠師にとって大変馴染みの深い存在である。居士の余技が「竹籠づくり」だったのである。このように、唐代に籠や竹と暮らす文化人がいて、脱俗の一つの姿として「籠づくり」という行が選ばれたことは誇らしいことで、理想の存在として映ずるのだ。

そして、その娘の名を「霊昭《れいしょう》」といい、父のつくった籠を町で売って生計を助けたと伝えられる孝行娘である。きっと楽な暮らしではなかったのだろう。身につまされる話であるが、居士はそのような生活の中にいながら、大いに当時の禅界に重んじられ、数々の語録も残している。そして、宋代には、龐居士と霊昭女の親子は水墨画や唐絵、文学の主題として扱われるようになり、日本にも伝えられている。

利休の弟子・山上宗二は、堺において、たびたび唐絵の霊昭女図を掛けて茶事を催していたことが知られている。「霊昭女籠」とは、霊昭女図に描かれた手付きの籠花入と同類のものをさすのである。余談だが、今年（平成二十三年）になって室町時代に描かれた「霊昭女図」の掛物を、長年見たいと思っていた作品を含めて、三点見ることができた。いずれも優品である。「霊昭」は、写真で知っているものを含めていえば、大方、おでこの広い面長の美人に描かれているものである。そして、左手には売り物を入れた手付きの籠、右手には銭を持った姿が一般的である。

東本願寺伝来　霊昭女籠花入

そして、日本に渡来した明時代の籠を「唐物籠」というが、「霊昭女」が手に持つような、という意味で、その代表格が「霊昭女籠」と呼ばれるようになるのである。ことに、東本願寺伝来という「霊昭女籠花入」は、その中でもっとも美しく、精緻なつくりで、名品中の名品とされている一点である。丸みをおびたボディーは、細くかつ薄く割った竹で丹念に編み上げられている。丸い本体の下部には臑当《すねあて》を施し、上部のほうは透かし編みとして変化をもたせ、口の部分にも透かしを入れて全体の調子をはかっているなど、手が込んでいる。そして、手付きには太めの竹を割ったものを末広がりの形に曲げ、羽衣を思わせる優美な装いとして本体に取りつけ、手と本体を結ぶ籐材によるかがりも優美である。また、重厚さと軽快さを併せ持ち、全体の姿と花を入れた時に重要となる手の高さのバランスなどもよく考えられていて、みごとというほかかない。

「霊昭女籠」と呼ばれる籠は、この形のものだけではない。さまざまな形の手付きの花入がある。たとえば、「牡丹籠」とも呼ばれる「円相籠」は、唐物籠花入の中でももっとも大形のものである。ボディーも大きめだが、手付きがことに大きく、円を描くようにつくられているのが特徴で、牡丹を入れると映える籠である。

竹や籐といった植物でつくられた明代の器が、時代を経ても完全な形で伝えられている、その奇跡の裏には、禅と関わりの深い、お茶人たちのたゆまぬ努力があったからこそと感謝しなければならない。

十二、竹林公園の思い出

京都の竹林は美しい。ことに、嵯峨野の竹林は名高く、春や秋の観光シーズンは大勢の人が訪れる。また、洛西に位置する大枝や大原野は、竹の産地として知られているが、そこに開発されたニュータウンの一角に「京都市洛西竹林公園」があるのをご存じだろうか。全国各地から多種の竹類を収集・植栽した「生態園」、竹に関する貴重な資料などを展示した「竹の資料館」などがあり、竹の素晴らしさや不思議さを広く再確認できる施設公園である。

約五千平方メートルもある生態園は、回遊式和風庭園としてデザインされ、網の目のような遊歩道を散策しながら百十種類ほどの竹や笹の生態が観察できるように設計されていて、存分に竹林浴が楽しめる。キッコウチク・キンメイチク・クロチク・ホテイチク・シボチクなどの珍しい竹、オカメザサ・クマザサ・カムロザサなどの笹類も生《お》い茂り、竹を扱う者としては興味が尽きない。

実は、この生態園で、拙書『籠花入と竹花入』の巻頭エッセイに添える、私のスナップ写真を撮ってもらったことがある。私は写真を撮られるのが苦手で、その話が持ち上がった時から心が晴れないでいた。しかし、担当の編集者とカメラマンの心遣い、そして、竹林の癒し効果のおかげで、緊張もせずに撮影を終えることができた。

生態園での撮影を終えて、資料館を拝観して外へ出ると、公園を囲む一帯は、立派なモウソウチクの林であった。土は柔らかく耕され、竹はほどよく間引きされて、隅々まで人の手が入っているのがわかった。このような美しい竹林は放っておいてできるものではない。経験・知識の豊富なつくり手がいて、はじめて美しく保たれるものなのだ。例え話になるが、竹林は、ヒトの頭髪に似ていると思う。大地という頭皮の下で一本一本が繋がりあい、抜けたり生えたりして林を形成している。もし、カットもせず、日々の手入れも怠っていると、髪はジャングルのようになって、櫛も通らぬような状態になってしまうだろう。毛、いや竹一本、一本を見ても、荒れた林で良材は得られないのである。美しい竹林は一夜にしては生まれないのだ。

ただ、昨今は、竹林の荒廃が日本各地で取り沙汰されている。安価な筍《たけのこ》が大量に輸入されているため、利益の出なくなった日本の竹林が放置されるようになったのが原因の一つだという。後継者も不足しているらしい。その点、京都は竹の産地であるがゆえ、需要と供給が保たれているのだろう。いつまでもそうあり続けてほしいと願うばかりである。籠と竹の文化が絶えないように…。

❖籠花入の渡来

私は、籠花入の渡来について、先述の拙著『籠花入と竹花入』に、次のように記している。

「花籠図」（MOA美術館蔵）は中国元代の画家・銭舜挙《せんしゅんきょ》（銭選《せんせん》）の作と伝えられている。銭舜挙は徐熙《じょき》風の花鳥画の名手で、我国に将来された作品は多く、「君台観左右帳記」にも上之部に格付けされている。宋末元初の中国においてはこのような精密な花卉画が好まれた。籠花入を含む花瓶に花を生けた花卉図は宋朝より始まり、供花ではない楽しむための挿花がこの時代よりかの国において広く行われるようになったことを示している。

（中略）

花籠図

こうした唐絵の花卉画は我国の室町期の文化人達の眼に新鮮な驚きとして写っていたに違いない。そういう意味で、「義政公、唐絵の花籠を見て始めて籠花入を用いるとや」（『当《とう》流《りゅう》茶《ちゃ》之《の》湯《ゆ》流《る》伝集《でんしゅう》』）という一文は説得力がある。もし義政が能阿弥、それに村田珠光などとの関わりの中で、書院の座敷飾りに籠花入を加えたとするならば、それは茶の湯や立花の花入として籠が用いられる原点になり得るであろう。

この文中に出てくる『当流茶之湯流伝集』とは、江戸時代の元禄期当時に伝えられて流布していた茶の湯関係の伝承をまとめた本である。籠に関する資料本が少ない中で、我々にとって貴重な文献といえるのだが、時代の隔たりによる不確かさも否《いな》めない。しかし、本書を著した当時（平成十二年）、私はこの文献のほかに信じるに足る資料を知らなかったのである。

ところが、鎌倉にある円覚寺の塔頭・仏日庵における貞治二年（一三六三）の什器目録である『佛日庵公物目録』の中に、磁器や金属器の花入とともに「唐花籠」が記されていたのだ。つまり、足利義政が茶の湯を楽しんでいた室町時代より百年以上も昔に、宋・元代につくられた唐物籠の花入が輸入されていたということになる。それも少ない数ではないらしい。そうなると、今もそのうちの何点かは現存している可能性も考えられる。そう思うと、研究者としての血が騒ぐ。

ここで、渡来した花入について、現段階でわかっていることをまとめてみよう。

平安時代の殿上人に花入として用いた器は、青磁や古銅、唐金といった磁器や金属器であり、当時、これらの唐渡りの花入に桜や菊・藤などの花を入れて自然の姿をとどめ、花を惜しむことが行われていた。『古今和歌集』や『伊勢物語』『枕草子』などを見ても、四季折々の生花を、このような花瓶に挿して楽しんでいた様子が語られるが、籠を花器としていたという資料はない。

そして、鎌倉時代になると、唐絵の花籠図とともに、花を入れるための籠が中国から渡来してきたのだ。おそらく、武家が権力を持つことによって旧来の文化をくつがえすような新しい流れがおこり、その中で禅宗や交易によってもたらされた宋・元の文物と、こうした外からの刺激を素直に受け入れる土壌が生まれたのであろう。そして、日本人が籠に花を生けるようになった、と考えられるのだ。今から七百年以上も昔の話である。

十三、花と籠の関係

「いけばな」は「茶の湯」と並んで、日本の歴史的文化を代表するものであることは、ご存じの通りである。たがいに影響しあいながら今日の発展を築いてきたといっても過言ではあるまい。そして、「花」の文化も「茶」の文化も、その源流は中国にある。さらに、中国では、この二つの文化に籠が深く関わりを持っていた。本稿では、花と籠の関係を「茶の湯」からではなく、「いけばな」から見てみたいと思う。

仏教の伝来以来、我が国には仏に花を供える、供養としての花があった。また、すでに述べたが、平安時代には供花とは別に、日常生活の場においても挿花が行われるようになった。さらに、鎌倉時代になると、のちの立花に近いものがあらわれ、室町時代には、会所において和歌や茶などと同様に、花を目的とした寄り集まりが開かれている。つまり、鑑賞するための花があらわれたのである。

ことに「七夕花合わせ」の流行によって、挿花の技術は著しく発達する。『看聞御記《かんもんぎょき》』には永享八年(一四三六)の七夕に、良賢という僧がみごとに花を立て、将軍家から褒美に「扇と草花一荷」が贈られたと記されている。六代将軍・義教の時代である。また、六角堂の池坊専慶は、佐々木高秀の招きにより、金瓶に数十枝の草花を挿し、あまりのみごとさに洛中の好事家がこぞって見に来るほどの評判を呼んだという。将軍で申せば、八代・義政の時代である。

また、銭舜挙が描いた絵のような舶来の花籠図を含む花卉《かき》画は、我が国で珍重され、日本の「いけばな」の手本となった。しかし、こうした渡来の花卉画は、多くの需要があり、複製の花籠図が、中国渡来の原本をもとに、日本人絵師によって写されるようになる。つまり、唐絵やその複製の流布は、当時の日本における「いけばな」の隆盛の証しでもあるのだ。また、いけばなの隆盛は、多くの花伝書《かでんしょ》の存在によっても明らかである。

次に、花伝書にあらわれる籠について見てみよう。

❖初期花伝書と籠

専慶の興した華道の流派・池坊に伝わる『花王以来《かおういらい》の花伝書』は、花の図入りの伝書であり、現存する最古の花伝書といわれる。この中に「床《とこ》ノ《の》柱花《はしらばな》」として、床の柱に掛けた花籠が描かれていることに注目しないわけにはいかない。透かし目に編まれた籠の姿は、私の見るところ、どう見ても和様式の花籠に思えるのである。この推測があたっているならば、描かれた花籠は、記録に残る最初の和物花籠の姿といえるだろう。

室町時代の花伝書は、ほかにもある。その一つ、道閑《どうかん》

花籠図

法師が残したという『道閑花伝書』にも、籠についての記述がある。その中の「座敷《ざしき》之《の》厳花《かざりはな》之《の》次《し》第《だい》」に「柱かごの花の事」という項目があり、「ゑぶくろに花を入れるがごとし。その心をたつる。但《ただし》、色々あるべし。山鳥の尾のしだり尾の躰あるべし」と、掛け籠花入に対する生花の心得が記されている。「山鳥の尾の」とあるのは『万葉集』にある柿本人麻呂の歌の引用に違いないが、わかりやすい表現であり、掛け籠の花の入れ方としても適切だと思う。また、道閑法師は茶匠であったという説もあるので、茶と花の関わりを考えると、両道に通ずる人物の存在は興味深い。

そして、室町時代後半の花伝書『仙傳抄《せんでんしょう》』には、次のような記述がある。

> 一、はなをいるるといふは、さゐろう(菜籠)のやうなる物に、花をいけたるを云。野山に有躰に入る也

「菜籠《さいろう》」とは、野菜籠の略。すなわち、荒目に編んだ置き籠のことをいう。ちなみに、茶道具の世界からいうと、炭斗籠《すみとりかご》のことになる。しかし、「唐物菜籠」と箱書された炭斗を見ると、大方は立派なつくりであって、とても野菜籠には見えないものも多々ある。一つの表現と受け取っておくべきで、民俗学的には意味はないだろう。また、文中に「野山に有躰に入る也」とあるが、のちの時代、千利休が「花は野にあるように」といったという伝えにも通じ、茶道と華道の交流を感じるのも私だけではあるまい。

このように、『花王以来の花伝書』や『道閑花伝書』には掛け籠に関する絵や文が残され、『仙傳抄』においては置き籠の花入が扱われている。これらの花伝書の内容を考えると、籠はこの時代、定番の花入の一つとして、すでにさまざまに利用されていたと考えることができるのである。

十四、南蛮屏風に描かれた籠

私は籠の歴史を探るために、文献をひもとくほかに、絵画にも注目してきた。日本の絵巻物や屏風絵、蒔絵や絹織物の図案などの文様、中国の唐絵や壁画、ヨーロッパのフレスコ画やテンペラ画、油絵などである。それらの絵画の片隅にでも籠らしきものが描かれていると嬉しくなり、描かれている籠の用途、デザイン、技法や素材、絵の中での籠の役割と意味を詳細に観察している。果ては、籠について絵の作者がどの程度理解しているかなど、多少いじわるな眼で見ることもある。その絵の作者にとっては、迷惑なことかもしれないが、描かれた籠目が正確ならば、その力量はたいしたものであると思うのである。一幅の絵画の価値にあまり影響がある鑑賞法とは思わないが、かように一般とまったく異なる方向から鑑賞すると、別の世界が見えてくる楽しみがある。

こうして、少しずつ私なりに見続けてきた描かれた籠の研究に、もっとも茶の湯が栄えた時代における絵画の一部が見落とされていることを、ある研究者に指摘され、

「南蛮屏風」に描かれる「籠」

驚いた。それは「南蛮屏風《なんばん》」と呼ばれる一連の作品群である。南蛮屏風には、いわゆる南蛮人の乗った貿易船と、そこに積まれた交易品の数々が描かれているのは知っていた。しかし、その絵の中に唐物籠があろうとは考えてもみなかった。南蛮船の積み荷は、南蛮渡来の品々ばかりと思い込んでいたからである。ちなみに、「南蛮」とは、古くは中国での異民族の呼称であり、南アジアの諸国を指した。そして、ポルトガル人やスペイン人がその地を経て来日したため、日本では両国を「南蛮」と称したのである。

そこで、南蛮美術の勉強からやり直すことにした。南蛮屏風が描かれたのは、概ね江戸時代初期の慶長年間(一五九六～一六一五)に集中しているという。ポルトガル船が種子島に鉄砲を伝えた室町時代末期の天文十二年(一五四三)から、ほぼ五十年を経て、南蛮貿易とキリスト教の拡大がピークを迎えたのは、慶長の頃。そして、慶長十八年(一六一三)にはキリスト教の信仰が禁止され、南蛮屏風も急速に絶えてしまったのだから、非常に短期間に流行したものと思われる。江戸時代初期に一時的に流行した「嵯峨棗」と、何故か同じ歴史を辿っているのである。

南蛮屏風のおもな構成は、向かって左側の部分に停泊中の「ナウ」と呼ばれるポルトガルの南蛮船と積み荷を港へ運ぶ小舟が配置され、右側部分には上陸した南蛮人の姿や出迎えの日本人、商家などが描かれ、上方に雲を金泥《きんでい》で置いて、その向こうに教会堂が見えるというものだ。

現存する南蛮屏風は、七十点ほどであるといわれるが、すべてを実見したわけではないので、どの屏風にどのように描かれているかを述べることはできない。しかし、手許にある資料に見る南蛮屏風には、港の近くにある店の棚に、中国製とおぼしき陶磁器や漆器数点と並んで、手付きの置き籠らしきものが描かれている。一見して、まわりに置かれた陶磁器や漆器とは異なる柔らかな造形に、組物であることが確信できる。しかし、詳細に観察しても、竹籠であるかは断定できない。描き手が編み目を正確に描いていないからである。ポルトガル人は、銀を求めるため、日本人の欲する珍奇な異国の品と交換し、利を得てきた。その異国の品に、日本では真似のできない籠の器があったことは充分想像できる。南蛮屏風に描かれた花籠らしき姿は、今のところ、本当に竹籠であるという確証がないまま、何とも悩ましい存在となっている。

❖陶器に写された籠

近年、陶器の歴史についての新しい見方が、研究者の間で広まっている。それは、桃山時代から江戸時代前期につくられた、いわゆる茶陶の中に籠の形を写したものが見られるという説である。たとえば、伊賀・備前・丹波・唐津・高取などの陶器の花入には、籠の花入を思わせる、口造り、編み目、耳を持つものが存在するというのである。また、時代を経た籠にできる、歪《ゆが》み・凹《くぼ》みなど

組物種壺花入

を表現したような造形、籠目を思わせる篦《へら》使いや絵付け、透かし彫りなどにも、その影響があるという説だ。

平成二十三年四月からＮＨＫ・ＢＳプレミアムで放映中の、古田織部が主人公のアニメ「へうげもの」の制作スタッフも、この新説に興味を持ったようで、番組の最後に放映される「へうげもの名品名席」中で紹介したいとの問い合わせがあり、同十七年に出光美術館で開催された「茶陶の源流―和のうつわ誕生―」にも出品したことのある「佐川田喜六所持　唐物耳付籠花入」をお貸しし、第十六回の放送で、サンリツ服部美術館の「古伊賀耳付花入」と並んで、テレビに映し出された。中島誠之助さんが、わかりやすく解説されていたが、私もこの新しい説に賛成である。ただ、私の眼から見れば、サンリツ服部美術館蔵の伊賀の花入は、私の蔵品よりも、ことにその上半分が、野村美術館に収められている「唐物木耳籠花入」にめっぽう似ていると感じたことを書き添えておきたい。

また、本稿のテーマの南蛮がらみでいえば、かつて益田鈍翁・松永耳庵が所持し、現在、福岡市美術館にある「組物種壺花入」は、大きさは違うが、古伊賀水指の名品「破袋」（五島美術館蔵）にイメージが重なる。この花入は、呂宋《ルソン》（フィリピンのルソン島）などの南蛮でつくられた籐の籠で、民具である。「南蛮屏風」に描かれたごとく、オランダ人やポルトガル人らの貿易によって、日本人が喜びそうな異国の雑器がもたらされ、港の唐物屋に飾られ、高値で取引されていたかも知れない。そして、異国の籠に影響を受けた陶磁器がつくられたのであろうか。陶磁研究と籠組物の研究が交わるところに、新しいドラマがはじまる予感がするのだが…。さて、どうなるか。

十五、現代日本の籠細工

東京の下町や東京近郊を主に紹介し、月曜から金曜までの朝に放送されている「ちい散歩」という、テレビ朝日（おもに関東圏で放映）の長寿番組（平成十八年四月〜）がある。「ちい散歩」の「ちい」とは、リポーター役の、俳優でタレントの地井武男の苗字「ちい」に「小さい（軽い）」の意味をかけたものらしい。好奇心旺盛な地井武男が、リュックを背負って大きな街の裏道や、小さな町の商店街やその周辺を、軽い散歩というよりは歩き回って訪ねるという内容。必然、商店の主人やおばちゃん、散歩中の子ども連れや老夫婦などと出会う。その街に暮らす人々と、地井の気取りのない会話がなかなか面白い。

べつにテレビの番宣をしようという気はないが、この番組ならではの思いがけない発見もある。取材地が職人の多く住む下町ということもあって、さまざまな工芸・民芸の職人さんたちが紹介されるのだ。もちろん、竹や籠に関わる人々も紹介される。入谷《いりや》で江戸簾をつくる親子とか、大門《だいもん》で竹の釣竿を売る店の主人、横浜の青葉区で籠をつくる職人や、スカイツリーで注目の押上《おしあげ》にある竹材店の主人などである。この番組を見て、竹を扱う仕事や人がまだ東京に残っている事実にほっとする。私だけかも知れないが…。

竹材店や籠を売るお店は現在、首都圏では希少である。ましてや、おおいに繁盛しているとも聞かない。思い返してみると昔は、といってもほんの二十年ほど前だが、私の住む都下の三鷹市や武蔵野市地域には、まだ、街道ごとに竹材店があった。また、農家に籠を売るお店も何軒かあったと記憶している。こうした日本の伝統産業、もしくは文化が、少なくとも首都圏では絶滅に近づいているのではないかと心配になっている私に、「ちい散歩」は多少の安心感を与えてくれる番組なのである。では、日本全国の現状はどうなっているのだろう。

籠づくりに絞っていえば、やはりなんといっても、近畿、ことに京都は、良質の竹籠の生産地として知られている。おもにマダケまたはモウソウチクを使って、付加価値のある、茶の湯の花籠や炭斗、菓子器などの籠づくりに従事する職人さんが多い。ほかに、料亭に飾られた花入や、使われている食器、土産物店で売られる籠の数々、お菓子のパッケージとしての籠などが目に映り、京都に関しては籠づくりが衰退しているようには見えない。もちろん、京都でも家庭の台所とか、日常の生活の場からは竹の籠が消えていきつつあるのは間違いないだろう。しかし、私が見る限りは、伝統的なものに深い愛着を持つ、この地の人々は、ずっと竹の籠を上手に使い続けてくれるだろうという安心感がある。

さて、ほかに籠の生産地といえば温泉地の近辺があげられる。こうした土地は概して竹林が豊かに繁り、温泉の湯を使って竹の油抜きができるため、籠づくりが盛んなところが多い。

中国地方でつくられた笊や籠

ことに、室町時代から籠づくりで知られた、大分県の別府市は豊富な竹林を背景に、今も全国で有数の竹籠の生産地であり、職人の数が多い。つくられる籠は、生産量でいえば、温泉客のための土産物がもっとも多いだろうが、マダケやモウソウチクを使い、手の込んだ工芸品もつくられている。竹芸で初めて人間国宝となったのは、別府の作家、生野《しょうの》祥雲斎《しょううんさい》（一九〇四～七四）だ。

また、兵庫県の有馬温泉では、豊臣秀吉の時代から当地の笹竹を使った細工物がつくられてきたが、今ではいわゆる「有馬籠」専門の店は、一軒を残すのみとなってしまった。夏目漱石の小説『坊っちゃん』で知られる愛媛県の道後温泉も、籠づくりの歴史は古く、竹細工発祥の地ともいわれる。当地で採れるマダケの身を染めた材料で、花入や果物籠がつくられているが、ことに、厳選した材料でつくる花籠は「文人籠」と呼ばれ、煎茶道の花入に使われるという。

さて、マダケはもっとも籠づくりに適した竹であることから、多くの地域で籠の材料として使われている。おもな産地を紹介しよう。関東では、飯塚琅玕斎《いいづかろうかんさい》（一八九〇～一九五八）などの竹工芸家が生まれた栃木県は、マダケの産地で、今も伝統工芸系の作家を多く輩出している。また、温暖な千葉県も竹のよく育つ土地であり、籠づくりは盛んといえるだろう。寒冷地では、新潟、富山、長野などでもマダケの籠が編まれるが、やはり温暖な地域での生産が盛んである。東海では、静岡県が竹の良材が採れることで名高く、同市ではその竹（駿河竹）を使ってつくられる「千筋細工《せんすじざいく》」が有名である。愛知県の一宮市、三重県の桑名もマダケの籠や箕《み》がつくられている。関西では、京都は別格として、以前は大阪が煎茶道の中心地だった関係で、多くの籠師が技を競った。現在は、堺の田邊家が三代続いてその技を伝えている。中国地方では、岡山の月田《つきだ》がマダケ細工の村として知られている。鳥取県の鳥取市、米子市、また、四国では、徳島県の吉野川流域などで、マダケで編んだ日常雑器を生産している。九州では、大分県（ことに別府市）を中心として、佐賀県の武雄市、熊本県の日奈久温泉、宮崎県の高千穂町、鹿児島県では同市内などで、日常雑器がつくられている。福岡県の久留米市は、籠を下地にした籃胎漆器が名高いなどなど。

ところで、籠づくりに用いられる竹は、マダケとモウソウチクだけではない。工芸品や民芸品ではない、生活に根ざした籠は、それぞれの土地で手に入る竹を材料に使う。たとえば、東北や北陸、北関東、あるいは標高の高い寒冷地では、ネマガリダケ・スズタケ・シノダケ・メダケなどの細い竹で籠をつくることになる。ネマガリダケでいえば、青森県の岩木山の麓では、リンゴの収穫用の籠や米揚げ笊《ざる》を、長野県の戸隠では、日常雑器がつくられている。スズタケでいえば、岩手県の一戸町で行李《こうり》や笊を、長野県の松本市などでは手籠や行李が編まれる。シノダケでいえば、宮城県の岩出山あたりで笊や目籠が、山梨県の川口湖畔で種々の細工物が、メダケでいえば、秋田県の美郷町六郷、新潟県の佐渡、栃木県の那須町などで笊などの日常雑器が今もつくられている。

ほかには、比較的温暖な関東以西の地が、マダケ・モウソウチクと同様、幹の太いハチクを使うことで知られる。代表的なのは、奈良県の高山の茶筅細工である。また、高知県の土佐は籠の一大産地だが、笊や盛り籠など、さまざまな籠を、ハチクを主に生産しているのが、全国的に見ても珍しい。九州では福岡県の八女で、雑器類がハチクでつくられている。

こうした全国でつくられてきた、農作業や漁業に使われた籠は、かつて、農家の人たちの農閑期の仕事であった。今は安くて手間のかからぬ、発泡スチロールやプラスチック、ダンボールなどに取って代わられ、使い手も造り手も激減した。それでも竹の籠が各地で今も細々とつくり続けられているのは、その使い心地のよさを知る人がまだいるからであろう。

と、ここまで書いてきたが、あらためて日本は竹の国、籠の国だと思う。都市部はのぞいて、全国各地の隅々まで、毛細血管のように、竹と籠の文化が張り巡らされている。いつかはなくなる文化かもしれないが、それを残すような文明と未来でありたいと思う。

❖籠の編み方

ここで、改めて、肝心の籠の編み方について、何も説明していないことに気がついたので、簡単にわかりやすくを旨として記してみたい。

籠編みは、大きくわけると、「底編み」「胴編み」「口編み」にわけられる。いちばん大切なのは「底編み」で、その大きさで全体の大きさが決まってくる。また、「底編み」は、籠の編み始めの部分なので、いい加減に編むと、籠の姿全体に影響がでる。しっかり編むことが必要である。

さて、籠の編み方には、次のようなものがある。

四ツ目編み……ヒゴ(竹を細く割って削ったもの)をタテとヨコに間隔を同じにして、一本ずつ、上下、上下と枡形に編んだもの。「底編み」「胴編み」の編地となる。

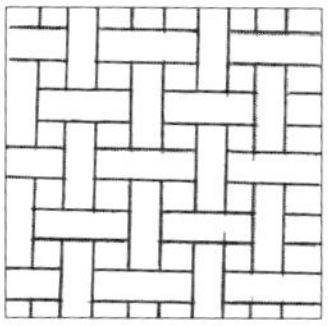

六ツ目編み……ヒゴを六本用意して、三百六十度、角度を変えながら六角形を描くように編んだもの。また、できた六角形の中心から角に三本のヒゴを放射状に組み込んだものは「六ツ目くずし」と呼ばれる。「底編み」「胴編み」のどちらにも使われる。

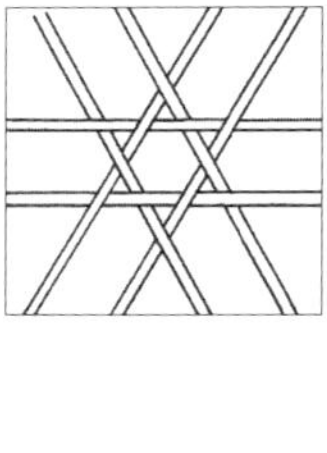

網代編み……ヒゴをタテとヨコにつめながら、二本飛ばし、あるいは三本飛ばしに編む編み方。「底編み」「胴編み」に使われ、隙間のない編地ができる。

タタミ編み……幅の広いヒゴに細いヒゴを一本ごとに、上下、上下と通して編む編み方。「底編み」「胴編み」のどちらにも使われる。

山道《やまみち》編み……幅の広いヒゴに細いヒゴを二本飛ばしで、上下、上下と通して編む編み方。「胴編み」に使われる。

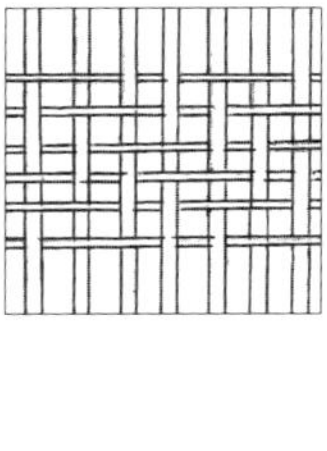

編み戻し……「タテ」と呼ばれる籠の骨組みになるヒゴを、「ヌキ」と呼ばれる細いヒゴで編み上げたあと、最後に口を止めるため、細いヒゴが外れないよう、タテを下方に編みながら止める「口編み」の編み方。

蛇腹編み……「編み戻し」の上から籠の口をしっかりと止め、また、飾るための編み方。多くは幅が広く、薄いヒゴで八の字を描くように編む「口編み」。

かがり編み……「口編み」の一つ。幅の広いヒゴをあてた籠の口を、細く、薄いヒゴを使って止め、かつ丁寧に飾る編み方。いろいろな種類がある。

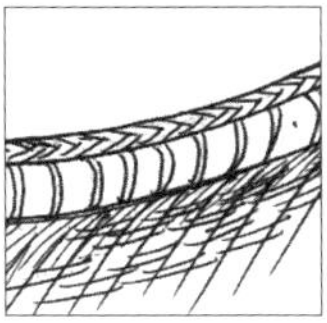

ほかにも、さまざまな編み方があるが、このあたりで。今少し知りたい方は、拙著『籠花入と竹花入』『茶の湯手づくりＢＯＯＫ　茶席の籠』（ともに淡交社刊）をお読み下さい。と、最後は宣伝になってしまった。

十六、籠花入のはなし

人類が籠を編みはじめたのは、石器時代とされる。また、籠花入は、唐代の中国で流行したものが、鎌倉時代以降、日本にも伝えられたのが、茶の湯との出合いであり、ここではその辺から話しはじめたい。少し難しい話になるので、読み飛ばしてもらってても支障はない。

①唐代の答案籠

唐物という言葉の定義はあいまいで、諸説あるが、大方は中国あるいはその方面から渡来した舶来の品を指すと同時に、内容的には唐代からはじまり、宋・元・明までの荘厳や飾りつけに使われる美術品および諸道具のことかと思う。これらの中で「唐物籠」は明代が中心となり、宋・元代の作となると数が少ない。また、清朝の籠は作風がガラリと変わるので、唐物とは区別してよいだろう。

では、唐代の籠はないのかというと、可能性は低いながら、戦前には現存していた。それが「唐物答案籠」である。変わった名称だが、科挙《かきょ》制と関わりがある。科挙は隋の文帝（楊堅）の時代からはじまり、清朝までの千三百年以上にわたって中国で行われた官吏登用の試験である。その厳しい試験の答案を集め、保管するために使われていた籠なのだ。

この「答案籠」は、戦前、団家が所蔵しており、箱には藤村庸軒《ようけん》が唐代のものである由の箱書を残している。益田鈍翁《どんおう》の紹介で、当時の主・団琢磨《たくま》の邸を訪ねた父が拝見し、採寸、写しも制作している。しかし、戦後は行方知れずになっていて、今知りうるのは、その概要にしかすぎない。果たして、唐代の籠か否か。現実に実物を手にするまでは、私の答案は出すことができないままである。

②明代の籠いろいろ

茶席で使われる唐物籠の花入を特徴づけるのは、霊昭女《れいしょうじょ》籠や円相《えんそう》籠に代表される、本体に比して高い手付きの形である。このような造形は籠独特のものであり、金属や陶磁器などにあまり見られない。それは、籠が技術的に手を付けることが容易であること、構造的に本体が軽く、材料が柔軟であるために、付けた手が壊れにくいことなどが、理由として考えられる。すなわち、手付きの花器は、籠の得意分野と定義づけできるのである。また、唐絵に見られる唐物籠も、高さはまちまちでも手が付いている。

『山上宗二記』に、次の記述がある。

一、手燈籠唐花籠　本紹鷗所持　堺　今井宗薫

ここでは、武野紹鷗《じょうおう》が持っていた「手燈籠」という唐物籠が名物とされている。元禄十一年（一六九八）版の『茶湯故実奥儀抄』にも「紹鷗の手燈籠とありて名物の籠あり、是は下に置く籠な

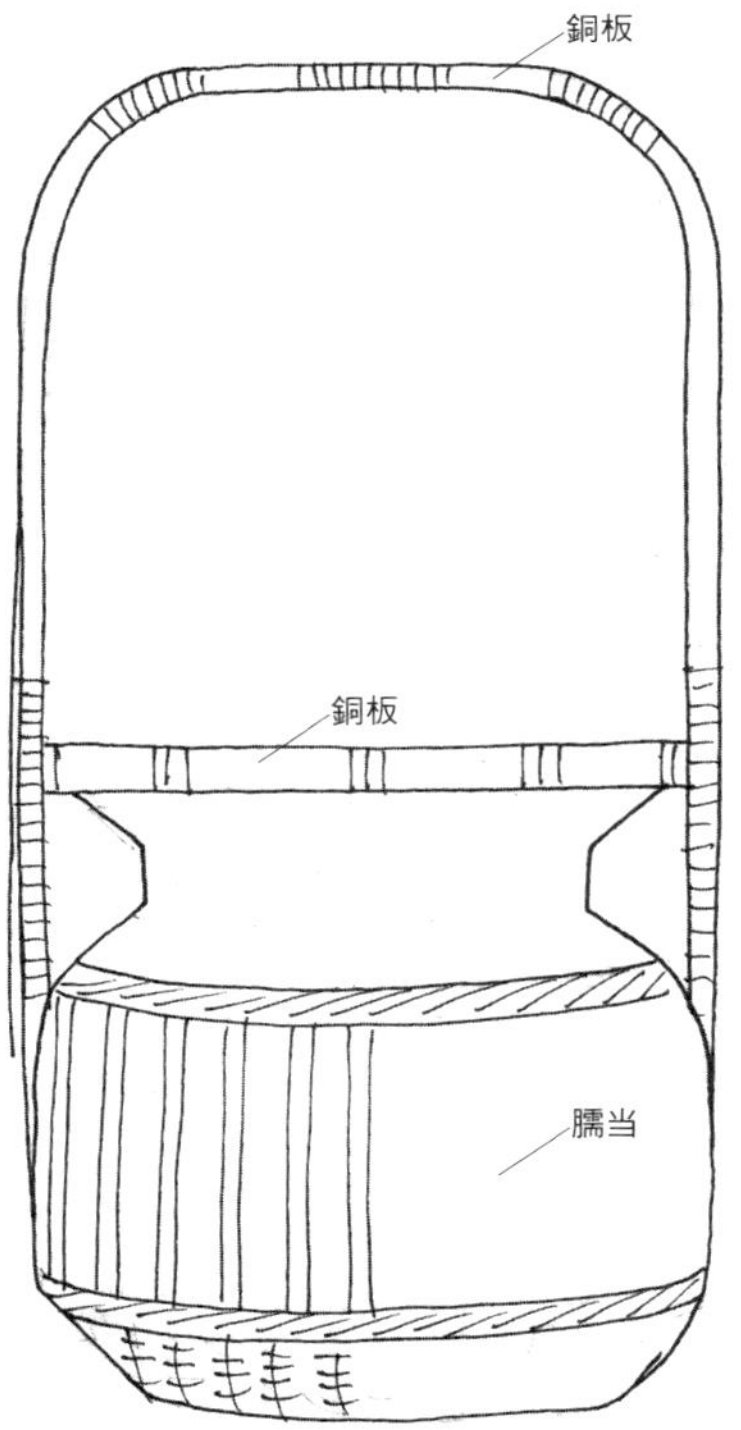

唐物答案籠

唐物舟形籠花入

り」と記されている。今となっては「手燈籠」の姿は想像するしかないが、名称と使い勝手からすると、手付きの花入と見て間違いないだろう。

紹鷗は「手燈籠」のほかにも、和物を含む籠花入をいつくか所持していた。この点で、千利休に先行している。唐物籠の特殊なものとしては、砂張《さはり》の舟のような形の花籠がある。「唐物舟形籠花入」と名づけられたこの籠は、鎖が付属し、砂張の舟と同様に、吊るして用いる。金属の釣舟より、さらに涼しげな風情である。

次に、花を飾るために制作されたものではない、見立てられた花籠について。

魚籃《びく》や薬草・香草の容器、あるいは、食品を封入した陶磁器の保護材などとして渡来したのち、花入に見立てられたとおぼしき作は数多く伝来している。「西本願伝来　唐物木耳籠花入」（野村美術館蔵）は、本来、魚籃として明国で生まれた籠である。底は、経《たて》を長方形に組んで緯《ぬき》を回しながら立ち上げる。口造りの手前まで編み上げてから肩衝《かたつき》の形に胴をすぼめ、肩の上には木材でつくった龍を象ったような形の耳をのせ、首は逆三角形に広げて編み、口縁は籐材でかがっている。胴体部分の張り出しが素晴らしく、さらに木耳がこの籠に重みと格を与えている。

「唐物臑当《すねあて》籠花入」も見立ての名物籠である。「臑当」とは、武士の鎧《よろい》の臑当に似る姿から名づけられた籠の形式である。堅《けん》牢《ろう》につくられており、手に取っても充分に重く、しっかりと編まれている。本体を覆う力強い臑当部分は、太い丸籐を二ツ割りにしたもの。六角形の底および口造りを結ぶ六本の柱にも同じ部材が使われている。垂直に立ち上がった口縁は、蓋があったことを教えてくれる。臑当籠は、炭籠に見立てられているものも多いが、みな同様に口縁は垂直に立ち上がっている。このように見ていくと、臑当籠が何か大切な交易品の容器であったことは、疑念の余地がない。

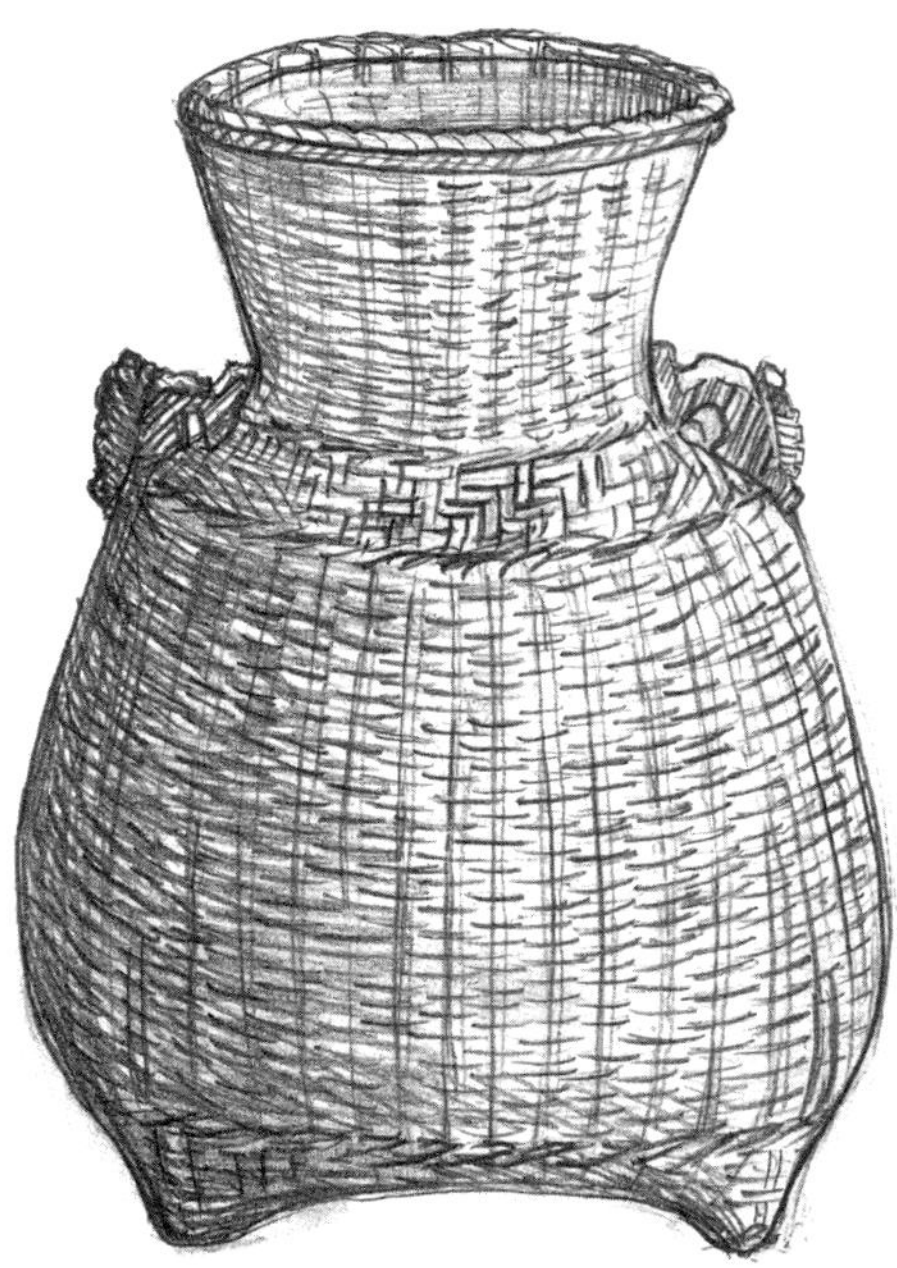

西本願寺伝来　唐物木耳籠花入

③和物籠の嚆矢—なたのさや

『天王寺屋会記』によると、天文十八年（一五四九）正月の九日、津田宗達は徳安という茶人に茶会に招かれている。会は前後の茶会の日付などから見て、堺で催されたものであろう。この会で徳安は、茶席の床柱に「なたのさや」を掛け「松・梅」を入れて花入としたとある。「なたのさや」は本来、木樵などの山仕事をする者が使う鉈の入れ物で、腰につけて使用する民具である。それを転用し、籠花入「なたのさや」としたのだ。これが、茶会記にあらわれる和物籠の嚆矢《こうし》とされる。

天文年間（一五三二～五五）の、いわゆる戦国時代においても、籠花入は唐物籠が中心であった。つまり「なたのさや」のような和物籠が茶会に使われたのならば、堺が当時の茶の湯の先進地であったことを示すよい資料といえよう。

武野紹鷗は、宗達と同時期に堺に生まれ、茶匠として珠光の茶を受け継いで草庵茶の完成に大きな足跡を残している。また、紹鷗は唐物籠が籠花入の主役であった時代に、最初に変化をもたらした人物である。

紹鷗の籠花入に対する意識を見ると、名物の唐物を持つだけでは満足していないと感じることがある。たとえば、所持していた「唐物瓢籠花入」は、多くの唐物名物籠とは異なり、霊昭女形や置形でもなく、手のない瓢形であり、掛けるための寸法の花籠である。また、竹製や籐製でもない変わり物で、紙撚《こより》で編まれた花籠である。全体に漆を施し、背面には紹鷗が朱漆で花押を残す本歌は、全体の様子から本来は民具であったと見たい。また、唐物とあるが、紙撚細工の盛んであった、朝鮮半島のものとの説もある。

もう一点、「大黒袋」という名の籠花入は、袋状の形がその名の由来である。また、紹鷗の営んだ庵の名にちなむともいわれる。本作は竹製で、粗く編まれており、和物の可能性もある。いわゆる、ざんぐりとした風情を持つこのような籠花入は、利休の好んだ和物籠にも似た物があることからも、花籠の茶の湯における変化の魁を紹鷗が担ったと考えてもおかしくはないだろう。

④利休と侘び籠

利休は「花は野にあるように」といったという。その理想を叶えるために、花の邪魔をしない質素で素朴な、たとえば「鉈鞘《なたのさや》籠花入」のような、和物の侘び籠が利休所持として伝えられてきたのであろう。事実、晩年の利休は和物籠を好んで用いている。当時の茶会記には、単に「カコニ花」などの記述しか残されていない場合もあるが、前後の文面から和物と考えられるケースが、天正（一五七三〜九二）末期、つまり、利休の晩年期に増えるのである。また、「新カコ」と会記に記されているのは、和物籠をつくる名人がいたことを示す事例としてよいと思う。

利休所持　鉈鞘籠花入

利休所持の籠花入は、先述の「鉈鞘籠花入」のほか、「桂川籠花入」（香雪美術館蔵）と「広口耳付籠花入」が名高く、三点とも和物籠である。

そのうち、「桂川籠花入」の名を知らぬ茶人はいないと思う。まったくの魚籠《びく》形で、桂川の名があるのは、利休が京都の桂川散策の折に漁師から貰い受けたものだからという。本作は、やがて宗

桂川籠花入

旦の所持となり、元禄十年（一六九七）に江戸へ下向する山田宗偏に贈られたことが、箱の蓋裏に記されている。のち、宗偏は吉良上野介義央の邸宅に出入りしていたことが大高源吾の知るところとなり、赤穂浪士の討ち入りと絡んで「桂川籠花入」は、さらに伝説をまとうことになる。この籠の材は、「鉈鞘籠花入」と同様、メダケである。メダケは、川辺に生える竹材であるから、魚籠のなりたちとしては正当である。

　また、「広口耳付籠花入」も魚籠からの見立てである。ただし、本作は「桂川籠花入」とは異なり、標高八百メートル前後の高地に群生するスズタケで編まれている。つまり、京都産の竹ではないことは明らかである。その姿は、野趣にあふれ、それこそ野にあるような風情でざんぐりと編まれており、三点の利休所持和物籠の中でもっとも侘びの姿を表現している花入といえよう。

　草庵茶の完成は、唐物より和物を茶道具の中心へと押し上げた。利休の所持した籠花入によっても、それが確認できる。利休以降、誰もが和物籠を花入として遠慮なく床に飾るようになった。利休が和物の侘び籠を愛用したことは、それまでの兆しを決定的にしたという点で、革命的な変化をもたらしたといえるのである。

⑤古田織部の籠花入

慶長元年（一五九六）、『松屋会記（久好茶会記）』に古田織部による最初の自会の記録が見える。

　三月八日　一伏見ニ而古田織部殿へ参ル

　　（中略）

　手洗ノ間ニ、墨跡ノ前ニ、カコニ花入

と記され、絵入りで籠と花を描き入れてある。

また、『宗湛日記』には、慶長四年（一五九九）二月二十八日朝の条に

　カゴニ白玉（椿）生テ、

とあり、

　一カゴ花生ハ、高サ一尺二三寸、肩ニトリテ《取手》付、下ハヒシ《菱》ナリ也、クチハ丸シ、

と、詳細に記述している。

先の『松屋会記』の籠は、絵入りにしてはわかりにくいのだが、あとの『宗湛日記』の文章は正確である。しかし、織部伝来の籠花入は唐物のみであるので、いずれの花籠も唐物であろう。

これらとは別に、織部所持の籠花入として伝来していた籠が二つあった。「あった」というのは、今はどこにあるのかわからないという意味である。戦前に益田鈍翁の紹介で、二代瓢阿が近衛家と藤原銀次郎邸へ伺って拝見し、記録を残したのが、この二点である。

どちらも霊昭女形であることからも、織部はこの唐物花籠の形を好んでいたことが推測される。しかし、織部の師・利休は和物の民具の籠を花入として草庵の床に掛けたのに対し、唐物の置き籠を選んだのは何故か。師弟の茶境の違いだけだろうか。それとも、利休自刃のあと、茶の世界の差別化、武士と町衆、あるいは宮中と身分制度が整うにしたがって、変化してゆく茶の湯に合わせた選択だったのか。

織部は慶長十五年（一六一〇）、将軍秀忠に台子茶の湯を伝授し、徳川将軍家の茶道師範となった。格式を重んじる武士の茶の湯には、広間（鞘の間）がつきものであったという。織部所持の籠花入は、広間で生きる姿を持ったものである必要があったのではないか。しかし、元和元年（一六一五）、織部は謀反の罪で捕らえられ、師の利休と同じく自刃して果てた。その後、長らく織部の業績は否定され、唯一焼き物の名称にのみ、その名を残した。そうでなければ、我々はもっと織部好みの花籠を目にすることができたであろう。

⑥小堀遠州の籠花入

生涯を通じて数多くの竹花入の名品を残し、茶杓の名作を削り上げた小堀遠州であるが、籠花入との関わりについての資料は多いとはいえない。それでも目を引くのは、松屋久好による『松屋会記』の一節である。

慶長四年（一五九九）、久好は伏見を訪れ、織部をはじめとする伏見在住の茶人の会をめぐり、最後に遠州を訪ねている。この時、遠州は二十一歳。若き遠州が久好をもてなすのに用いた花器は、

籠花入であった。二月二十四日の会記には、

カコニ白玉・ホケ入、

とある。このように、当時は、籠花入に椿や木瓜などの枝ものを入れて、炉の室礼《しつらい》に用いるのは珍しいことではなかった。この籠花入がどのような姿のものなのかは、会記から読み取ることは難しいが、弱冠二十一歳の遠州の早熟な茶人ぶりを感じ取ることはできるだろう。

べつに、遠州と籠花入といえば、すぐに思い浮かぶのは『遠州蔵帳』所載の「唐物瓢籠花入」である。本作の背には鐶が取りつけられていて、掛け籠として使われていたことがわかる。花をよく生かす姿で、巧まぬ自然な姿は、織部所持の花籠よりも、利休の好んだ掛け籠に近いものを感じるのは、私だけであろうか。

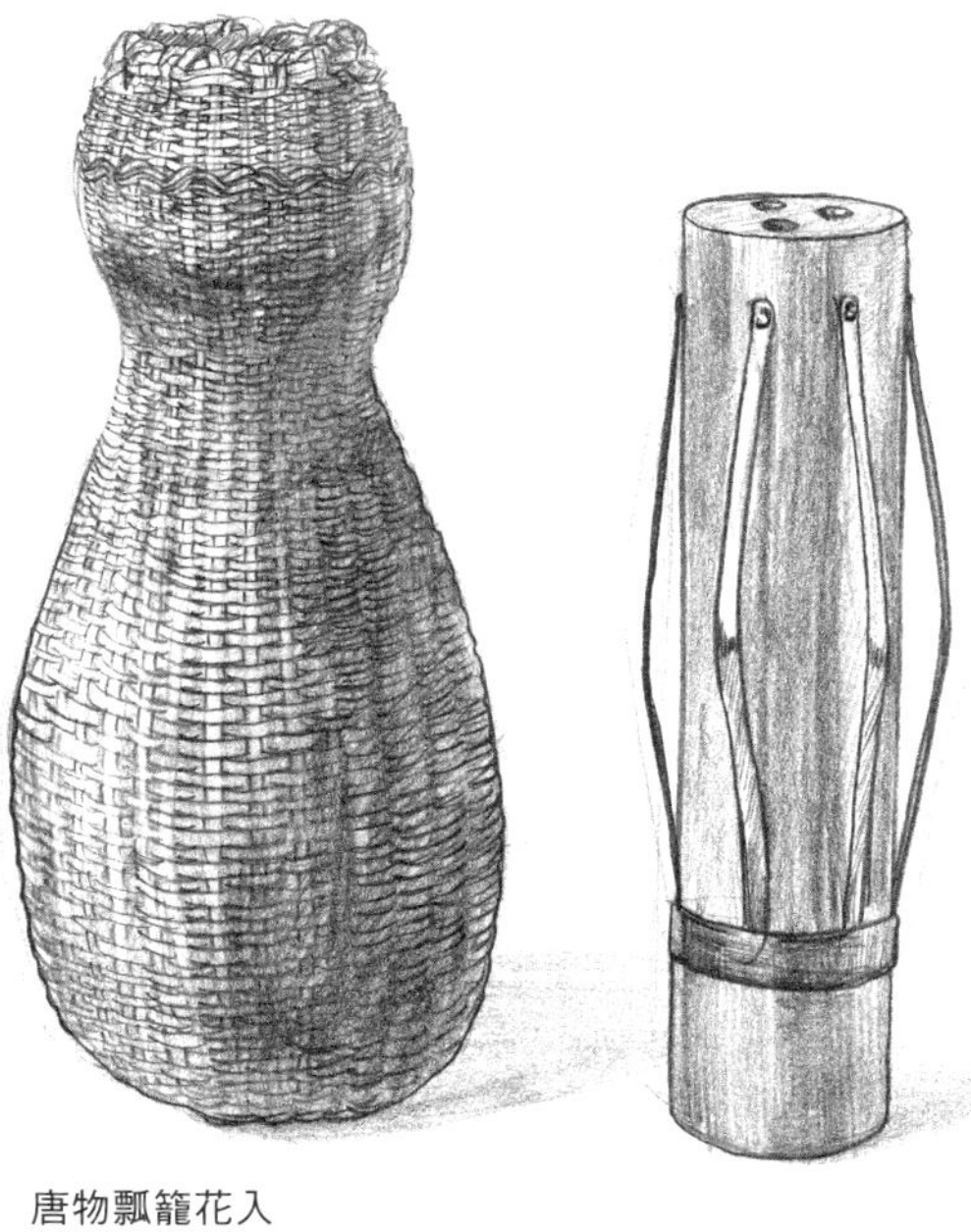
唐物瓢籠花入

⑦宗旦と和物籠

千宗旦は、祖父の利休のように、和物籠を少なからず見立てている。

なかでも、宗旦所持「むし籠花入」は、見立ての籠花入の名品として名高い。「むし籠」とは、

小型で腰につけて使う、虫取り用の籠のことである。秋に鈴虫を捕り、籠の中に入れて口栓をし、枕元などに置いて、その音色を楽しむためのものという。「むし籠」は、いかにも民具らしい味わいがあり、草花が美しく映える点で、宗旦の得意とする見立て道具の中でも出色の一点である。本歌は『茶会漫録』の著者・野崎幻庵の旧蔵で、箱の蓋裏には宗旦の花押とともに「美濃より来ル」と記されている。

また、「栗籠花入」も、宗旦所持の見立て籠である。やはり、もとは民具であった。土産物に付属する籠を見立てることは利休にもあるが、本作は客人が手土産として持参した栗の入れ物を見立てたものである。宗旦の見立ては、おおらかな利休所持のものとくらべ、より素朴で質素、地味で目立たないといってもよいかもしれない。

宗旦伝来　むし籠花入

⑧山田宗徧作の籠花入

宗旦の弟子の一人である山田宗徧は、利休伝来の「桂川籠花入」を宗旦より譲られて、その写しを自らつくり残している。宗徧は器用な人であったというが、その巧みさは、この籠を見る限り、茶人の域を超えている。本作は、利休の本歌とくらべて、やや小振りにつくられているが、几帳面な宗偏らしい、大変丁寧なつくりで好感が持てる。小振りなのは、本歌を写しながらも、時代に沿ったより使いやすい花入に仕上げているためであろう。

宗偏作の籠は、ほかに桂川の支流である梅津から銘を取った「梅津川籠花入」、利休の達磨形の炭籠にヒントを得た「算盤籠炭斗」などがある。

⑨久田宗全作の置籠花入—宗全籠

茶人による手づくりの籠というと、久田宗全を忘れるわけにはいかない。茶の湯を嗜む者ならば誰もが知る「宗全籠」の作者である。

宗全は手づくりや好み物を数多く残し、籠づくりにも熱心であった。ことに注目すべきは、ざんぐりとした味わいの中に創意を見せている点である。置きの「宗全籠」、向掛けの「蟬籠」、柱掛けの「振々籠」など、茶人ならではの視点から発想した、今までにない花入を創り上げた。また、世間での評価も高く、求めに応じて数を造った形跡があり、つくるうちに上達していったことだろう。茶人の手づくりと職人が一度につくる好み物の違いはここにある。茶人の成長とともに、同型の籠でも変わってゆくのだろう。そのような作品が、大正期から昭和初期にかけて盛んに行われた、大名家や豪商の蔵から出た古美術品の売立で何点も見ることができたという。そして、宗全は茶の湯の籠に「好み物」という道を拓いた人物ともいえるだろう。

その代表作の「宗全作　置籠花入」は、通称「宗全籠」と呼ばれている。古作の籠の名称は、「手付籠花入」「置籠花入」などの名のものがほとんどで、籠がさまざまな銘を持つようになるのは、好み物が多く造られるようになってからのことである。宗全の手技を見ると、余技に近い部分があるのに、メダケ・マダケ・藤蔓《ふじづる》・丸籐《まるとう》を使いわけ、素材に精通している。おそらく、籠師の助けを借りながら、自身でつくり上げたのだろうと想像させる。

　実は、この「宗全籠」は、宗全の完全なオリジナルではない。はじめは仙叟の依頼により、その図面をもとにして手付きのない形を制作したのである。それか、いわゆる「手なし宗全」と、のちに呼ばれる花籠である。宗全はそれに工夫を加えて「宗全籠」を考案した。こちらは手なしの仙叟好みよりも印象が強くなり、手付きの分、堂々とした姿になって、人気を博したのであろう。

　なお、本作の流れとして、宗全の子である覚々斎の「置籠花入」、惺斎の「千鳥籠花入」がある。覚々斎好みの「宗全籠」は、本体は本歌と同じ編み方と形を見せるが、手付き部分を煤竹《すすだけ》にし、低めに抑えた形にして藤蔓で留めている。手が低い分、小間にふさわしい侘びた趣が強められているといえよう。また、惺斎好みの「千鳥籠」は、藤昇斎という職人の作で、白竹を用いて胴編みの技

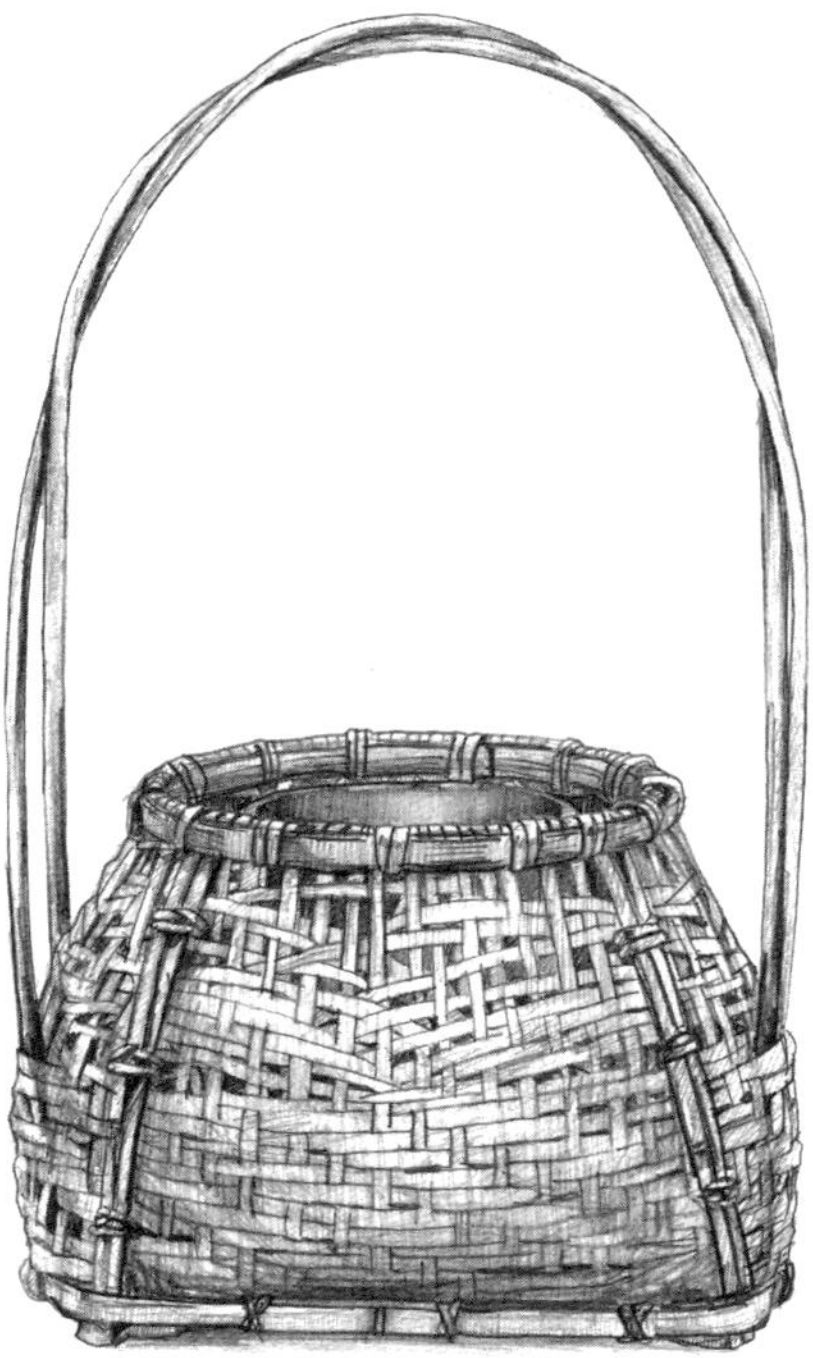

宗全作　置籠花入

覚々斎好　置籠花入

法で千鳥が飛び立つように交差させたものである。

⑩『槐記』と籠花入

宮廷における茶の湯は、寛永年間（一六二四～四四）に大きく発展し、その独特の世界を形成していった。ことに後水尾天皇の周辺には、近衛信尋《のぶひろ》、常修院宮《じょうしゅういんのみや》などの弟宮が茶の湯を好み、金森宗和の指導もあって、宮中にふさわしい茶の湯が考案された。

その少しのちの時代、享保年間（一七一六～三六）を代表する知識人、予楽院《よらくいん》こと近衛家熈《いえひろ》の晩年の行状・談話を集め記した言行録『槐記《かいき》』（侍医・山科道安著）は、茶の湯に関わる記事が多いので、当時の宮廷茶道を知る上で欠かすことのできない資料である。この『槐記』にあらわれる籠花入は、おおかた唐物籠である。また、籠によっては詳しい解説や挿図もあって、興味深い。

なかでも「予楽院所持　唐物霊昭女籠花入」は、もっとも有名な花入である。享保十八年（一七三三）四月の会で、予楽院は吉田某という人物より本作を贈られ、その記念として披露している。当時、この花籠は大変評判となり、写しが何点もつくられたらしく、現在もそのうちの数点が伝えられている。本歌と思われる作は、手の高さが六十五センチ前後で、花籠としては大型である。底は菱形で網代に編まれ、胴体も網代編みとなっている。そして、胴体の四方には太材の竹をあしらってあり、口も菱形である。手付きは一本の太い竹材を曲げて、曲げた手付きの末を左右二本に削り、本体の前後に取りつけるという、ほかには見られない独特の造形をしている。

『槐記』にあらわれる籠花入は、この「予楽院所持　唐物霊昭女籠花入」をはじめとして、唐物籠が中心である。ほかの例を挙げると、享保十八年十一月の予楽院の自会に「籠　釣舟」という一節がある。舟形の籠花入は珍しいが、唐物籠には時々見受けられる。中国で花籠は吊って飾る傾向があり、それゆえに当時の釣舟形の花籠は唐物であると考えると、自然と納得がいくのである。

予楽院所持　唐物霊昭女籠花入

⑪川上不白と籠花入

川上不白も、手づくりの茶道具を数多く残している。手捻りの楽茶碗のほか、竹の花入、茶杓など、茶味にあふれた力強い独特の作風を示し、不白という人の人格と豊かな人間味を伝えてくれる。また、若年より俳諧・文筆に親しみ、生涯に多くの俳句を残したことでも知られる。

「猿蓑《さるみの》籠花入」は、おそらく不白が松尾芭蕉が詠んだ句「初しぐれ猿も小蓑をほしげなり」より名づけたであろうことは、不白の茶・俳一味の茶の湯からすれば想像に難《かた》くない。煤竹《すすだけ》でざんぐりと編んだ姿は、なるほど小蓑を着たような飄逸な造形である。置いても掛けても使えそうな寸法で、伊賀の耳付花入にも似た侘びた風情を感じさせる。この籠が手づくりかは不明だが、不白が「宗全作　ゑぼし籠」の写しを紀伊国の水野侯に献上し、その才能を見せていることからも、手づくりの可能性もある。

ところで、不白所持とされる唐物籠が伝来しているので、紹介しよう。

「木耳籠花入」は、先代瓢阿(父)が戦前の売立で見たもので、形は唐物籠の民具に近い。本作の木耳と籠地は調和して雑器の素朴さが感じられ、味わい深い造形は茶花がよく似合いそうで好ましい。さして大型の籠ではないが、木耳があるせいで立派に見える。置形であるが、小間の向掛けにもよさそうだ。

ほかに、不白所持の唐物籠には、「小猿」銘の耳付籠が残されている。「木耳籠花入」よりも小型の置形花籠で、こちらは木耳ではないが、耳付の姿が「見ざる、聞かざる、言わざる」を思わせて、微笑ましい籠花入となっている。

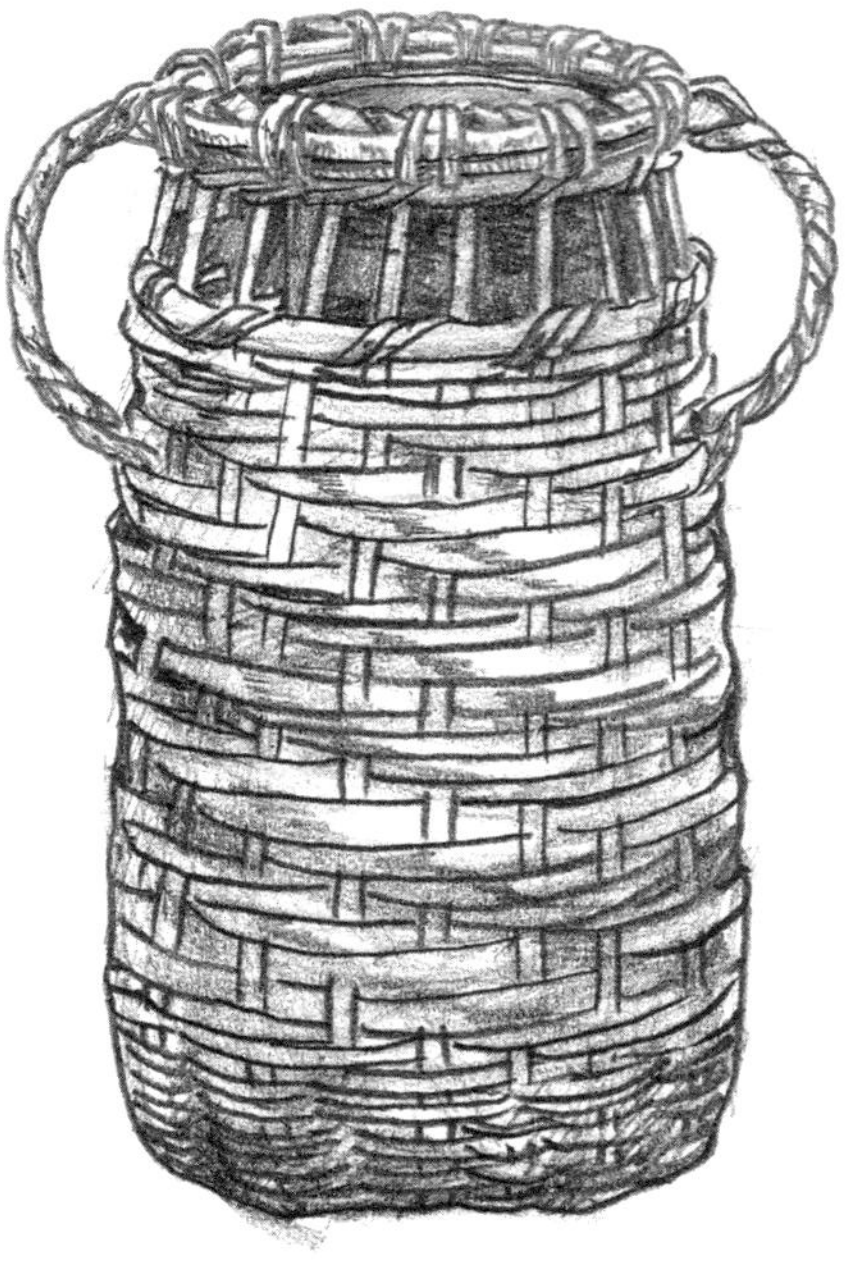

川上不白好　猿蓑籠花入

川上不白所持　木耳籠花入

ところで、「小猿」のような芭蕉《ばしょう》編みの籠と同手の籠に、日本でつくられた「宮島籠」と呼ばれるものがある。「宮島籠」の由来は、初代瓢阿が永年の調査によって明らかにしたと、父から聞いている。つまり、「宮島籠」は、芸州（広島県）浅野家の藩主が中国（当時は清国）の籠師を宮島に招いて住まわせ、唐物風の籠をつくらせたのがはじまりで、産業の復興と茶友への進物に用いたということである。そして、この時代より日本産の唐物籠、すなわち、唐物写し籠がつくられるようになっていったのだ。つまり、江戸時代も後期になると、茶席に求められる明代の籠花入は手に入らなくなり、清朝の作は装飾の多い煎茶向きの籠として敬遠される中で、国産の唐物籠、唐物写しが求められていくようになる。

⑫島物の籠

「籐」は英名をラタンといい、マレー語に由来する。「籐」はよく「藤」と勘違いされる方がいるが、ラタンは藤と異なり、日本では育たないヤシ科の植物の総称である。ラタンが生育するのは、インドネシアを中心とする熱帯地域で、国の重要な輸出品となっている。ラタンでつくられる籠は、おもに「巻き上げ」という技法を取り、中国南部からインドネシア、フィリピンなどで昔からつくられていたらしい。巻き上げとは、わかりやすくいえば、釜敷や瓶敷の編み方を思い出していただければよい。

「組物種壺花入」（福岡市美術館蔵）は、益田鈍翁および松永耳庵旧蔵の籠花入である。おそらく、呂宋（フィリピンのルソン島）などの、いわゆる南蛮から桃山時代に渡ってきたものであろう。野趣あふれる造形と茶にかなう寸法は、雑器の中から名器となりうる器を選んで、持ち帰ってきた人の眼力によるものである。

先年、フィリピンの高地で永年にわたって原始的な生活をしてきたイフガオ族が、火山の噴火によってその居住地を奪われた話を聞いた。そのイフガオ族がつくり続けてきた籠が、まさしくそのような巻き上げの籠であった。イフガオ族は、太古から、また南蛮貿易が盛んな頃も同様の籠を生活雑器としてつくってきたことは容易に想像できる。「種壺」は、このイフガオ族のような民の手による島物の籠といってもよいだろう。

⑬籠の好み物

さて、茶の湯と籠の関わりは、唐物中心の時代が百年ほどあって、利休の時代に和物（見立て）が加わり、唐物・和物が並行して用いられる時代ののち、茶道の大衆化によって好み物中心の時代へと変化してきたといえる。しかし、そのほとんどのものについて、制作した籠師の存在は伝わっていない。そのうち、籠の作者として判別できるものは、先述の山田宗徧や久田宗全などの茶人の手づくりであろう。ただし、茶人の手づくりも「好み物」とは異なり、一点のみの作であったり、多数あっても一点一点大きく形が違っていたりするからである。

では、いつ頃から籠師による「数の好み」が制作されるようになったのであろうか。千家では一閑の名がたびたび浮かび上がってくる。たとえば、表千家六代・覚々斎の「サザエ籠炭斗」は、一閑の手になるものであるが、この籠が「数の好み」かどうかはわかっていない。

また、裏千家七代・竺叟の「唐人笠籠花入」は、作者ははっきりしないが、本作の受け筒には「好」と朱漆で書き残されており、宗匠自身が意匠し、職方に依頼した数物であることを証明している。素材は籐のみで、ざんぐりと茶味豊かに編み上げられ、おおらかで、異国趣味を見せる。ちなみちなみに、久田宗全は竺叟の祖父にあたり、竺叟の父は覚々斎であり、いずれもが籐材を用いた籠花入をいくつか残していることは、すでに述べた通りである。つまり、当時の日本において貴重な輸入品の籐を入手し、籐材の籠編みを得意とした職方の存在を考えないわけにはいかない。後世、宗全作の写しを許されてきた一閑家がこれにあたるのではなかろうかと、私は常々考えている。

竺叟のあとを継いだ裏千家八代・一燈も、数の好みである「塩籠炭斗」を残している。これは、台所に置かれていた雑器を見て考案し、全体に和紙を貼って柿渋を引き、内面は金箔で仕上げた小型の炭斗で、箱表に「五十之内」とあるから、その時代としては大量に制作されたことがわかる。

裏千家十代・認得斎の好んだ「松山籠炭斗」は、いたってシンプルな好みである。伊予の松山に出仕した折の好みで、白竹の皮を剥いだ身だけの部分で編まれた四方形の浅い造形は、先代・一燈の「塩籠炭斗」のような個性がない分、使いやすく、今でも人気のある炭斗である。

幕末から明治にかかる頃になると、表千家でも数の好みがはっきりと認められるようになる。

竺叟好　唐人笠籠花入

十一代・碌々斎の好み物の籠には「宮島籠花入」「大津籠花入」があり、宮島籠は広口の壺形、編み方は唐物風で、六兵衛の作と伝わっている。大津籠は民芸的な見立ての籠である。十二代・惺斎は歴代の中でもっとも好み物が多く、籠花入には「千鳥籠花入」があり、数の好みの炭籠も何点か残している。また、同時代の裏千家十一代・玄々斎の好んだ籠花入には「鶴首籠花入」「末廣籠花入」「唐物写籠花入」があり、籠炭斗には「七宝組炭斗」「常磐籠炭斗」がある。

このように、明治以降、千家において籠を数多く好

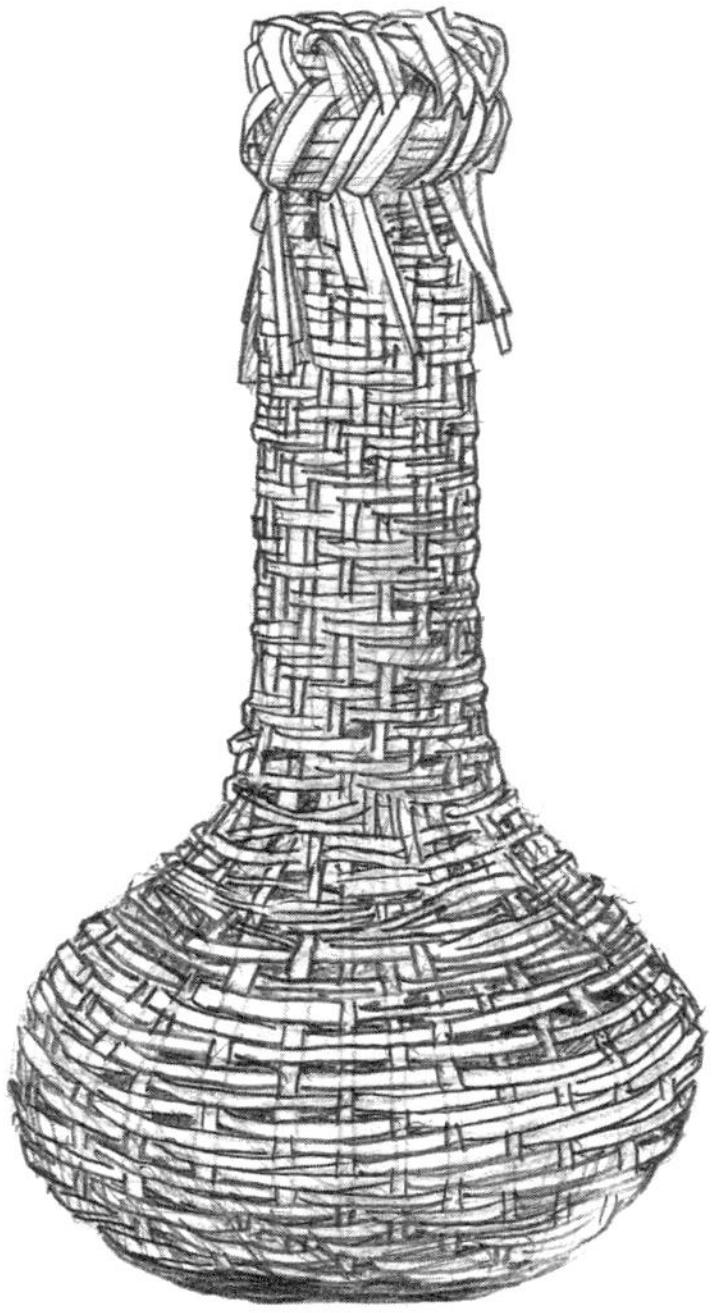

玄々斎好　鶴首籠花入

むようになり、茶味に優れてはいるが、籠本来の持つ自由さ、おおらかさが欠けるものもあり、必ずしも籠の歴史から見て、好ましい点ばかりではない。

また、この時代に好まれた籠花入は、白竹やその身を素材とした作がほとんどであり、籠は風炉の時期のものという約束事もはじまったと思われる。

十七、写し物と直し物

私の仕事場にはこの一年間、大きなダンボール箱が一つ、邪魔にされながら居座っていた。仕事に差しつかえるたびに、右に左に移しはするが、私は決してその箱を開けようとはしなかった。いや、開けたくなかったのである。箱の中には大型の手付き籠が一点入っていた。別府でつくられたと思われる明治・大正頃の作である。修理のために持ち込まれ、私の仕事場に置かれたままにされていたのである。

箱を開けなかった理由は、三つある。

一つには、その花籠が煎茶の籠であったこと。私は抹茶系の籠師であり、得意分野ではないという理由。

二つには、私の性格からして、たとえどのような籠であろうと、修理をはじめるとおもしろくなって、寝食を忘れて没頭してしまいそうだからである。

三つには、直しは「直した」と思われぬのが最良の仕事であり、懸命に努力した結果、依頼品のどこが壊れていたかわからなくなってしまい、依頼者に苦労の跡がわかりにくい仕事だからである。

では、どうして私がこの仕事を引き受けたかというと、依頼者のAさんが非常に困っていたということと、私がこの直しに興味を抱いてしまったからである。その時、私は多忙であったので、Aさんには「気が向くまでやらないけれど、それでよいならばお引き受けします」といってあったので気楽である。しかし、箱は邪魔になった。後悔先に立たず。そうこうするうちに、今夏、私の主宰する籠の会「竹樂会」が三越本店で開かれた。その会の後始末も滞りなく終わると、急にこの封印されたダンボール箱が気になり出した。そして、夏休みの一日、ダンボール箱を開き、この花籠と向かい合ったのである。

見れば見るほど気の乗らぬ姿である。しかし、よく観察すると、技術的には素晴らしい作であった。また、修理箇所は四箇所、ことに籠の底が抜けているのが難所である。材料は煤竹のメダケのできるだけ太い材料を使うこととして、半日で直し、三日間養生し、どこを直したのか自分でもわからなくなって、繕《つくろ》いが完成した。籠をふたたびあの忌まわしいダンボール箱に戻して梱包し、宅配便で送り出す。ヤレヤレである。二、三日して依頼者から電話があった。とても喜んで仕事の大変さをわかってくれたのはよいが、「またお願いします」といわれたのには正直、返す言葉がなかった。

さて、籠の「直し」の技術は「写し」の技術を基としている。籠の写し物の場合、もとになる作品（本歌）の造形はもちろん、編み方・材料をできるだけ本歌に近づける必要がある。そして、最後の仕上げとして籠の時代色をそろえる。これらの技術を習得することで「直し」の技術も育まれる。だから「写し物」が上手にできなければ「直し物」はできない。「直し物」の仕事はもっと評価されるべき仕事だと私は思う。ただし、「直し物」の技術は、方向性を誤ると贋作づくりへと繋がる場合もある。昔から贋作工房ともいうべきものがあったことは父から聞かされていた。

小林一三の伝記には、彼が大阪の三井銀行支店に勤務していた時の下宿先に画学生がいて、いつも達者にその手の絵を描いていたことが記されている。こうした事実は古今東西にあることで、別

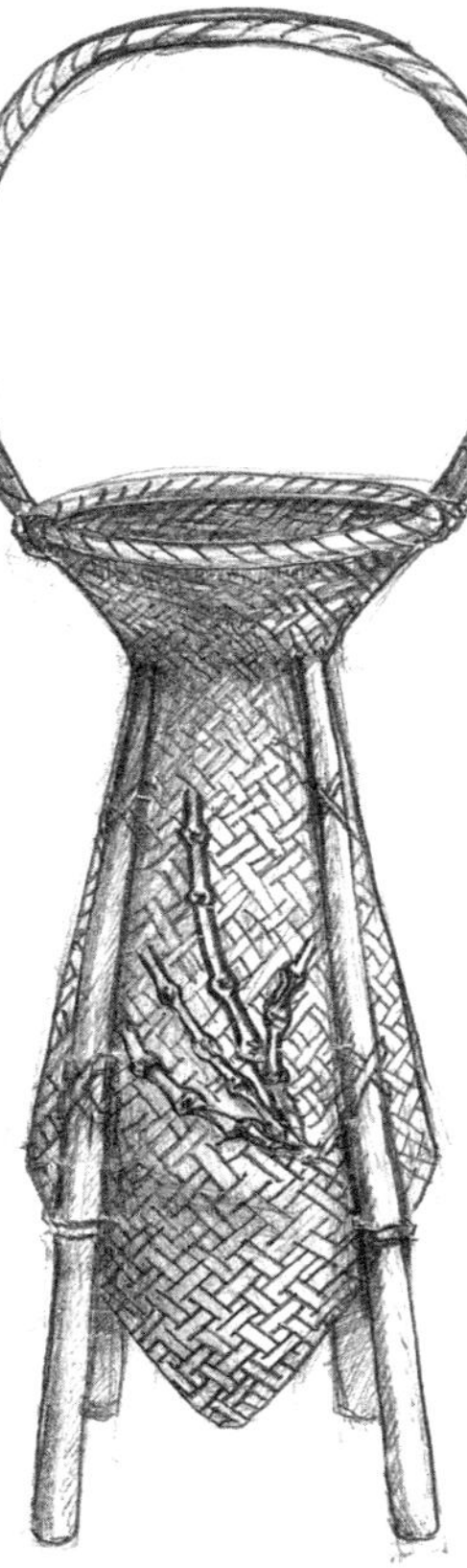
煎茶の籠

に驚きはしない。ただ、それだけの腕前があるならば、自作でも生きてゆけるのにと不思議には思う。
その点、「写し物」には救いがある。それは金銭ではなく、美しい作品をおのれの力量で写し取ってみたいという作家の純粋な気持ちがそこにあるからである。人をあざむくのではなく、本歌の作者と対話するように、表面的な姿よりその由来となる作者の心を写し取ることが大切になる。
平成十八年九月、出光美術館で「国宝　風神雷神図屏風」展が開催された。その展示の目玉は宗達作の本歌と、光琳・抱一の「写し物」が同時に拝見できることであった。名品は模倣される運命にある。私の主なる仕事は名物籠の写しだが、「写す」仕事を大切にしつつ、「写される」ほどの作品をつくりたいと常に思って精進を重ねている。

十八、花と籠の相性

私の仕事場は、駅前商店街の中にある。何故そんなところにあるかというと、戦後、親の代の時に建てた家屋のまわりに、だんだんと商店が建ち並び、ついに商店街となって、身動きが取れなくなってしまったからである。仕事専用の家屋だから商いはしていないが、場所柄、私も商店会の一員になっている。その商店会では、商店街通りの美化のため、店先にプランターの設置が義務づけられていて、三ヶ月に一度、新しい花が配られる。以前はこの花の世話を面倒に感じていたが、最近は結構こまめに土をいじり、水やりをして、花の生長を楽しんでいる。花の世話をしていると、通りがかりの人がよく声をかけてくる。「ご精がでますね」とか「綺麗ですね」とか、他愛のない会話だが、みんな花が好きなんだなと、改めて感じるのである。

「この世に二枚の硬貨しかなければ、一枚で一切れのパンを、もう一枚でユリを求めよ」という諺《ことわざ》があるそうだが、たしかに花のない生活は空虚なものだろう。花は生活を豊かにしてくれる、人間にとってかけがえのない存在である。

茶の湯においても同様である。正午の茶事で、後入りの床に飾られる花がなければ、いかにも床がさみしいに違いない。花は客の心を慰める最高のもてなしともなる。この花を我々は「茶花」と呼んでいる。茶花という花の種類があるわけではないが、日本の山野草を中心とした、茶席にふさわしい花々が、そう呼ばれているのだ。また、茶花を自宅で栽培している方も多いようだ。我が家でも小さな庭に茶花の鉢が所狭しと並んでいる。しかし、仕事で花を使うとなると、庭の花で足りるわけもないので、花屋さんの力を借りる。

そんな時、私が頼りにするのが、南青山にある「花長」である。茶花で全国的に知られた花屋さんだ。作品の撮影や個展・茶会の席持ちなどのたびに花を選ばせてもらって、通いはじめて二十五年以上が過ぎた。昔話になるが、十数年前の個展の時に、どうしても自作の牡丹籠に入れる牡丹がほしくて、その時季はとうに過ぎていたのに、当時ご健在であった前社長の能村江里子さんに無理をいったことがある。江里子さんは明るく快活な人柄で、彼女に気に入られると、多少の無理は聞いてくれて、手品のようにこちらの望む花を出してくれるのである。しかし、今回は…とあきらめていたが、個展初日の早朝に作品に入れる花を取りに行くと、「はい、牡丹」と花の鉢を手渡してくれた。私が驚くと「函館から取り寄せたのよ。ちょっと高いけどね」と、いたずらっぽく笑ったのが印象的であった。「今の花長の賑わいは先代の力が大きい」と、現社長でご長男の菊人氏から伺った。

「花長」は、明治の末期に現在の地に開店した。初代は能村仁三郎といい、金沢の出身で、生家も花屋を営んでいたらしい。ちなみに、金沢には歴史のある花屋さんが多い。それは、加賀藩が植木職や花屋を優遇したためで、江戸時代から続く花屋が今も四軒あるという。そういえば、『東海道中膝栗毛』の三編に「花屋の柳ぢやアあるめへし、いつまで人のかどに立つても居られめへ」という台詞があるように、江戸時代にはすでに店舗を持つ花屋という仕事が成り立っていたのである。

で、どうして加賀藩が植木職や花屋を優遇したかというと、昔は植木職が花屋を兼ねていて、植木職は高い木に登るのが仕事だからである。高い木に登れば、隣の邸宅の様子もよく見えよう。人の出入りの情報や邸内のことを知ることができるため、植木職は各藩で大切にされていたとか。そして、幕末頃には、花の生産者でもあった植木屋から花屋が独立し、花市場から仕入れた花を売るようになったという。江戸では、堀切・請地・小梅・曳舟・鹿骨・青戸など、現在の墨田・江東・葛飾あたりが花の生産地で、市場は東両国あたりで開かれていたという記録が残されている。今でも、東京には江戸時代から続く花屋さんが六軒残っているらしい。

秋の茶花

ところで、やはり唐物や和物籠には折々の季節の茶花が似合うが、肝心の我々の生活スペースが変化してしまった。家から和室がなくなりつつあるのだ。ことにマンションに関していえば、日本間は消えたも同然である。しかし、畳の部屋がなくとも籠花入は、洋間にも洋花にも相性がよいということを知るべきである。私もよく和物籠にサンダーソニア・オンシジューム・トルコキキョウなどを活けて楽しんでいる。また、外国人の方のほうが先入観なく和籠を楽しんでいるようで、参考にしたいと思っている。

さて、先日訪ねた「花長」の店先は、まだ八月だというのに、すでに秋の気配。芒・桔梗・女郎花《おみなえし》・吾亦紅《われもこう》などの鉢植えが店先に並べられている。店内に入ると、秋明菊・竜胆《りんどう》などの茶花があふれるように飾られていた。その美しさに誘われて、ついつい抱えきれないほどの花を買ってしまった。「一切れのパン」を買う硬貨を残さなかったことを少し後悔しながらも、幸せな気分で帰路に就いた。

十九、「後の月」に似合う籠

名残りの月になった。秋も深まり、空気は澄んで、吹きわたる風も爽やかである。庭の草花、野の芒。夜には、虫の音、月あかりと情趣あふれる季節。自然と茶会の数も増え、招かれるだけでも忙しく、また楽しい日々のはじまりである。名残りの茶の取り合わせは、堅苦しいものよりも、少しだけ軽めの侘びた風情が喜ばれる。掛物には消息や歌切、茶入には備前や信楽、茶碗は呼び継ぎや繕いのあるものが使える。ほかに、欠風炉や板風炉を配置して、破れ継ぎのある釜を乗せるのもよい。そして、花入は「ざんぐり」と編まれた籠の出番である。よく「ざんぐり」の言葉の意味を聞かれるが、説明がしにくい。この言葉は、籠のみに使われるのではなく、鎌倉彫や瓢、信楽などの焼き物の造形を表現する時にも用いられる。「荒々しい」に近いが、「荒っぽい」のではなく、作品に素朴さと茶味が備わった時に「ざんぐり」とした造形が生まれるのである。要するに、「ザクザク」と編んで、几帳面

山籠

になりすぎず、編みすぎていない籠が喜ばれる季節になったのだ。

名残りの月に使いたい、ざんぐりとした籠花入の代表に「山籠」がある。「山籠」とは、山編みの籠という意味で、山編みとは荒編みのことである。太めに割った煤竹を、人から見れば縦横無尽に編んでいく。実は、一定の法則と技術が必要なのだが、それを籠の目に見せないようにつくり上げるのは難しく、また楽しい。「山籠」は従来の籠より大きめで、背の低い蹲踞《つくばい》のような形をしている。同じ風情でも、「背負い籠」はもう少し背が高く、具体的なモチーフのある、ざんぐりと編むべき籠花入。そのモチーフは、農作業に用いられる運搬用の籠である。農夫の背負う籠というだけでも名残り向きだが、煤竹の良材を選んでつくると、いっそう侘びた風趣に仕上がることは間違いない。そして、もう一点、裏千家七代の竺叟が好んだ「唐人笠籠花入」は、煤竹と見紛うような、独特の柔らかみのある籐の古材を使って、細かいことは気に

背負い籠

せずに編んでいくと、まさしく「ざんぐり」の言葉がよく似合う花入となる。

いずれの籠花入も、名残りの花を入れるにふさわしい。残花もよいが、十三夜（陰暦九月十三日の夜）の頃に萩や芒などを入れて武蔵野の景色を演出するのもおつではないだろうか。

ところで、「中秋の名月」と呼ばれる十五夜（陰暦八月十五日の夜）にお月見をするのは古来の習わしだが、「十三夜」についてはご存じの方は少ないのではないだろうか。「十三夜」は、十五夜の一月遅れの名月（満月）のことであり、「後《のち》の月」という呼び名もある。一節には醍醐天皇の月見の宴にはじまるといわれ、宇多法皇がこの月を「無双の月」と讃えたのがはじまりとの説もある。また、村上天皇の時代に、先帝の回忌と十五夜と重なり、一月ずらしたためともいう。つまり、十五夜は中国渡来の行事だが、十三夜は日本独自の風習といえる。その後、「十五夜」に月見をしたら「十三夜」にも月見をすべきとされ、片方だけでは「片月見」といって忌んだそうだ。彼岸を過ぎても気候がよく、湿度も少ない年は、月光がいっそう冴えて見えるように思う。「十三夜」を意識しなかった時分に、私の心に焼きついた美しい月。あれがきっと「後の月」だったのだろう。十月初旬の茶会で、このざんぐりとした籠花入に秋草などを入れて床に飾れば、席中は「十三夜」の名月を望む武蔵野を表現していることになるかなと、趣向の一つが浮かんだ。

そして、秋も深まり、紅葉の便りも届きはじめる十一月は、開炉の月。各地で茶会もいっそう盛んに催されて、賑わいを見せる。しかしながら、籠師にとっては、少々さみしい季節のはじまりである。何故かというと、初風炉から半年の間、使われてきた籠の花入が仕舞われる月であるからだ。もっとも、例外がないわけではない。

後の月

十二月十四日、赤穂浪士の討ち入りにちなんだ趣向の茶事では、よく桂川籠花入の写しが使われる。当日、吉良邸で行われていた茶事で、床に桂川籠花入が飾られていたことにちなむためであるが、花は蠟梅《ろうばい》を入れることを習わしとする流儀もある。つまり「(討ち入りで)吉良さんが狼狽した」の意とか。ちょっと笑える趣向である。ほかに、「唐物籠の花入は、炉に用いてよし」とする、茶人も少なからずいる。唐物籠は緻密に編まれているので、寒々しくないというのが、その理由である。また、枝ものが唐物籠に取り合うからともいう。たとえば、唐物の牡丹籠に牡丹を入れようと思えば、四月に使うことになる。また、真冬に寒牡丹を入れて楽しむのも悪くないと思う。使ってみると、冬の花に唐物籠がよく取り合うのがおわかりいただけるはずである。

しかし、唐物籠だけでなく、和物籠も炉の季節に使われていた時代があった。先述の桂川籠は和物籠の代表であり、それに限らず、古い会記を読み返すと、籠花入はむしろ炉の花入として、より多く使用されていることがわかる。籠師の私がいうと手前味噌で恐縮だが、枝ものの似合う籠花入は少なくないので、ぜひ使ってみていただきたい。そして、いつかまた、炉の花入としての籠が復活することを、心ひそかに願っている。

二十、煎茶を習いはじめる

渡された白い紙包みを開けると、中には大・中・小三枚の茶巾が入っていた。指示されるまま、それぞれを折り畳み、大と中の茶巾は自分の右側に並べて置き、小さい茶巾は茶巾筒の中におさめる。玉露の茶葉の入った錫《すず》製の葉茶器に立てかけられた仙媒《せんばい》を左手で取って、葉茶器の手前に伏せて置く。次に、右手で葉茶器を取って左手にのせ、右手で蓋を取り、置いたら茶器を右手に持ち替えて、左手で伏せた仙媒を上から取って手を返す。

仙媒とは、玉露の葉を茶器から急須（茶銚《ちゃちょう》・急尾《きび》焼《しょう》・茗瓶《みょうへい》とも）に移すための道具で、茶の湯でいえば茶杓の役割と変わらない。竹でつくられる点でも同じである。私が手にしている仙媒は煤竹製で、太さ四～五センチほどの割り竹を削ってつくられたものである。竹の丸みが茶葉をのせて量るのにちょうどよい形になる。葉茶器の口を仙媒の縁にあてて転がすようにして玉露の葉を移す。まるで針のように、鋭い形の茶葉がさらさらと仙媒の内側に積もってゆく。かなりの量が必要であることに驚く。仙媒は茶葉をのせたまま元の場所に仮置きし、茶器を左手に持ち替え、右手で蓋をして元の場所に返す。再び仙媒を左手に持ち、右手で茶銚の蓋を取ったら、仙媒を持ち替えて、茶銚の中に茶葉を一気に入れる。朱泥の茶銚には、深緑の玉露の色合いが刺激的である。そして、茶銚に蓋をし、茶巾を取って、茶托の上の茶碗を指示されるまま拭い、湯を注ぎ入れる。注ぐといっても、ほんの一口程度。料理のレシピ本にあるような、小さじ一杯程度である。このささやかな茶碗の湯を、茶銚の蓋を開けて、中の玉露にサッとかけて蓋をして、しばらく待つ。先生から「よろし

煎茶の道具

い」と声が掛かり、茶銚を傾け、大量の玉露から抽出された淹茶《えんちゃ》を茶碗に注ごうと思ったら、何も出てこない。茶銚をゆすってはダメとのことで、仕方なくじっとそのまま待つと、やがて一滴また一滴と茶のしずくが落ちて、茶碗にスプーン半分ほどの淹茶を注ぎ終えた。

一煎目は、濃厚な出し汁のごとき風味が口いっぱいに広がる。まるで茶畑に顔を突っ込んだような気分である。二煎目は一煎目より少し薄まったが、味は変わらない。三煎、四煎、五煎目まで手酌で飲むうちに、かすかに酩酊《めいてい》の気が起こる。

はじめての煎茶道の割稽古に四苦八苦する私に、先輩の手煎による一煎が届けられた。同じ銘柄の玉露なのに少し味が違う。今度は茶畑に寝転んだ気持ちになった。

私が煎茶を習うことになったのは、多分に自らの勇み足的な性格による。竹の煎茶道具をつくってほしいと依頼されて、「煎茶の雰囲気もわからぬまま作品はつくれない」といってしまったのがいけなかった。そのまま稽古に誘われ、断れぬまま入門の運びになったのだ。もっとも最近では、茶の湯と煎茶のコラボレーションも盛んで、共同の催し物も開かれるご時世。ちょうど私にも煎茶の勉強が必要な時期がきたのだと、肯定的に考えることにした。いずれにしろ、新しい習いごとは、いつも楽しいものである。その緊張感を楽しんでいると、先生が何やら大振りの茶碗のような器を手に近づいていらっしゃった。器の中には大盛りの玉露と、底のほうにかすかに注がれた少量の湯が見える。これは、茶銚を使わない「冲茶《ちゆうちや》」という飲み方なのだという。勧められるままに茶碗の茶葉の下から滲み出る冲茶を一口ふくむ。一瞬、気を失った。不思議と味は覚えていないが、あえていえば、高い山の頂に登って、草をわたる風に吹かれた心地とでもいおうか。一種の覚醒作用かしらん。「仙人になりました」とその味を答えたら、先生はにっこりとされた。

❖煎茶道具の籠

煎茶が竹の文化と深い関わりを持っていること、そして、寺院を通じて広まったことは、抹茶と変わらない。ただ、抹茶は宋代にかの地で流行し、日本に伝えられたのに対し、煎茶は清代に流行して我が国に伝わったという違いがある。だから、「茶道」という括りでいえば、両道は近いといえるが、それぞれの「道」のバックボーンとなった王朝の違いと、求める精神性の差によって溝があるともいえる。

概していえば、少なくとも我が国において抹茶道には客が必ずいて、主客が和し、「一期一会」を体感するべく精神を高めていくことが求められると考えられる。それに対し、煎茶道でもっとも高みと考えられるのは、「己」一人を客とすること。つまり、一切の束縛を離れて自由になることにあると考えられる。また、王朝の違いでいえば、漢民族の宋朝の文化は大変精巧な中に品と優しさがあるのに対し、蒙古民族の清朝の文化は極めて硬質で精密な表現が特徴で、技巧的である。こうした文化に裏打ちされた煎茶道具には、籠や竹を使用した道具が多く使われている。

まず、籠でいえば、「花入」がある。精巧な技術による唐物籠、あるいは日本産の唐物写しの籠である。江戸時代末期から明治時代にかけて、煎茶道は大いに隆盛を極めたが、その中心地・大阪は、初代　和田和一斎、山本竹籠斎、初代田邊竹雲斎などの籠づくりの名手を数多く輩出した。それが、いわゆる煎茶系の籠師である。

そして、「烏府《うふ》」。これは炭斗のことである。煎茶の炭は小さいので、炭斗も直径で八〜十二センチと小形で、浅めのものが多い。「瓶敷《びんしき》(罐座《かんざ》とも)」は、籠釜敷をやはり小形にしたようなもので、ボーフラ(湯瓶)や茶銚を仮置きする時に使う。「炉扇《ろせん》」は、涼炉の火を起こすための団扇《うちわ》で、これも普通の団扇にくらべ、随分小形である。

そのほか、「提籃《ていらん》」と呼ばれる茶具一式を収め、野外での喫茶に用いる籠がある。唐物が中心で、手提げ式の収納部分が二段や三段に区切られたもののほか、茶籠のようなシンプルなものもある。そして、煎茶碗を重ねて収めて置く「碗筒《わんとう》」、手前などに用いる「煎茶盆」にも、籠や竹製のものがある。

また、「仙媒」は、茶即・茶合・茶量とも呼ばれ、茶葉を量って急須に入れる道具である。基本的な形は掌に納まる程度の竹を縦に二等分したものであるが、斑竹や紋竹・亀甲竹などの銘竹を使うほか、竹の外皮に人物や花鳥・山水などを驚くほどの技術で彫り込んだ名品もある。なお、炉台などにも竹を使ったものがある。

このように、煎茶の籠や竹の道具は、技術を誇るようにつくられているのが特徴である。

二十一、茶籠のはなし

私は雪の降る大寒の日に生まれた。そのわりには寒さに弱い。そのぶん温泉好きなのかもしれない。旅行に出る機会があれば、その地に温泉があるか一応調べてから行く。行けない時は、その手の番組などを見て、がまんしながら仕事をしている。

そんな私がいちばん気軽に行ける温泉地は箱根である。私の家から箱根に行くには、私鉄かＪＲで新宿に出て、小田急線の特急電車に乗り、まず箱根への起点となる小田原まで行くことになる。新宿から小田原はだいたい一時間の道中である。小田原駅は最近リニューアルされて綺麗になった。北条氏のつくった城下町として昔から栄えてきた小田原は、秀吉の北条征伐の折に利休も訪れ、最晩年の一時期、「尺八」などの竹花入を創り、茶の歴史にも名をとどめている。

また、小田原は戦前に財界茶人の茶会が盛んに行われた地であった。戦前の財界茶人の代表といえば益田鈍翁だが、当地には鈍翁が揮毫した看板を飾る小田原名産の蒲鉾屋さんもある。小田原に行かれた折にはぜひ探してみてほしい。

ところで、鈍翁の別荘である掃雲台《そううんだい》があったのが、小田原の海を一望する板橋の地。その鈍翁の影響もあり、小田原には明治の元勲・井上世外（馨）をはじめ多くの茶人が別宅を持っていた。中外商業新報社（現・日本経済新聞社）の社長をつとめた野崎幻庵は小田原の十字町の諸白小路に茶室があり、王子製紙の重役であった横井夜雨《やう》の別荘もその近くにあった。「電力の鬼」と呼ばれた松永耳庵は戦後、鈍翁の掃雲台近くに老欅荘《ろうきよそう》を営んでいる。

小田原で「近代の三茶人」というと、鈍翁、幻庵、耳庵をさすが、今でもその存在を懐かしむ人は多く、関係者も少なからず健在である。先日も、昔、父がお世話になった横井氏のお宅を訪ね、遺族の方とお話ができたが、そのお宅に残っていたのは父のつくった茶籠であった。帰途、たまたま立ち寄った個人宅でも鈍翁が所持していたという瓢阿造の茶籠が飾られていてビックリしたものである。どちらも戦前の作であるから父の二十代の作だが、驚くほど老練。技法も多彩で腕も確かである。籠師としての父が残した仕事の中で、最も評価できる一つは茶籠の分野であると思うが、まさか小田原に来て出合えるとは思っていなかった。小田原は、タイムカプセルのように、戦前の財界茶道の名残りを残しているようだ。

さて、茶籠は茶箱の一形式である。古来茶人は長旅の道中や物見遊山の折に、好みの道具を入れて携帯しては楽しんできた。鈍翁も同じ遊びをしていたのは間違いないであろう。いったいいつ頃から茶籠は茶人の楽しみとなったのだろう。茶人は昔、野山で茶を点てるのに「旅簞笥」「茶弁当」などと呼ばれる大型の箱に水指や柄杓も入れて持ち運び、用いていたという。そして、利休時代に小型の茶箱が生まれ、それが宗旦、遠州の好み物へと発展したのである。利休所持の「蒟醬《きんま》」の茶箱は、その代表的なものである。

一方、茶籠は、少し時代が下がってから（おそらく江戸中期頃）、弁当籠の見立てなどの転用から用いられはじめたものと思われる。茶箱にくらべ、携帯しやすいその軽さと、キズを気にしなくてよい素材。親しみやすい形と、中に入れた道具を守ってくれる、優れた「入れ物」としての柔軟な構造が、茶籠の美点として認められたのである。

茶籠の見た目は大変地味なものがあるが、茶人はここにさまざまな仕掛けを施す。一つは、籠地という落ち着いた外観を裏切る鮮やかな内張りの裂《きれ》の工夫。一つは、考えぬかれた茶籠に付属する組紐の留め金具の意匠などである。一見大人しく見える茶籠でも、その蓋を取ると、渋い外見からは想像できない、みごとな縫箔が姿をあらわしたり、さりげなく留め金具に刀の目貫などを用いて、それが何と羽箒の形であったりする。また、何よりも嬉しいのは、その茶籠から取り出される道具類である。楽茶碗の「黒」、祥瑞《しょうずい》の「コバルト」、棗の蒔絵の「金」、振出しは朝鮮唐津の「灰色」、茶筅筒は黒柿の「縞」模様、茶巾筒は南鐐《なんりょう》の「銀色」、古帛紗《こぶくさ》の「緋色」、茶杓の「象牙色」などなど。一品一品が愛玩するにふさわしい道具類で茶籠を組むのは至難の技だが、一生かけてもよい愉しみが、ここに詰め込めるのは間違いない。

そんな自慢の茶籠が組めれば、一つ持って温泉旅行に出かけてみたいと思う。それが今の私の夢である。

❖茶籠の名品

では、茶籠に名品はあるか、という疑問が湧いてくる。

以前、こんな話を聞いた。京都にある北村美術館の創設者・北村勤次郎は、海外に行くのに秘蔵

茶籠

の名品を茶籠に入れて出掛けたという。しかし、持って出たのはよいが、飛行機にしろ、列車にしろ、移動中は心配で心配で、常に膝の上に置いて、休まることがなかったのである。以後、氏は旅行に持って出る茶籠には、気楽な道具を組んだという。この話は、茶籠の正しいありようを示してくれている。

つまり、茶籠に名品はないというべきであろう。何故なら、茶籠はその内部に組み込まれた道具を旅行中も守るべきものだからだ。本来、茶籠を使うお茶自体が旅先での気楽さを旨とする。凝《こ》ったつくりのものはあるにせよ、名品であってはいけないのだ。しかし、名家にあっては、その気楽な道具さえ、格が違うものもあるということもいえる。あえていうなれば、現在、東京・三井記念美術館が所蔵する三井家の人々が所持・使用した茶籠あたりではないだろうか。

いや、一点、名品と呼ばれる茶籠があった。東山御物の「御所籠」である。この籠は、全体が複雑な七宝網代（竹ヒゴの幅と編み目を変えることで模様をつくる編み方）で覆われており、蓋の四方の角が黒漆で補強された浅い被せ蓋の籠で、見るからに格調の高い名品といえるものだ。戦前の売立目録にも出ていたので、ご存じの方もおられるのではないだろうか。

ところで、同名の好み籠が裏千家十四代・無限斎（淡々斎）にある。先代・圓能斎が愛好していた、御所内で用いられる御用箱を基本としてつくらせ、それを用いた色紙点前を創案したので、その点前に用いられる籠となる。ただ、その当時つくられた好みの籠と現在使用されている御所籠では、随分形状が異なるということである。現状の籠は、東山御物の「御所籠」に近い姿であるが、点前がしやすいように改良されている。

二十二、籠炭斗のはなし

①筥—炭斗のはじまり

私は生け花を習ったことがない。ないが、籠に花を入れるのは、仕事柄よくあるし、好きでもある。単独では何の取り柄もなさそうな籠花入でも、花を入れると実に美しくまとまることが、ままある。籠の炭斗《すみとり》も同様に、炭を組んで入れて、席中で見てこそ、その価値がわかるものである。

ところで、籠の炭斗は、いつから茶の道具として使われていたかというと、すでに唐代の陸羽《りくう》が著した『茶経』には、

> 筥《きょ》(すみとり)　筥は竹で織参《あ》み、高さ一尺二寸、徑《さしわたし》の闊《はば》は七寸である。或は籐を用い、木楦《きがた》によって筥《まるかご》の形に編む。そのあみ方は一圓眼より六出するやり方である。その底蓋は利篋の如くで、口はふちに金具をはめる

とある。それがどのような形のものであったかは、今に伝わる唐物の炭斗から想像するしかない。まず、寸法が異なるのは、当時の喫茶法や茶の種類が違うせいであろう。ただ、丸い形をして、竹で六ツ目に編まれた籠であることからも、当時から炭斗が籠もの中心であったことは間違いないことと考えている。ただし、日本で草庵の茶が成立するまで炭斗は、風炉・釜に比して人目に触れぬ存在であった。草庵で茶事形式の茶が広まるにしたがい、席中で炭をつぐ必要から、人前に出されるようになって、水屋道具から出世したのだと思う。

籠についていえば、唐物の炭斗は見立てのものが多く、本来の炭斗として渡来してきたものは少

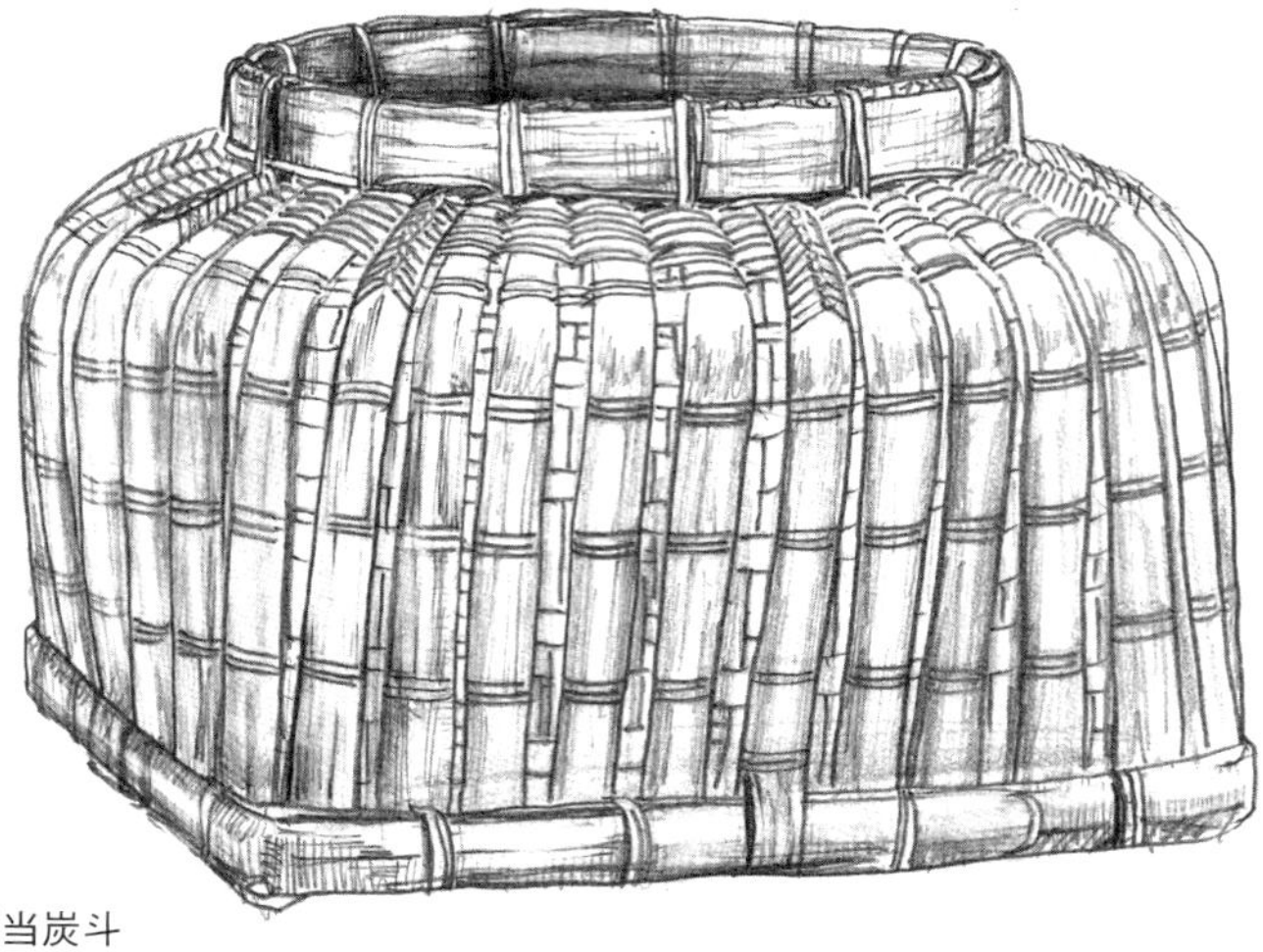

唐物臑当炭斗

ないようだ。そして、その見立ての籠炭斗の代表格が臑当《すねあて》形式の籠である。明代の作で、もとは食籠《じきろう》であったといわれるものである。本来ならば、この籠の口の立ち上がりに蓋がついていた。ほかに、木底という、底に木材を十文字あるいは口形に組んで底上げした形の炭斗に名品がある。また、茶の湯で「菜籠《さいろう》」といえば、炭斗籠のことを指す。これには唐物と和物があって、臑当や木底とくらべると、やや粗末である。そして、薬通しという形式のものもある。それは、いわゆる篩《ふるい》のようなもので、底が細い編み目になっているのが特徴である。

日本においては、足利将軍家の座敷飾りの式法書である『御飾書』に炭斗の絵があるのが、炭斗籠のもっとも古い記録である。絵は不正確なので、よくはわからないが、箱物である。おそらく、籃胎《らんたい》による塗りの食籠であろう。

『山上宗二記』には、

炭斗　紹鴎籠、宗久ニ在リ、昔ハ籠ノ手、又食

籠ハヤル、常世ハ瓢簞マテナリ、口傳

とあるが、同書に記された炭斗の「紹鷗籠」は、現存する炭斗から想像すると、和物の菜籠ではないだろうか。また、文章中の「昔に流行した籠の炭斗」とは、唐物のことであろう。そして、『松屋会記』によると、永禄二年（一五五九）の会で「炭斗唐ノヲコケ（唐の麻小笥＝檜の板の曲物）」が使われ、天正十四年（一五八六）の会では「炭斗サイロヲ」、慶長十四年（一六〇九）には織田有楽の会で「炭斗クミモノ（組物＝籠のこと）」が用いられている。

以上の資料から推察すると、日本における茶の湯の炭斗は、箱物や塗りの食籠の炭斗への転用からはじまり、唐物籠を転用するという歴史を辿っていったようである。さらに、紹鷗の時代に和物らしき籠が炭斗としてあらわれ、利休の時代になると、専用の籠炭斗が考案されて、また、和物籠の見立ても行われるようになった。そして、江戸時代になると、籠の炭斗は唐物、和物の転用や見立て、注文品（御本）の唐物、三千家による好み物の炭籠を加えて、さまざまな造形を生み出し、炉・風炉にあわせ、それぞれ専用の籠炭斗ももとめられるようになっていったのである。

次に、籠炭斗の歴史を、代表的な作品を取り上げながら綴っていくことにしよう。

②唐物の籠炭斗

唐物籠炭斗の古い時代のものは、そのほとんどが見立てである。中国の明の時代に我が国へ渡来した、野菜籠や点心の器、食籠や農具の中から、炭を組むのに適した籠が選ばれている。したがって、炭を組みやすく、もとから炭籠としてつくられた唐物籠は、注文品か写しの籠で、時代が下がる。また、炭籠の内塗りのあるものは、それが本来の点心器や食籠である場合、中国産の漆で仕上げられているはずだから、塗りから時代を判定することもできる。

このように、唐物の炭籠の特色は、見立ての雑器であるために、唐物の花籠に見るような精緻な品は少ない。どちらかというと、容器として、内容物を護るようにつくられた力強さが特色といえるであろう。

こうした唐物籠炭斗を代表する作品に「唐物臑当籠炭斗」がある。同じ手の名品が、今も日本に四、五点はある。臑当の名は、補強のための籐の太材が全体を包むようにめぐり、鎧の臑当を思わせせる。そして、この補強が装飾となり、和籠にない唐物の匂いを発散させているのである。材料は籐材と竹材を使い分け、しっかりと本体を編み上げた上に、かがりを施し、最後に臑当になる籐の太材を、編み目にあらかじめ用意しておいた臑当を固定する目に差し込んでいくというものだ。雑器とはいえ、さすがは唐物。手が込んでいる。

また、木底の炭籠は、臑当と並んで、格が高いといわれ

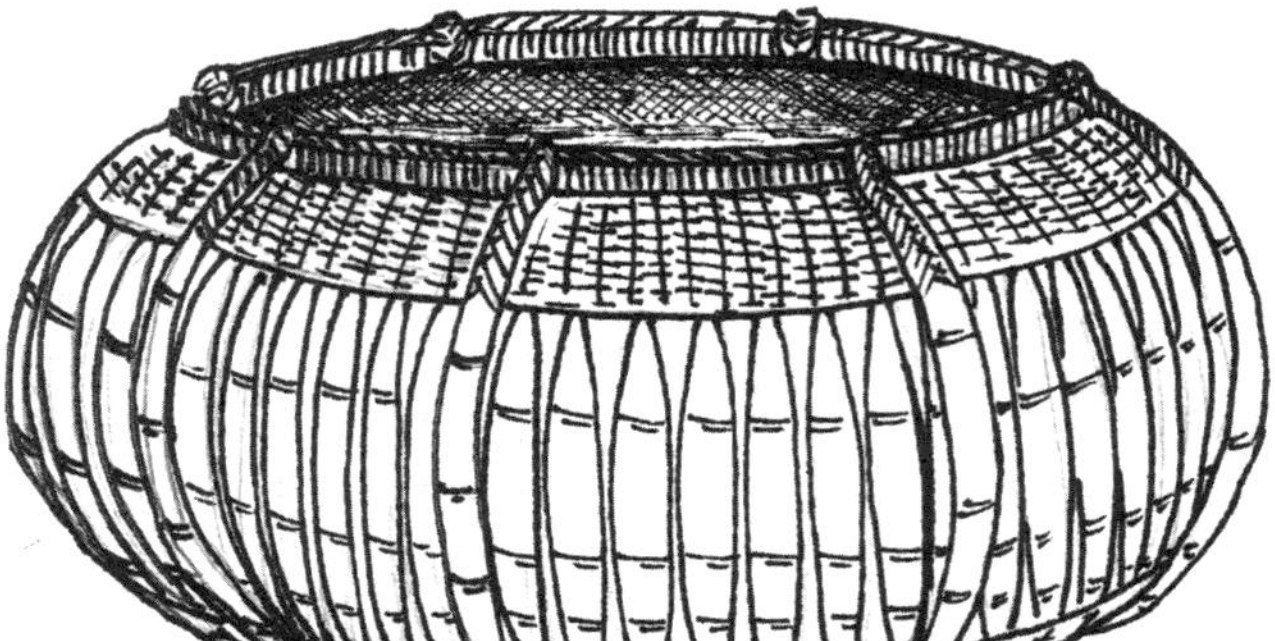

唐物臑当籠炭斗

ている。直置きにできない食品などを内容物とする器であったのではないかと思う。木底の名品は、黼当と同様に、数が少ない。名物とされる利休伝来の木底は十文字、寸松庵伝来の木底も同様に十文字である。両作とも「唐物木底炭斗」と呼ばれるが、実際には厚みを持った竹を組んで高台としている。また、不昧所持の「唐物竹組白錆底四方蓋付炭斗」は、蓋が残っているのが珍しく、不昧はこの蓋を風炉の平炭斗に利用している。

なお、組物の炭斗とは、巻き上げて組まれた籠のことである。要するに、釜敷と同じ編み方で、籐芯と皮籐を組んでいったものである。この組物の名品に、宗旦所持「唐物唐人笠炭斗」がある。本作は、もともと中国南方の農村で用いられた祭器であったという。

同じ農具を元にした籠炭斗に「唐物菜籠」がある。野菜籠のことを茶人は「菜籠」と呼ぶが、種類も数も多いので、「菜籠」といえば炭斗籠を意味することは、先述した通りである。

ほかに、唐物の炭籠として珍しいものに「唐物輪違七宝

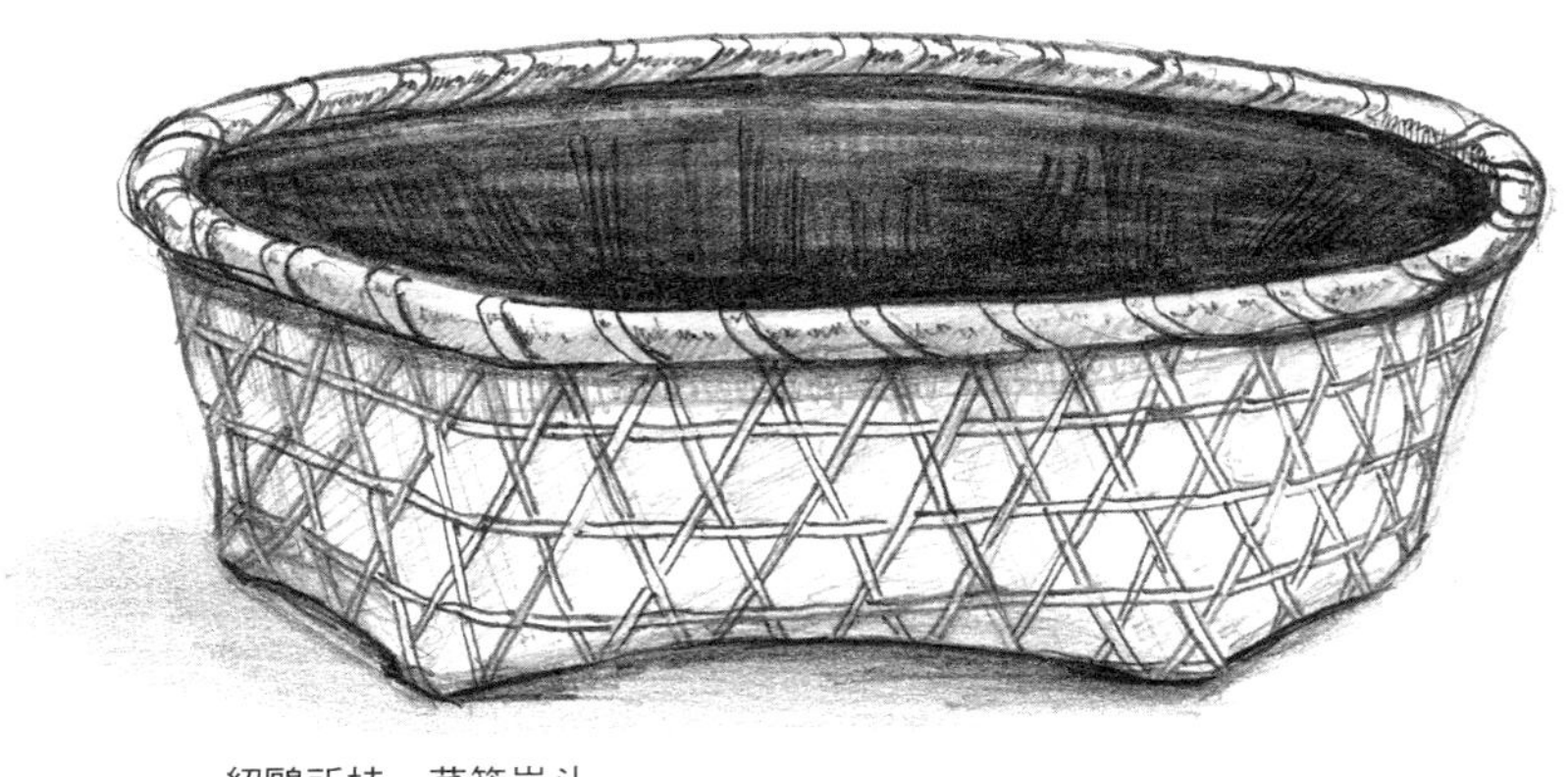

紹鷗所持　菜籠炭斗

達磨炭斗

編炭斗」という名品がある。籐の芯をつくって、いくつもの円を描くように輪を繋いでいく編み方で、高台と半球形の本体をつくり、内側に竹の皮を張りつける技法は、唐物独特のものである。その精緻さは、六方に走る太い籐の柱の要所をモールの金物で留め、口縁のかがりも細いヒゴを使うなど、凝ったつくりにより際立つものとなっている。本作は、見立ての籠炭斗であっても、雑器とはいえない格を持っている。

③利休伝来の籠炭斗

利休は、晩年、和物の道具を見立て、創り出し、草庵茶を完成する過程で、籠物も多く茶会に使用している。もちろん、その中心は唐物籠ではなく、草庵茶にふさわしい「和組」と呼ばれる和物籠であった。

その利休伝来中でもっとも知られた和物の炭籠は「達磨炭斗」であろう。達磨が坐禅する姿にちなんで名がつけられた。底は小さいが、胴は大きく張り出している。口は炭を組むのに充分の広さを持つが、胴の張り出しが大きく、背が低いので、すぼまった形に見える。簡単にいえば、算盤玉のような造形である。実に持ち出しやすい形で、扱いも難しくない。ほかの利休道具との相性もよい。材料は、メダケの煤竹。メダケは、川原などに叢生《そうせい》する笹類の細い竹である。箱書は利休、中箱は宗旦。外箱は如心斎が極書という、物々しさ。さらに、覚々斎と真伯の書状が添えられ、総箱に大徳寺一一六世・萬仭《ばんじん》和尚が「利休所持天下名物」と書き残している。和物の炭籠の名品中の名品である。

また、「油竹菜籠炭斗」(不審菴蔵)も、利休名物の炭籠として名高い一点である。ちなみに、油竹とは煤竹のことである。底は四角く、胴は多少のふくらみを持ちながらもまっすぐに編まれ、口縁は丸形。大変ざんぐりと編まれた姿は、一見、平凡な炭籠に見える。おもしろい点は、マダケの煤竹を編むのに、皮目を残したところとわざと削ったものを意識的に組み合わせている点である。この炭籠は、現代においても盛んに写しがつくられている。実用性を重視した、機能的なデザインが需要を生んでいるのかもしれない。

「鱗《うろこ》籠炭斗」は、利休好みとされている炭籠であるが、本歌は残っていない。一燈の写しが現存するのみである。底はおむすび型というのがふさわしいような三角形をしており、胴の張りはないまま、まっすぐに立ち上がって、口縁は丸い形に竹で縁づくりをしている。一燈時代の写しを見ると、底は六ツ目くずしという編み方で編まれ、胴も同じ技法で編まれている。口縁は同じく白竹の厚い竹材をあてて丸く留め、籐で玉縁編みにかがってある。一燈の張り紙のある本作の時代色は美しいものがあって、本歌が残っていないのが残念に思われる。

以上、利休の炭籠三点は、いずれも利休の好みを反映した炭籠である。ほかに、見立ての炭斗として「栄螺《さざえ》籠炭斗」がある。こちらは、さらに侘びた風情がおもしろく、見立ての籠炭斗の代表である。

④好み物の籠炭斗

利休以後、籠炭斗は、籠花入と同じく、唐物に見立ての和物を加え、やがて好み物が籠炭斗の中心となっていく。使いやすさからいえば、茶匠の好んだ炭斗がベストには違いなく、時代炭籠の持つおおらかさは、時代とともに、しだいに消えていくことになるのはやむを得ない。

では、利休亡き後の炭籠の名品を見てみよう。

まず掲げるべきは、宗旦所持の「唐物唐人笠炭斗」であろう。先述のように、組物と呼ばれるもので、手間と時間がかかる作業を要する。全体の姿は、名の通り、編笠を逆さにしたような形であるが、笠ではなく、中国南部の農村などで使われた器で、果物や野菜などを盛り、廟の神仏の前に供えるために用いられた祭器であり、日常の器としても用いられたらしい。底は平らなので炭は組みやすく、口が開いているので手取りもよい。口は低めで、どちらかと

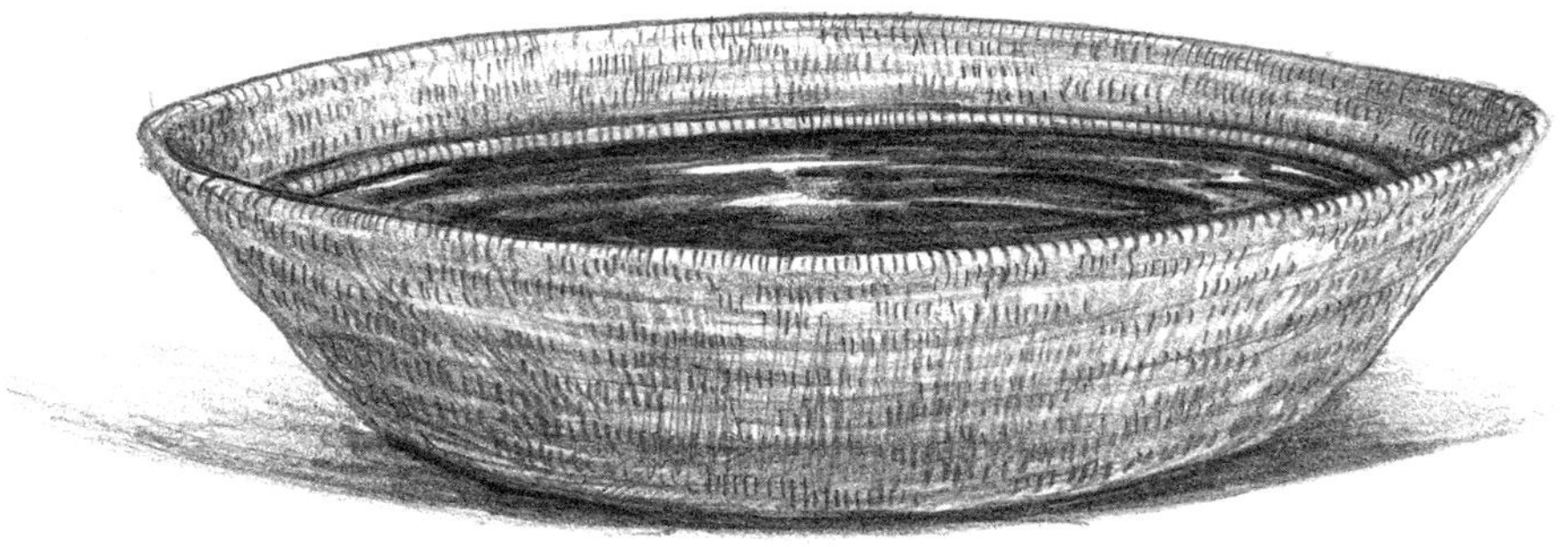

宗旦所持　唐物唐人笠炭斗

いうと、風炉用の炭籠である。唐物とはいえ、宗旦の見立てらしい侘びに徹した籠炭斗で、茶事で席中に持ち出せば、話題をさらうに違いない。本作は、益田鈍翁の所蔵となったことでも知られる。

次に掲げるのは、伏見奉行をしていた小堀遠州の所持である「唐物籐組伏見菜籠」。遠州伝来としては、もっとも名高い炭籠である。籐組とある以上、籐材を用いているが、竹材も部分的に見られ、唐物籠の技法にある籐と竹の二重編みになっている。底は四方で、太い籐材を底部に回し、四隅の柱も籐材で飾っている。姿は唐物らしく、きっちりとしている。ただ、時代を反映してか、利休時代にはない堅苦しさを少々感じるが、綺麗さびの取り合わせにはふさわしいかもしれない。

和物の見立てでは、覚々斎に「栄螺籠」の炭斗がある。利休や宗旦にも同型のものがあるが、現存しておらず、本作はその姿を現代に留めている。もともとこれらの籠は、到来物の栄螺が入っていた籠を転用したもので、概ね、細い竹を太めに割って叩いたものを、極ざんぐりと編み上げた形となっている。姿は、大きめの炭籠なので、炉の炭斗に向いている。経《たて》も緯《ぬき》もメダケで編まれ、時代色も美しい。侘びの極致のような炭籠であるが、その名から貝を連想するので、写しの籠は桃の節句の茶事などに使われる。

表千家の歴代の好み物の炭籠は、覚々斎好みとして「栄螺籠写し」「林檎籠」があり、いずれも一閑の作である。また、了々斎好みとして「檜籠」「煤竹炭籠」「油竹炭斗」などがある。なかでも「檜籠」は、檜材のへギで編んだ炭籠で、檜は古代から籠編みに使われてきた籠の素材である。作は、やはり一閑である。そして、碌々斎には唐物写しの「竹組丸炭斗」がある。

裏千家では、仙叟に「竹皮炭斗」、六閑斎に「平達磨炭斗」「唐人笠炭斗」などがあり、八代の一燈では「塩籠」が知られ、「五十ノ内」という数がつくられている。認得斎が好んだ「松山籠」は、白竹で四角く編んだ弁当箱のようなシンプルなつくりで、大変使い勝手のよい炭斗と思う。また、十一代の玄々斎は、籠の好みも多く、炭斗では「唐物写籠」「常盤籠」があり、作はいずれも栗田元竺である。

武者小路千家では、一翁好みの「竹皮炭斗」、真伯好みの「達磨炭斗」があり、莨々斎作の一啜斎好み「手付炭斗」は「三十ノ内」がつくられた。

以上、駆け足になったが、炭斗について述べてみた。

二十三、籠の茶道具には、ほかに何があるの？

本題は、茶の湯に興味のない人には、あまり興味の持てないテーマではある。しかし、茶道の世界の懐の深さは、青磁や白磁といった一点の隙も瑕も許さない精緻な器物から、この稿で扱う組釜《くみかま》敷《しき》のような、鑑賞の対象とはなりそうもない雑器までを、一つの時間・空間に配置して、「ああ、美しい」と、感じさせる世界を創り上げてしまうところにある。その精緻と雑の、綺麗と侘びの天秤の片方の極にあるのが、籠の茶道具だと思う。籠の茶道具について考えることは、すなわち、茶道の世界の深さを語ることに繋がり、日本人とは何か、と、自らに問うことに繋がると思って、読んでほしい。

①組釜敷

釜敷には、組物と紙・竹・板などがあり、炭手前の時に、茶釜を一時、置いておくための道具である。武野紹鷗が用いた唐物の籐釜敷が、組釜敷としては最初のものといわれる。

組釜敷とは、正確には組み物の釜敷という

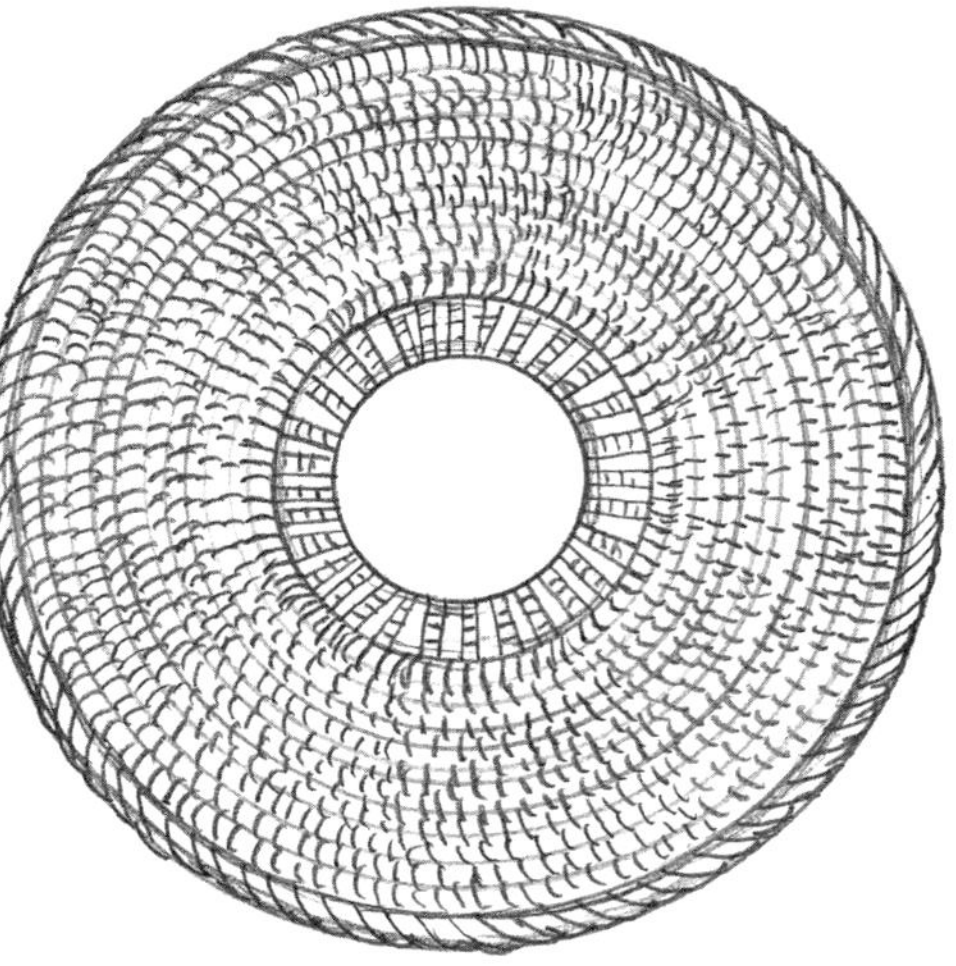

組釜敷

意味である。組物とは、籐材の芯を丸く削ったものを、同じく籐材の皮を細いヒゴにしたもので巻いて、同心円状に隙間なく編み込んだものをいい、昔の茶人はこれを「組物」と呼んだのである。同じ編み方で笠や種壺などの生活雑貨が、中国の南方や東南アジアでつくられ、桃山時代から江戸時代にかけて日本にもたらされ、茶道具となった。唐物の釜敷とは、その手のものをいう。

名品とされる組釜敷には、紹鷗所持、利休所持、遠州所持、宗和所持などがある。それぞれ編み方に違いがあるが、用途上、形は釜に合わせて丸く、寸法もほぼ同じ。唐物と和物があるが、編み方を工夫して、さまざまな意匠を施したものは、和物である可能性が高い。

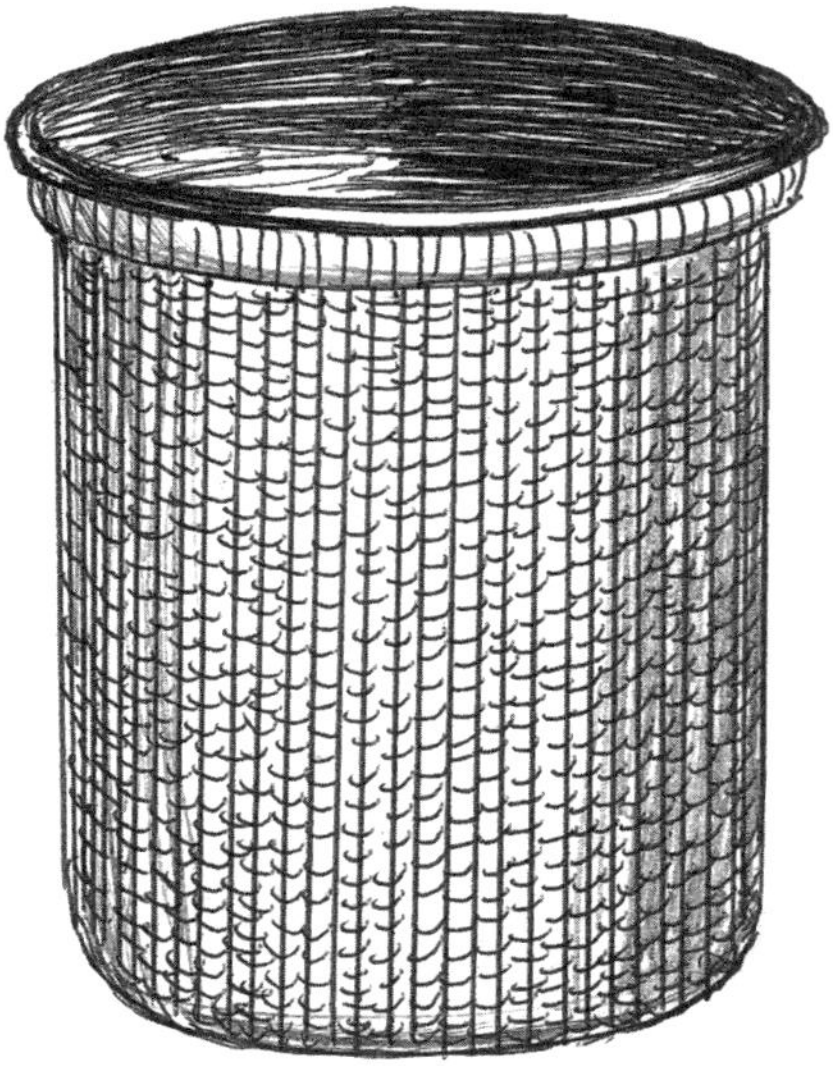
籠の茶器

②籠の茶器・香合

はじめは中国などから舶来した小さな籠の薬壺・化粧品入れなどを転用して、茶器、あるいは香合などに見立てたものである。竹で編まれたものは少なく、おおかたは籐材、あるいは紙《こ》撚《より》、馬のタテガミなどでつくられ、漆を施されたものが多い。また、いずれの作も、籠地だけでは中が透けてしまうので、内側に布や和紙などをめぐらして内張りをしている。また、その内張りに漆を塗って仕上げている。蓋は、付属していれば籠地の共蓋、蓋がないものは木蓋・塗り蓋などを籠地にあわせてつくり、蒔絵など施したものもある。籠地なので風炉の季節にふさわしく、茶器ならば替茶器に、香合ならば薄茶にと、軽く扱っておもしろい。

③煙草盆

煙草盆《たばこぼん》は、木製や塗りの物が中心であるが、籠地の煙草盆も少なくない。ことに、風炉の時期には、季節感を感じさせる道具として使い勝手がよく、置き方により、籠地が生きる。煙草盆にも唐物を見立てたものと和物がある。また、四方の箱形のもの、丸形のもの、舟形のものなど、種類も多い。ことに舟形の煙草盆なら、鵜飼の季節の取り合わせとか、天の川を渡る舟にたとえてもよいだろう。ただし、籠の煙草盆は底が平にならないので、桐や杉などの敷板が必要になる。

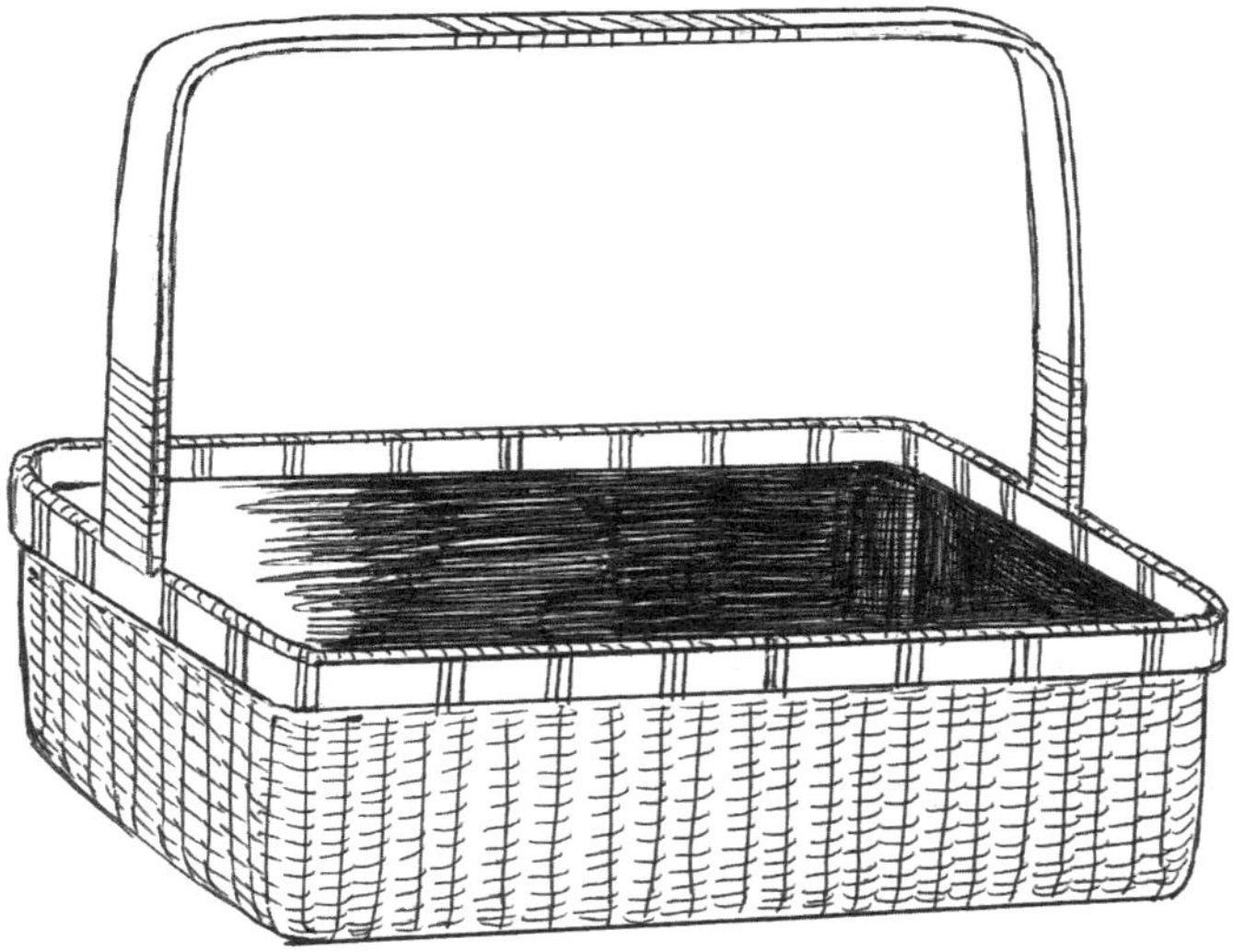

煙草盆

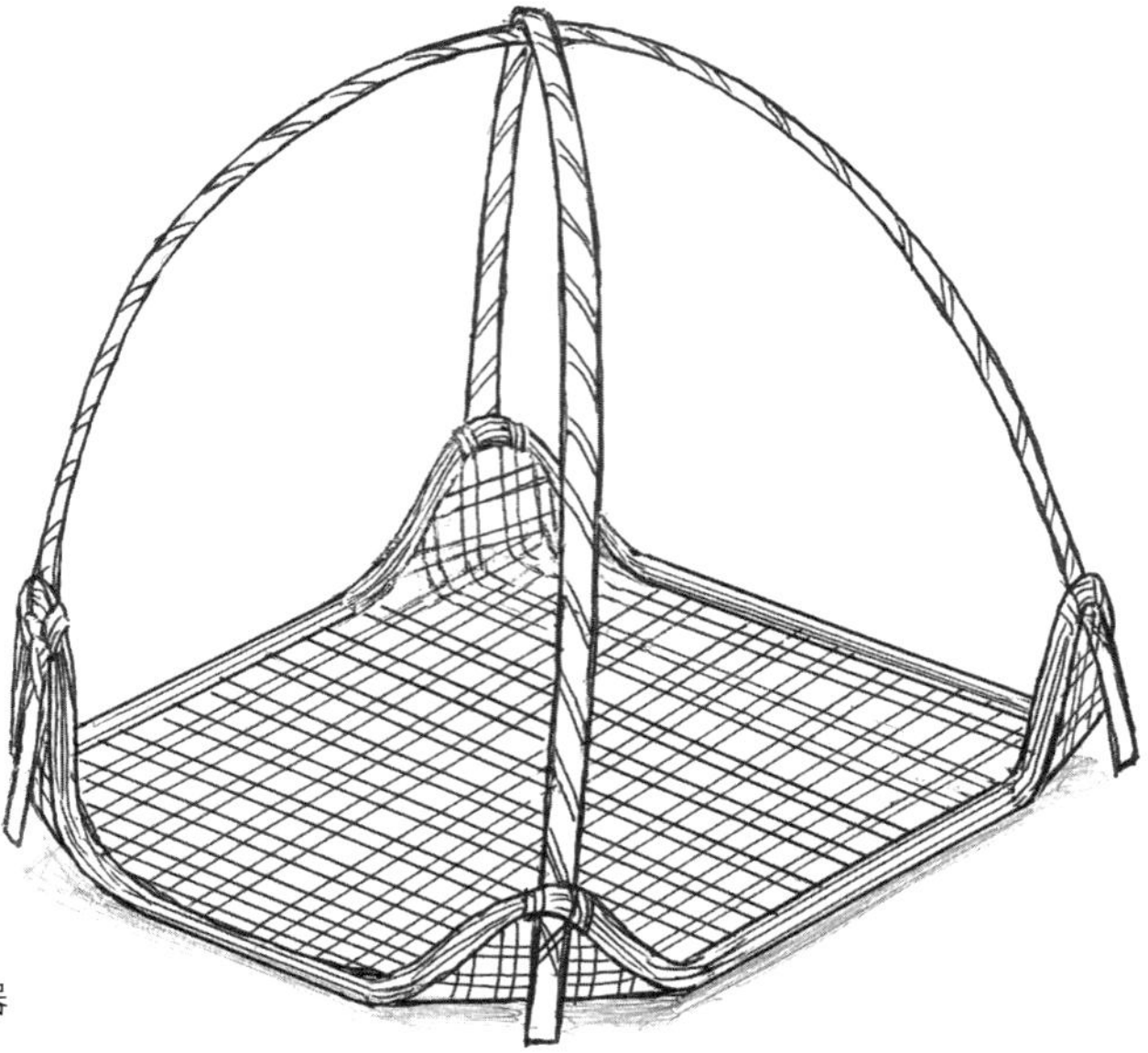
菓子器

④菓子器

籠の菓子器は、古いものとしては、唐物の食籠などを、主菓子の菓子器として転用したのがはじまりではないだろうか。和物では、見立ての箕や、散華盆などが、干菓子の器に使われてきた。比較的に新しいものとしては、松平不昧公好みの「隅田川菓子器」がある。これはもともと、不昧公が青竹でつくらせ、茶事で八寸として用い、隅田川の白魚を乗せたものである。これと似た菓子器に、裏千家十一代・玄々斎好みの「四つ手籠菓子器」があるが、白竹で編まれた白魚漁の網を模した、涼やかな籠である。ほかにも、籠の菓子器にはさまざまな意匠が見られる。

⑤飯器

茶事で使われる飯器は、塗りの物が一般的

だが、ごく暑い季節にはよく籠で編まれた飯器が懐石に用いられる。手の込んだ編み目の籠の飯器は白竹で編まれ、見るからに涼しそうであり、通気性があるので、夏の茶事には持ってこいの器だと思う。また、飯器の蓋は籠地の共蓋もよいが、八月の旧の七夕の懐石の趣向として、蓋を梶の葉蓋にしてもよいだろう。

このほかにも、茶室を仕切る風炉先屏風や、茶箱に入れる、茶巾筒・茶筅筒などにも籠の物が見られる。いずれも風炉の季節の道具だが、これらの一見地味な籠物が、茶事・茶会の仕組みの中で、みごとにその役割を果たしている姿こそ、茶の湯の、そして、茶人のバランス感覚であり、日本人の考える美の一端をあらわしていると思う。

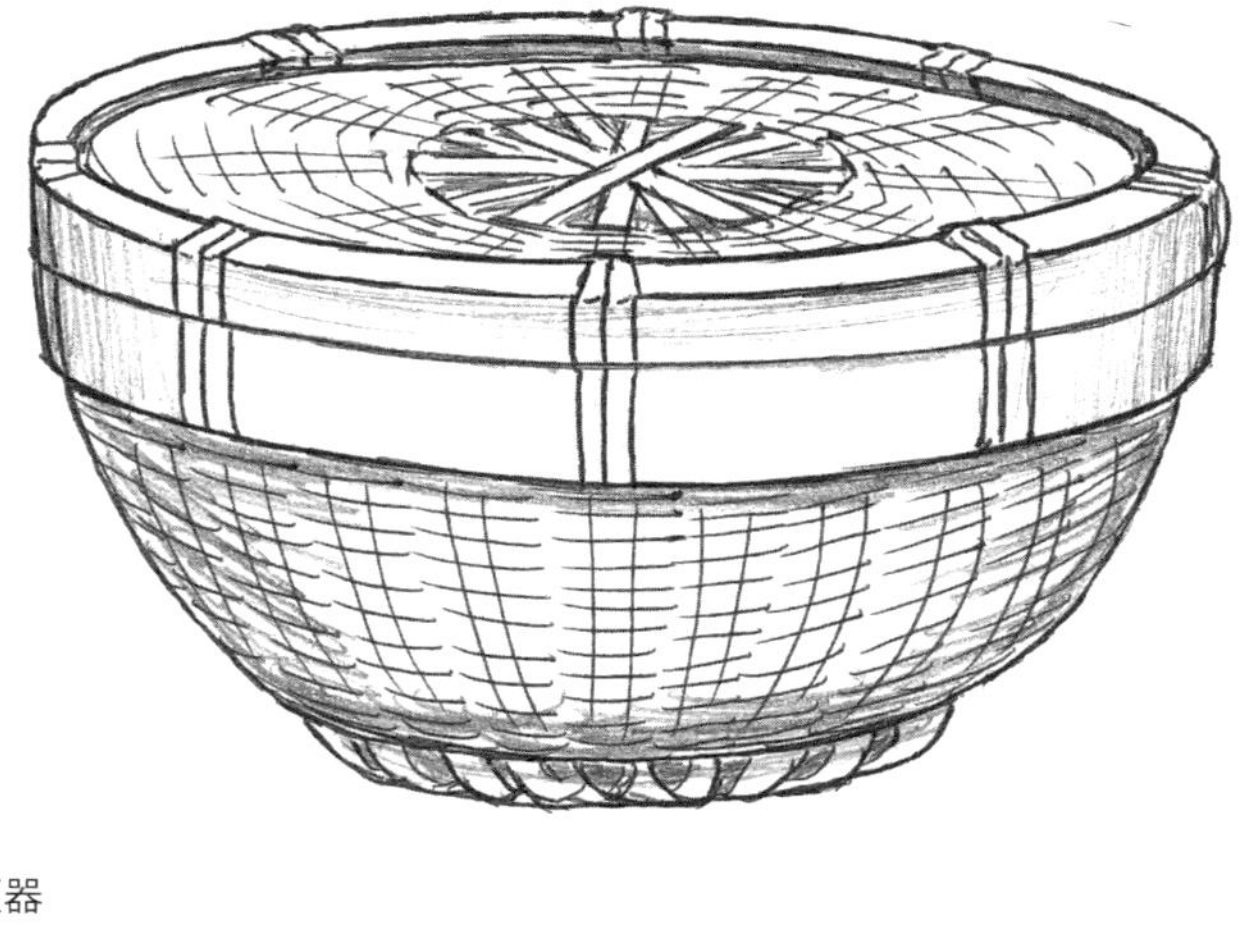

飯器

二十四、籠の手入れ

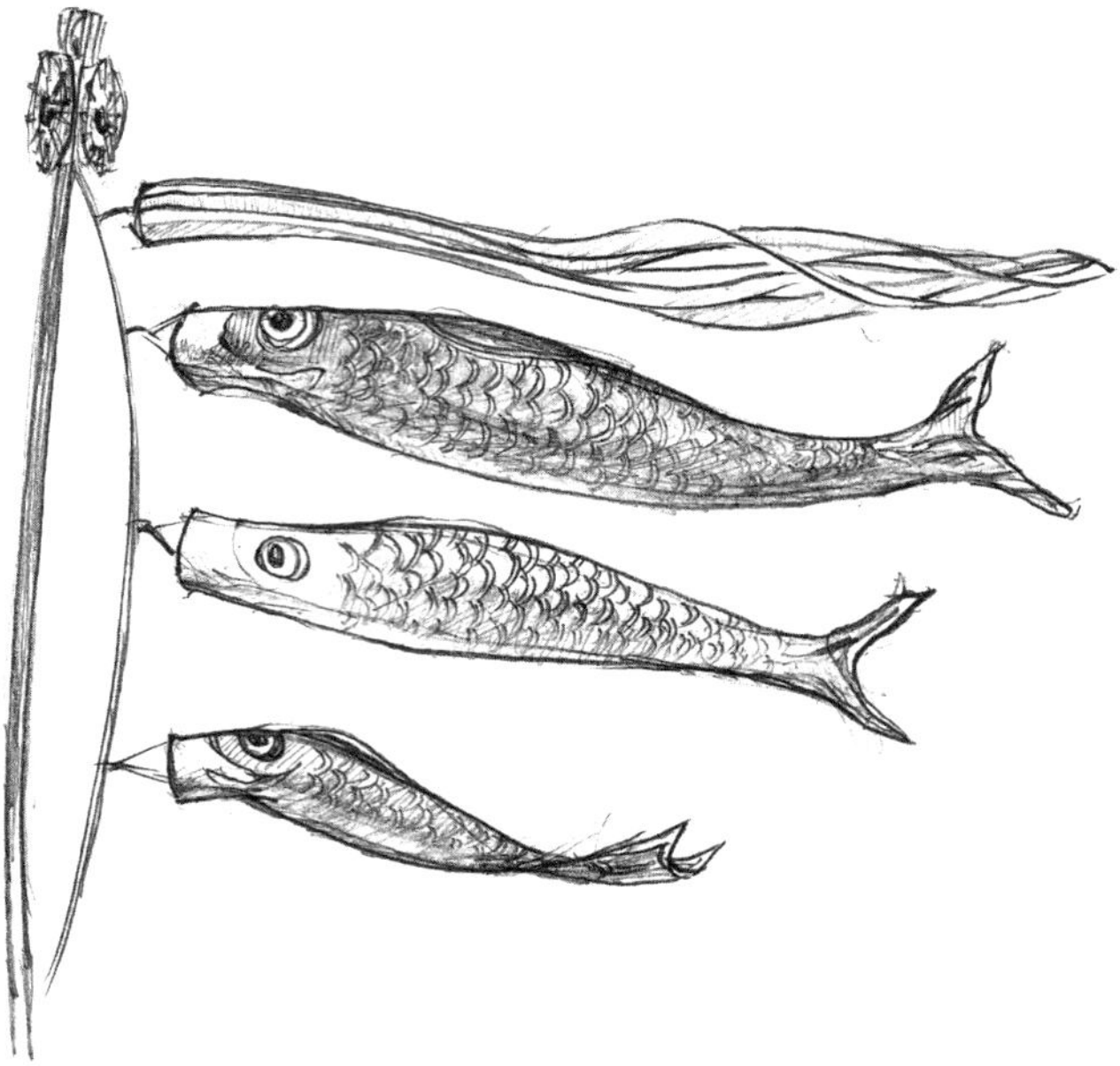

五月。田植え、茶摘み、鯉のぼり…。そして、茶室は風炉へと改まる季節である。炉を塞ぎ、香合は焼き物から塗り物へ、香は練香が香木へと替わる。そして、花入は、枝ものよりも草花に似合うものへ。そして、籠花入が使われるようになる。さらに、炭籠も風炉の炭に合わせて小振りなものが使われる。初風炉の頃は白竹の籠。花籠も炭籠も涼しげで、初夏の爽やかな季節によい。

たとえば、同じ宗全籠でも、白竹のものと煤竹のものがある。虫籠も同様であるが、白竹と煤竹では、使われる時期が自ずから異なってくる。また、透かし編み目の籠は、暑さの厳しい折にこそふさわしい花入である。

また、この時期、籠を涼しげに使う工夫として、露を打つのも一つの手である。しかし、その場合は、後始末にも注意。籠の材料となる竹も籐も、表皮は水分をはじくが、裏の身の部分は水分を吸い込んでしまうのである。つまり、竹や籐が水を吸うとどうなるか。かびる、腐る、折れると続き、ついには底が抜けることになる。それを逃れるには、茶会で籠花入を使い終わったら、二、三日風通しのよいところに置いて、乾かすことが肝要である。表向きには乾いているように見えても、竹の芯の芯に水分が残っていることがあるので、よく乾かさないといけない。ただし、陽なたに置いたり、ドライヤーで乾かすなどは、かえって籠を痛めるので、よろしくない。ゆっくり時間を掛けてほしい。

さらに、収納する場所について一言。まず、籠を裸で置いておくと、埃まみれになるので、これは避けたい。埃がたかると、籠が安っぽく見える。かといって、水で洗ってはいけない。埃とは区別すべき時代色も失われるからである。ハタキや柔らかい筆などで汚れを取るのがよい。また、籠に埃がつかないようにするには、通気性のよいもので包むことである。紙の袋や段ボール箱、できれば桐の箱に入れ、一年に一度は風通しをするのがベターである。収納は、一年を通して気温が安定している北側の部屋などがよいだろう。籠は軽いので、上の戸棚などにも置ける。しかし、湿気を嫌うので、サニタリーからは離し、乾燥もよくないので、陽のあたる場所も避ける。

そうやって保管すれば、百年後、二百年後まで使い続けられる。しかし、それを自身で確認する手立ては、タイムマシンか不老長寿の薬の完成を待たなければならないが…。

二十五、名前の由来

「瓢阿」の名は、益田鈍翁によって命名されたことは、すでにいろいろなところで書いたり、話したりしてきた。しかし、当人についてはあまり知られていないのではと思い、ここに書き遺すことにしたい。また、昔からお付き合いのある方たちからは「ひょうな」と呼ばれたりするが、それは間違いで、「ひょうあ」と呼んでほしいと、かねがね思っていることも、この場を借りてお伝えしておきたい。

父である二代瓢阿（一九一四〜二〇〇三）は、大正三年（一九一四）九月六日、大阪市北区で生まれた。本名を英之助という。父親は善太郎（初代瓢阿、一八八一〜一九三三）、母親は（旧姓・田村）琴子。善太郎は、和歌山県田辺市の出身である。先祖は、紀州田辺藩の勘定方をつとめる役人であった。大政奉還の後、善太郎の父・善助は武家から薬種問屋の養子となり、やがて和歌山市内に化粧水の会社を興し、化粧水の容器を女性好みの硝子瓶にして販売し、成功を収めた。そして、事業を拡大するために、本社を大阪に移した関係で、住居を同市の西成区に構えたが、その後の経営はうまくいかず、行き詰まってしまった。善太郎は、やむなく学費のかからない大阪の師範学校に通うことになった。卒業後は家業を継がず、（旧制）中学校の漢文教師となったが、生来の山気から北浜にあった証券会社の社員に転職した。善太郎の妻・琴子の父親は軍人で、連隊の佐官をつとめており、大阪城の敷地内に家があったという。そこから琴子は梅田にあった府立の女学校に通っており、通勤途中の善太郎と出会ったらしい。そして、明治四十一年（一九〇八）に結婚、一男一女をもうけ、仕事は独立して証券関係の記事を載せる新聞社を設立した。一男とは、もちろん私の父・英之助である。

善太郎は、薄給の教師の頃から習いごとが好きであった。事業が安定し、暮らしが楽になると、清元・長唄・浄瑠璃などの音曲を習い、陶芸や油絵、水彩画を楽しみ、籠づくりも書生の中国人青年から手ほどきを受けていたという。

一方、琴子は当時の女性には珍しく、結婚をしても家庭に落ち着く人ではなかった。渡辺霞亭《かてい》という当時の流行作家に弟子入りし、大阪朝日新聞に連載していた霞亭の小説を代筆したり、主婦の友社の大阪特派員という身分で働いていた。後世、英之助(二代瓢阿)が籠づくりのほかに、絵画や陶芸を楽しみ、生涯二十冊もの著書を残したのは、この両親の存在が深く影響しているのである。

その後、善太郎は投資顧問として大正末期頃

在りし日の２代・瓢阿／陶芸家・金重素山氏の工房にて

に東京の赤坂氷川町に移るが、やがて趣味の籠づくりが高じて、竹芸の道に生きることを決意したという。そして、益田鈍翁に認められ、仕事をするようになったのは、東京を代表する古美術商「赤坂水戸幸」の初代・吉田五郎三郎の仲介のおかげであった。二人は清元の稽古仲間であり、その妻たちは偶然にも大阪の同じ女学校の先輩・後輩の仲であったという。昭和三年(一九二八)頃に、鈍翁所持の「唐物瓢箪籠花入」を写したことから、鈍翁より「瓢阿」の号を賜わり、品川にあった邸内に一軒を与えられ、名物籠の写し制作や茶事に用いられる翁好みの籠を考案した。また、茶の嗜みも身につけていたらしく、鈍翁の茶事でお詰めとして出席したことがあるという。初代の作品を見ると、鈍翁の好みを受けて、驚くほど、ざんぐりと力強い作風であることがわかる。代表作は「唐物瓢箪籠花入」や利休所持の「魚籠」の写し、炭斗の達磨籠などだが、珍しいものとしては、鈍翁のお供で飛驒を旅した折に、現地の材料で編んだ藤蔓製の花籠がある。また、鈍翁側近の横井夜雨などからも依頼されて、作品をつくっていたようだ。しかし、祖父が鈍翁に仕えていたのはそう長くはなく、五年ほどであった。同八年(一九三三)三月、五十二歳という若さで急逝し、波乱の多かった生涯を終えたのだ。祖母の琴子は、東京に来てから霊南坂にある教会に通っていたこともあり、死期のせまった初代を入信させ、プロテスタントとして教会の墓に葬ったという。

父の急逝により、佐伯祐三にあこがれ、川端画学校に通いながら油絵画家を志望していた英之助は、それを諦め、十九歳の若さで瓢阿の跡目を継ぐことになる。しかし、「瓢阿」は鈍翁から贈られた名なので、襲名の許しを得るために、小田原にあった鈍翁晩年の別宅を訪ねている。その時、八十八歳になる鈍翁より「若さを無駄にせず勉強せよ。我が家の蔵の物は自由に見て研究すべし。

また、茶友の所有する名籠をみられるように計らうから写してみよ。古来の名品の模写こそ最上の勉強ならん」と、やさしく励まされたという。そして、同十三年（一九三八）、鈍翁が亡くなるまで指導を受けた。そして、鈍翁の遺徳をしのぶ追悼本には、二代瓢阿（英之助）の追悼文が寄せられている。鈍翁亡き後は、団琢磨、藤原銀次郎、馬越恭平、高橋箒庵、三井守之助など、名だたる諸家の蔵品を写させていただき、不断の努力により瓢阿の名を少しずつ築いていってくれた。また、古美術商の方々から依頼の仕事を通して、少なからず教示を受けた。そして、同十四年（一九三九）、宮本キヨと結婚し、二男一女をもうける。このように順風満帆な出だしであったが、同十八年（一九四三）に戦地に召集された。さぞやと思いきや、満州の北支や中支を転々としてする兵務の傍ら、現地の民芸の竹製品や美術品を見て歩いたという呑気さには、父ながら恐れ入る。しかし、終戦直前にやんぬるかな、地雷で左足を失う。以後、義足が欠かせぬ生活となるが、お洒落な父は、それを感じさせる動きは一切しなかった。戦後は井の頭の牟礼《むれ》にあった赤坂水戸幸の別荘に寄寓し、同二十五年（一九五〇）に井の頭公園の駅前に小さいながらも居を構えた父。ちなみに、私は、翌年にその場所で生まれた。戦前、各界の名士に知己を得ていたことが、戦後の仕事にも繋がり、松永耳庵や畠山一清などの仕事をしながら、同二十八年（一九五三）には竹芸教室「竹樂会」を創立した。侘び籠を中心として、茶杓や竹花入などの制作に加え、研究・執筆・講演など、多方面に活躍し、平成五年（一九九三）に代を私に譲り、以後「瓢翁」と名乗りながら余生を楽しんだが、同十五年（二〇〇三）十月二日に没する。享年八十九歳であった。

二十六、大野鈍阿のこと

益田鈍翁つながりで、大野鈍阿《どんな》という陶芸家のことをお話しよう。

鈍阿は、明治十八年（一八八五）に岐阜県の妻木村（現・土岐市妻木町）というところで生まれた。本名は、準一である。家は代々焼き物師で、準一が生まれた当時は、輸出用の洋食器のコーヒーカップや西洋皿などをつくっていたらしい。そして、二十五歳の時、親類のつてを頼って上京、東京の箱崎に住み、五反田の陶器製造会社に技術者として入社した。しかし、その生活は長く続かなかったという。おそらく、機械的な作業が、準一の性に合わなかったのであろう。間もなく独立して、気楽な楽焼の店を開き、自由な作品をつくりながらの生活がはじまった。幸運だったのは、その店が品川の海辺近くであったことである。一楽という号を名乗り、瓦や生活雑器を焼いて商ううちに、一人の恰幅のよい初老の男性が海辺の散歩がてらに店に立ち寄るようになった。その男性と親しくなり、話をするうちに気に入られ、自邸に住み込みで仕事をしないかと誘いを受けたのである。その男性の名は、益田孝こと鈍翁である。三井財閥のトップリーダーであった鈍翁が、品川の御殿山に広大な邸を構え、茶三昧の日々を過ごすようになった時期に重なる。明治末年頃の話である。そして、鈍翁は自身の雅号から「鈍」の一字と、観阿弥や世阿弥などの阿弥号から「阿」の一字を取り、準一を「鈍阿」と名づけ、家を与え、仕事をさせた。その仕事とは、鈍翁が所蔵する数々の名碗を写し、つくることであった。また、鈍翁が、懐石道具や主茶碗として、それらの作品を用いたことにより、茶友の高橋箒庵や馬越化生らの数寄者も、鈍阿に仕事を依頼するようになり、作陶の指導などもするようになったという。つまり、鈍阿の技芸は、名器、名宝を仔細に研究した上で成立していたために、当時の財界茶人の美意識に自然と適合していたのだ。また、その人柄も優れていたに違いない。鈍翁は、鈍阿を、数寄屋建築家の仰木魯堂《おおぎろどう》と同様の受け入れ方をしたものと思う。

鈍阿を得た鈍翁は、数々の手づくりの名碗を残すとともに、好みの茶碗も多数つくらせている。その代表的な作品が、鈍翁手づくりの「鈍太郎写し」、黒楽茶碗の連作と、鈍翁が旅した折に持ち帰った、ナポレオン配流の地、セント・ヘレナ島の土で焼かせた赤茶碗であろう。

鈍翁のお気に入りの焼き物師としての地位を築いた鈍阿であったが、大正末期に鈍翁の邸を出て、根津青山の目黒にあった別邸内に本窯を築いて、移り住んだ。以後、鈍翁のもとへは、小田原の鈍翁の別邸、掃雲台へ通い、作陶の手伝いをしていたという。そして、戦後、鈍阿は、世田谷の等々力に窯を

鈍阿作　赤茶碗　銘「奈翁」

築き、鈍翁が命名した鈍庵を結んでいる。ここでは、写し物のほか、独自の陶芸の世界を創りはじめるが、道半ばの昭和二十六年（一九五一）に、六十六歳の人生を閉じた。鈍阿にはその後を継ぐ人はなく、一代限りの陶工となってしまったが、翌年、日本橋三越で鈍阿の遺作展が開かれた時は、その案内状に名を連ねたのは、松永耳庵、畠山一清、五島慶太、小林逸翁らであり、鈍阿の作風がいかに財界茶人に愛されていたかわかる。

今では知る人の少なくなった鈍阿ではあるが、財界茶道の中で花開いた陶芸の評価は、財界茶道の衰えとともにある。とはいえ、ふたたび数寄者中心の財界茶が隆盛期を迎えた時は、鈍阿の作品の魅力が見直されるであろう。鈍阿と同じく、鈍翁から教えを受け、育てられた家系にある者として、そう願わずにはおれない。

二十七、仕事と音の関係

戦後、井の頭公園近くに住んでいた数寄者・小森松菴は、大のクラッシック音楽ファンだったと、父から聞いたことがある。小森松菴は、薩摩出身の実業家・赤星弥之助の孫にあたる財界人であったが、趣味人として作陶や茶杓削りに秀でていたことで知られていた。父とは自宅が近所ということもあって、何かと交流があり、昭和二十九年（一九五四）には二人展を開き、父は侘び籠、松菴は焼き物を展示する仲になっていた。また、経済的に父より恵まれていた松菴は、名物道具のいくつかを所持しており、父に茶会の手伝いを頼んだりすることも多かったようだ。父はそこで見聞したことなどを子どもたちにも話してくれたものである。その一つをいえば、松菴宅の応接間には、高価なステレオ装置が飾られており、この家の主がそのステレオでクラッシック音楽を聴くのを趣味の一つとしていたのだが、父は、松菴が音楽に聴き入る様子を語るのに「忘我の表情で、感極まると身体をゆすり、気がおかしくなったかと思えた」と、松菴の西洋趣味をいつも揶揄《やゆ》していたものである。おそらく松菴は、西洋音楽の素晴らしさを友人に伝えようとしたのだと思うが、父には通じなかったようである。父は、その後もクラッシックファンになることはなかった。むしろ、間接的な影響を受けたのは、姉や私だったのかも知れない。私の姉は、子どもの頃から歌が好きで、音大の声楽科に進学し、プロになった。私もいつしかクラッシック音楽を聴くことに興味を覚え、中学生の頃からＬＰレコードのコレクションをはじめた。現在はＣＤのコレクションに替わったが、それでも五百枚ほどの量になってしまった。私は、それらのＣＤをおもに仕事中に聴いている。といっても、好きな曲は限られている。頻繁に聴くのは、ヴィヴァルディやバッハなどの組曲、モーツァルトやシューベルトの器楽曲、ブルックナーの交響曲などである。なかでも、モーツァルトの曲は、仕事をしながら聴くと、非常に気持ちよく仕事に集中できる。心地よい旋律に精神が清められて、いい仕事につながるのだと思う。

私のクラッシック鑑賞は、かように、ながら族に徹し、生の演奏会にはめったに行かないことにしている。しかし、ある時、お茶の先生をしている知人に、開館して間もないサントリーホールへ招かれて、珍しく行く気になった。演奏者は、内田光子さんという、イギリスに拠点を置き、海外で活躍するピアニストである。曲目は、モーツァルトのピアノ協奏曲第十一番と第二十五番。ジェフリー・テイト指揮のイギリス室内管弦楽団との組み合わせであった。実は、この組み合わせによるCDを持っていたので、ぜひ生で聞きたいと、お誘いを受けたのである。席は、響きのよい二

階のボックスシート。一瞬の静寂の後、演奏ははじまり、はじめの十一番でテイトが指揮棒を振り下ろした瞬間から、私は来てよかったと、今ここにいる幸せを感じた。演奏者が乗っていたのである。ご存じのように、生演奏では出来・不出来の差が大きい。著名な演奏家でも不出来の時もあるし、無名でも出来がよければ名演となる。その落差が、演奏会にあまり足を運ばない理由でもある。だが、今日は特別であった。内田もよいが、テイトの指揮姿にも感動した。そして、イギリス室内のいぶし銀のような弦の音色。木管のパートも抜群で、オーボエが天国的に美しかった。

演奏が終わって、当然のように盛大な拍手がおこった。「ブラボー」の声も聞こえる。だが、誰も立ち上がらない。私は柄にもなく、心から拍手をしようと、思い切って立ち上がった。初めてのスタンディングオベーションだった。その時、イギリス室内の演奏者が全員、サッと私に向かって姿勢を正したのである。舞台の演奏者全員が、立ち上がった私を見て、居ずまいを正したのだ。そして、その視線の先には私がいる。ここから先はあまり書きたくないのだが、私は思いがけぬ事態に、恥ずかしさのあまり、椅子に座り直してしまったのである。すると、演奏者たちも驚くほどの速さで姿勢を戻したのはいうまでもない。次のプログラムである二十五番もすこぶるつきの名演であったが、十一番ほどの熱気には欠けていたように思う。

後日、演奏の評が某雑誌に載った。評者は誰か忘れてしまったが、ほとんど私が感じた通りの印象が書かれていて、少し安心した。私が立ち上がったことは、間違いではなかったようだから…。ただし、後悔が残った。私の苦いスタンディングオベーション初体験の思い出である。

二十八、籠師の寄り道

初夏は籠師にとって嬉しい季節。茶席で籠の花入が使われるようになるし、制作の依頼も増える。また、籠を編むのにもこれからの気候が適している。すぐに竹が乾いてしまう冬よりも適当に湿気を含んでいる夏のほうが、竹ヒゴが手になじみ、編みやすく、折れにくいのだ。籠編みに使う材料は、私の仕事場の竹置場に、青竹・白竹・煤竹を分別して収めている。別に胡麻竹・黒竹など特殊な材料も置いている。ほかに自宅近くに小さい倉庫があって、ここには煤竹を中心に、四メートルぐらいの長さの材料を寝かせている。白竹は仕入れてからすぐに使わず置いておき、十年ぐらい待ってよい色になったものを使うようにしている。

さて、夏は涼やかな白竹が好まれるので、仕事場では白竹を割る機会が自然と増えてくる。割るのは、おもに直径にして五〜七センチぐらいの竹である。竹はだいたい二メートルくらいの長さに鋸で伐《き》ったものを大きな鉈《なた》でまず半分に割る。直径の中心がずれないように見ながら、さらに半分の幅にと割っていき、一本の丸い竹を十六〜三十二分割ぐらいに割って、最後に幅を整えておく。もとめる幅に竹を削ったら、次に編みやすい厚さに竹を裂いてゆく。竹の肉厚を考えながら、皮と身をはがすように、小さい鉈、そして小刀を駆使して、最後は厚さ〇・二〜〇・三ミリまで裂き、少し削って裏面を整えるのである。一つの籠を編むためには、この材料をつくる工程が非常に大切で、編むよりもずっと神経を使い、時間を費やさねばならない。肩も凝るし、眼も疲れる。長時間この作業が続くと、さすがに外の空気が吸いたくなってくる。そこで幸い季節はよいし、近くの井

安藤広重が描いた「井の頭の池　弁財天の社　雪の景」

の頭公園に散策にでるのが、私の午後の日課となるのである。

公園の樹々の緑は、しだいにその色を濃くしている。地上に落ちる木漏れ日も、時折吹きすぎる涼風にゆらいでいる。初夏の公園の木陰を楽しみ、眼を休めながら由緒ある弁財天の社が浮かぶ弁天池の西側、動物園へと続く小高い丘を登る。丘の上は御殿山と呼ばれる、まさに武蔵野の面影を残す雑木林であり、ここは、私にとってなくてはならぬ憩いの場所である。この雑木林にはよく子どもの頃から写生に来ていたので、一つ一つの木に名前をつけたいほどの思い出がある。スケッチブックを持って、あるいは三脚を立てて無心で描いていた時代が懐かしい。秋になるとドングリが採れるから、林の木はクヌギかナラであろう。ことにクヌギは武蔵野の雑木林の主要な樹木であり、今は稲穂のような黄色い花をつけている。それからシデの木。神前に奉る玉串や注連縄《しめなわ》につける紙でできた四手《シデ》に似た花が咲くのでこの名がある。いずれも薪や炭の材料となる木である。林にはほかにクスノキやカツラの大木、赤松やカバなどがある。

こうして見てくると、木についてももっと学ばなければ、と思う。何故なら、木を学ぶことは、竹の仕事をする上での参考にもなるからだ。最近、京都の銘木屋さんでいろいろな材木を見せてもらう機会にめぐまれて、樹木に一層興味を持つようになったからかも知れない。その銘木屋さんでは、吉野の征目《まさめ》が細かく、艶がある赤杉を、茶杓の詰にと買い求めたばかり。竹に限らず、こういう良い素材に触れることとは、工芸家にとって何より嬉しいことだ。

公園の木々にあれこれと思いをめぐらせ、そろそろ眼も休まったし帰ろうかと思った時、ふと雑木林のはずれのほうに、一軒の小洒落たカフェが、まるで以前からそこにあったように静かに佇んでいた。店は硝子張りの温室のようなつくりで、窓枠も柱もテントも白で統一され、ペイルグリーンを主体とした家具を置いた室内の、ちょっとレトロな雰囲気も素敵だった。寄り道好きの私からすれば、渡りに船。緑いっぱいの景色の中で今様の音楽を聞きながら、ラタトゥーユのガレットを注文し、美味しいコーヒーを飲み、籠師は寄り道を満喫して、また竹と向き合う英気を養ったのだった。

竹のはなし

一・松竹立てて

注連《しめ》かけて立てたる宿の松に来て　春の戸開くる鶯の声　西行法師

（『夫木《ふぼく》和歌抄』）

詞書《ことばがき》には「元旦聞鶯」とある。

新年に歳神様を迎える依代《よりしろ》として家々の門口に松を立てて飾る、いわゆる「門松《かどまつ》」は、「松飾り」「飾り松」「立て松」などとも呼ばれ、平安時代より日本の正月を彩る風物となった。「年中行事絵巻」（平安時代末期）の朝覲行幸《ちょうきんぎょうこう》の段には、この西行の一首のごとく、家ごとに門松を立て、鴨居に注連縄《しめなわ》を張り、譲葉《ゆずりは》を下げた光景が描かれている。もっとも、正月の歳神の依代は松だけではなかった。榊《さかき》・樒《しきみ》・竹・杉・椿・椎・楢・栗・朴など、ほかの常緑樹も依代として用いられている。

さらに、松に竹を添えて飾るようになるのは、のちの世のことである。江戸時代の文献に、

正月門松立つる事は、松は千歳《ちとせ》、竹は万代を契るものゆえ門に立てて、よろづを祝ふなり

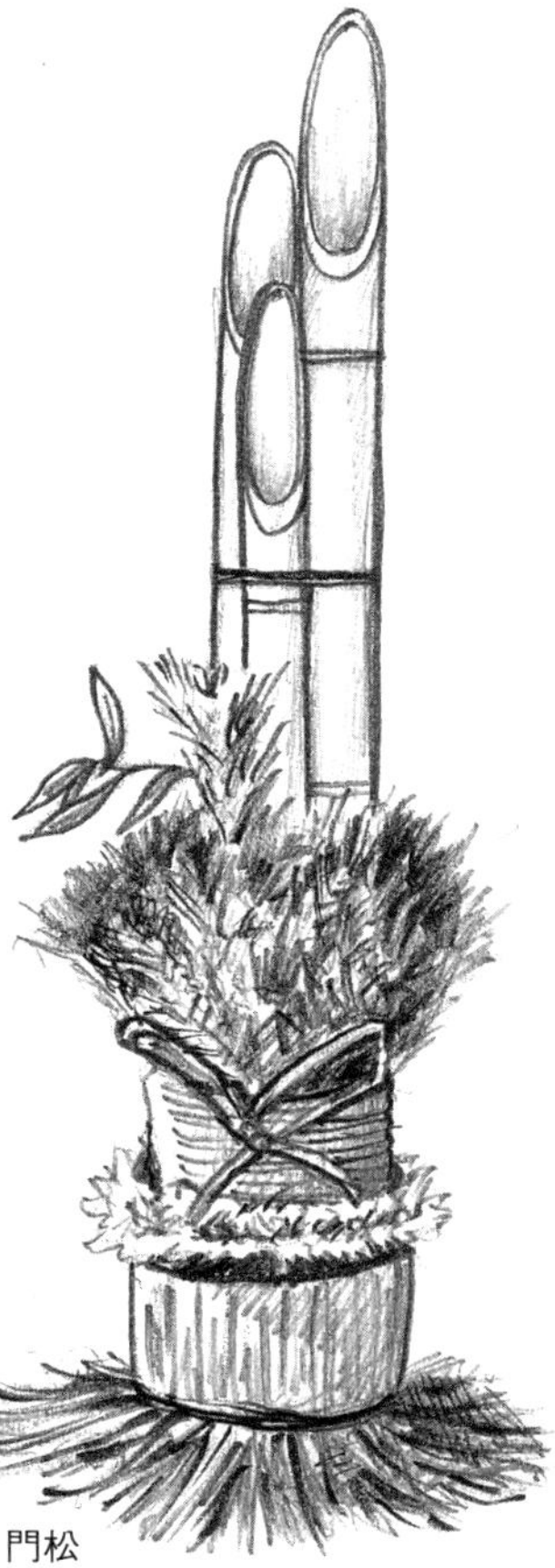

門松

とあるように、近世より竹に松を添えた門松が見られるようになる。しかし、各戸ごとに様子は異なり、また、上方と江戸ではその飾り方に違いがあった。興味深いのは、江戸時代の大名家の松飾りである。ことに各藩の江戸上屋敷の松飾りは、見物人が出るほどの人気があったという。諸家の門松の差は異なる土地の習慣の違いにもよると思うが、他藩に負けじと競ったあげく、飾りがエスカレートしていった面もあったのかもしれない。たとえば、鍋島家の門飾りは、精撰した稲藁でつくった巨大な鼓の胴を松飾りの上に注連の代わりに吊るして飾ったものであった。その大きさは、鼓の左右の開きの部分で、直径にして五、六尺余という。鼓を立てれば五メートルほどの高さにもなるだろう。

一方、「佐竹の人飾り」として名物とされたのは、三味線堀の秋田藩の上屋敷の門飾りである。佐竹家では松は立てず、麻の裃《かみしも》を着けた武士を御門の左右に着座させた。そして、元旦より七種《ななくさ》までの七日間、交代で門飾りを務めさせた。名物とはいえ寒さの中、人目にもさらされて気の毒なことである。

門松の代りをもする秋田者

三味線と鼓は江戸の飾物

とは、当時の川柳である。物見高い江戸の庶民は、はやし立てて、気の毒がることはなかったようだ。

現在の一般的な門松はというと、削《そ》ぎ切りにした青竹を三本、丈を不揃いにして立て、稲藁と荒縄でしばってまとめたところに、その青竹を囲むように松の枝を挿すという形式である。この場合の青竹は、マダケを使うのが正しい。最近、たまに見かけるモウソウチクでは、姿がよろしくない。マダケは、表皮の色艶や節の美しさという点で、モウソウチクに勝るのである。

さて、青竹と松の組み合わせが、今日のように全国に広く普及したのは、実は明治時代以後のことだそうである。

年のはじめのためしとて
終りなき世のめでたさを
松竹立てて門ごとに
祝う今日こそ楽しけれ

（作詞　千家尊福）

いわずと知れた文部省唱歌の名曲「一月一日」である。「松竹立てて門ごとに」という一節が印象的なこの唱歌が、津々浦々の小学校で歌われたために、松に竹を添える風習が各地に行き渡り、この形式が門松のスタンダードとなったのである。しかしながら、都市部では松の内に門松を立てるという日本のよき習慣も、正月行事の簡素化により失われつつある。正月に松飾り、注連縄飾りのない家が多々見られる。せめて竹を生業《なりわい》とする我が家においては、毎年、門松を立て、邪気を払い、門口を浄め、歳神様をお迎えして、新年を寿ぎたい。

昨年の正月、都心の門松事情を知りたくなり、銀座・日本橋あたりを、カメラを持って歩き回った。最近は正月飾りを端折る店が多くなったが、さすがに、料亭や格式の高い店などには、立派な門松が飾られていたので、やや安心。そして、驚いたのは、今は新築工事中だが、旧・歌舞伎座の正面玄関前に、高さが三メートルほどありそうな巨大門松を発見した時である。しかし、発見はこれで終わらなかった。日本橋の三越本店ライオン口で、さらにのっぽの門松と遭遇できたのである。日本橋には歴史ある名店が多いので、概して門松をおろそかにしていないのだと思った。

これに味をしめて、今年は、日帰りで京都に門松調査に出掛けた。「なんて閑人」などと思われそうだが、竹のことなので、いたって本人は真剣なのだ。ただ、少しがっかりしたのだが、京都では、玄関の戸口の両脇に、根引きの松に紅白の水引を結ぶのが、多くの家の正月のしきたりであった。それでも、京都を代表するような老舗旅館、あるいは料亭などには門松が見られ、注連縄とともに、東京のそれとは異なる形状も確認できた。発見は、東京で、おもに竹と松の枝でつくる門松が、京都では、さらに熊笹と梅の枝を加えてつくられていたことである。丁寧につくられた京都の門松は、古都にふさわしい。しかし、江戸の門松も棄てたものではないと感じた、正月休みの一日であった。

二、お水取りのお松明

「糊こぼし」という生菓子がある。黄身餡を紅白のこなしでかたどった花びらで囲った、趣のある菓子である。私がはじめてこの菓子に出合ったのは、東茶会（東京美術倶楽部で開催される会員制の月釜）三月の茶会であった。濃茶席の寄付であったと記憶しているが、黒根来の盆に生木の椿の枝葉が添えられて、「糊こぼし」はあたかも本当の椿花をみるような姿に飾られていた。濃茶をいただいてから、半東をしていた知り合いの道具商に聞くと、「糊こぼし」は奈良にある萬々堂通則という店の菓子で、東大寺の「お水取り」の時期にのみ、つくられる貴重な菓子であるという。

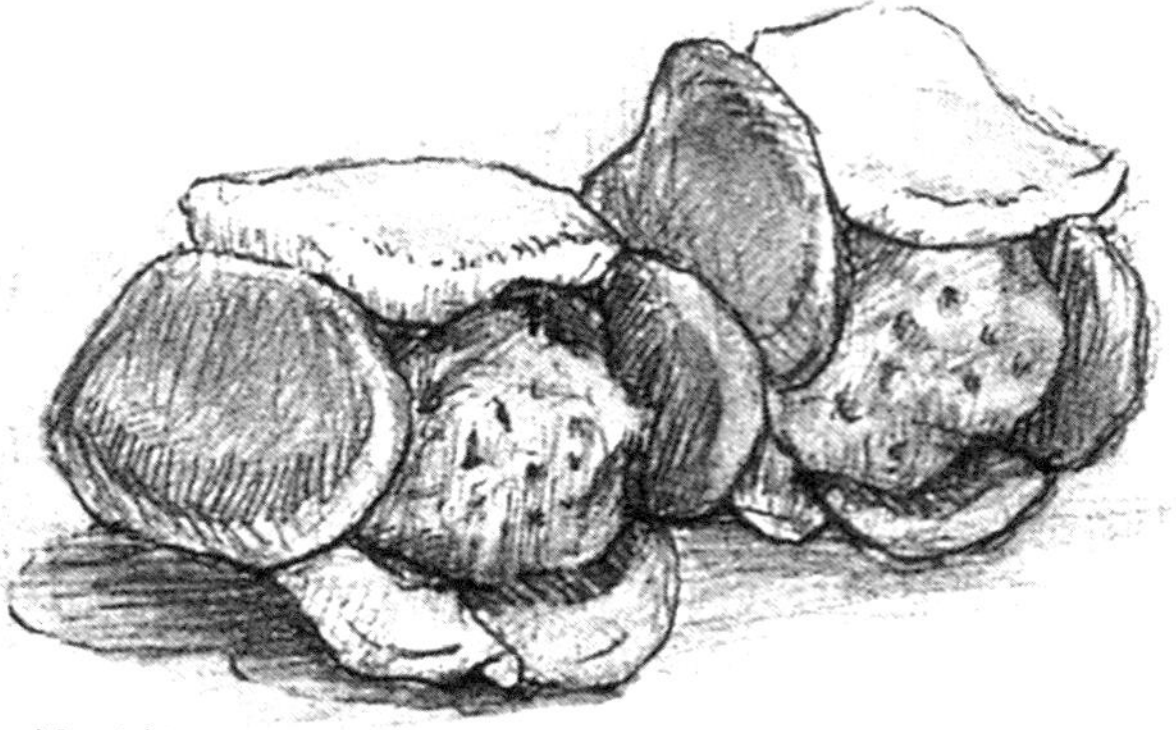

糊こぼし

　実は、この「糊こぼし」のモデルは、造花の椿である。「お水取り」（本行）の前に「別火《べっか》」と呼ばれる準備期間（前行）があるのだが、その期間中、練行衆は戒壇《かいだん》院《いん》の庫裡《くり》で、声明の稽古や本行で着る紙子をつくったり、差懸《さしかけ》という履き物を誂えたり、供え物をつくったりする。その一つに、椿の造花「糊こぼし」づくりがあり、山のようにつくられた「糊こぼし」は本行中の須弥壇の四隅に飾られる。そして、「お水取り」の時期の奈良の茶会では、その造花にちなみ、菓子の「糊こぼし」を使うとのことが多いそうだ。

「お水取り」は春を告げる行事といわれ、三月一日から十四日までの二週間、東大寺の二月堂において行われる「修二会《しゅにえ》」の法要の代名詞である。天平勝宝四年(七五二)、東大寺の開山・良弁僧《ろうべんそう》正《じょう》の高弟、実忠和尚《じっちゅうかしょう》によってはじめられたと伝えられ、その後一度も途絶えることなく続けられている。もともと旧暦の二月一日より行われていたので、「二月に修する法会」という意味で「修二会」と呼ばれるが、正式には「十一面悔過《じゅういちめんけか》」といい、十一面観世音菩薩を本尊とし、練行衆《れんぎょうそう》(籠僧)が自他の罪と汚れを懺悔して、国家の安泰と人々の豊楽などを願って祈りを捧げるのが、本来の目的である。本行中、練行衆が毎夜二月堂に堂上する時に足元を照らすために用いられる「お松明《たいまつ》」。練行衆が堂内に入ると、それを知らせるように松明は舞台を廻る。よくテレビで見かけるシーンである。しかし、すべての松明が消える頃から、堂内では夜半まで続く行がはじまる。毎日行われる行のほか、「走りの行法」「五体投地《ごたいとうち》」「達陀《だつたん》の行法」「お水取り」などの特定日の行が行われるのだ。

テレビではなく、いつかはこの眼で「お水取り」が見てみたいと思いながら、生来の寒がりゆえに、私には寒気の厳しい中、深夜まで行を見つめる勇気がなかった。しかし、チャンスは思いがけないところからやってきた。近代の茶杓研究のため、全国を駆け巡っていた頃、取材で訪れた春日大社で、お話を伺うことになり、その時、懇意にしていただいた権宮司職の岡本彰夫氏より「修二会」見学のお誘いを受けたのである。こんな偉い方から背中を押されては、すでに私に否やはなかった。

そのようなわけで、新幹線で駆けつけた、三月七日、午後六時に二月堂正面から道をへだてた塔頭に入れていただき、松明点火の時を待った。すでに二月堂の周辺には、全国から「お松明」を見ようと、たくさんの人々が集まり、異様な雰囲気である。そして、お堂の欄干に練行衆の入堂を知らせる松明のかがり火が、火の粉を散らしながらあらわれると、この時を待ちわびた群集から歓声が上がった。一本、二本と松明が火の粉を散らすたびに、無病・息災を願う人々で大騒ぎとなる。だが、最後の十本目の松明が燃え尽き、本行がはじまる頃には、松明目当ての観光客は姿を消し、あたりはすっかり静かになった。私は、ダウンコートに身を包んで、静寂と、闇が支配する堂上におもむき、灯明に照らし出される二人の練行衆の「五体投地」の行を見守ったのである。

翌朝、ふたたび二月堂に向かうと、境内の庭には、今夜の松明の芯になる立派なマダケが立て掛けられていた。晴天の下、青竹の緑がことのほか美しい。見ると、マダケとしては驚くほど太く、径は四寸もあった。また、真っ直ぐで、四間ほどありそうな長い幹には、松明の寄贈者の住所・氏名が、みごとな筆で記されている。さらに、奥の庭では、今夜、使う松明の制作途中であった。童子と呼ばれる裏方さんが、竹の先に取りつけた杉の葉を、松の板で籠のように編んで固定する様子を見て、「お松明」を「籠松明」と呼ぶのも、なるほどと思われた。

岡本氏のお導きで、千二百五十年も形を変えず、執り行われてきた「お水取り」の、「五体投地」をこの眼で見ることができた。さらに、籠松明ばかりではなく、群集を隔てるための竹矢来など、竹がおおいに役立っていた姿が嬉しく、今度は「達陀」の行を見てみたいと思いながら、今になってふと、寒さを忘れている自分に気がついたのだった。

三．春日大社の油差し

「油差し」といっても、すぐに「ああ、あれね」と、その姿を思い浮かべられる方は少ないと思う。「醬油差し」のように「差す」、注ぎ足すための容器で、「油」とは「菜種油」のこと。つまり、灯明に菜種油を注ぎ足すための道具である。春日大社では、昔から枝つきの青竹で「油差し」をつくり、大社で神に仕える禰宜《ねぎ》が、灯明に油を注ぎ足してきたのだという。自然の竹の枝を曲げて持ち手とした、その美しいフォルムや、竹の幹を利用して油のボトルとした、合理的で、すぐれたデザインは、現代においても学ぶべきグッドデザインだと私は評価しているのだが、今は使われていないというのは、大変残念なことである。

私にこの「油差し」の知識を吹き込んだのは、先に東大寺の「修二会」拝見でお世話になった、春日大社・権宮司職の岡本彰夫氏である。氏は春日大社を御守りする職にあるが、同時に、奈良を代表する知識人として、奈良の歴史・文化に詳しく、『大和古物漫遊』や『大和古物拾遺』などの著作を通じ、ご自身が非常な愛着を持つ、奈良の骨董文化を書き留めようとなさっている方でもある。「油差し」についても、失われゆくことを惜しんでおられ、幸い、竹芸家の私があらわれたので、その形や寸法、構造などを詳しく教えたいと思われたのだろう。いろいろとご教示いただいた。いずれにしろ、氏は「油差し」の復元を望んでおられたし、私もお役に立ちたいと考えた。「お水取り」の時と同じように、背中を押していただいたことに力を得て、私は「油差し」をつくってみようと心に決めたのである。

ただ、竹を伐るには秋が深まるまで待たねばならなかった。夏に竹を伐ると虫がつくといわれるからだ。結局、師走に竹を伐ったが、大変だったのは、ちょうどよい太さと節合いの竹が、なかなか見つからなかったことと、ようやく捜し求めて伐採しても、ふつうは、枝をはらった幹のみを運ぶのが、この時ばかりは、枝つきのまま運ばねばならず、大変な手間がかかったことなどである。おかげで、私の小さな仕事場は、しばらく、まるでパンダの食事場のように、竹と笹で埋まってしまった。

竹には節ごとに隔《へだ》てがある。だから、伐るだけで筒になり、入れ物となる。よって、竹は昔から、水筒・酒器・柄杓、または銭筒・箆筒などに利用されてきた。「油差し」はこれに手をつけるため、二節を使う。上の節から伸びる二本の枝のうちの一方を落とし、もう片方を手とし、上の節の隔てには筒に油を入れるための穴を開ける。手とした枝は綺麗に曲げて、下の節の下方に穿《うが》った穴に通して抜けないように留めるのである

こうして、正月には何点かの春日大社の「油差し」ができあがった。このうち自信作の一点を選び、まっさきに岡本氏にお届けしたが、懇《ねんご》ろな御礼の言葉と、厳しいご指摘を、麗筆で認《したた》めたお手紙をいただいたのには、正直まいった。「汗顔の至り」とは、このことである。ただちに「油差し」をお返しいただき、手直ししたものを再度お送りし、二度目は何とか喜んでいただけた。

よい経験をさせていただいたが、実をいえば、私がこの「油差し」に取り組んでいた時期に、同じ奈良で古物の「油差し」を見せてくれた人がいる。奈良国立博物館正面の向かいに店を構える「友明堂」の主人、田中昭光氏である。田中氏は私よりひとまわりは年上と見るが、お洒落で、明

朗快活、弁舌巧みに、人をそらさない奈良の名物人である。古美術を扱うが、商売そっちのけで話に興じる欲のなさ。それでいて商売上手。そんな人柄が、古いところでは、松永耳庵、田山方南、最近では、上坂冬子などの著名人に愛されてきた。その「友明堂」内の茶室で、田中氏が見せてくれたのは、時代色たっぷりの江戸時代初期のものだった。筒にはすっかり油が浸み、濃い褐色に覆われ、変化した姿も素晴らしいものであった。国立博物館にも展示されたそうだが、箱書には、花入とあった。春日大社の「油差し」は、歴史をこのむ好事家のものではなく、茶人に見立てられ、茶室の花器として生きながらえてきたのだ。また、この出合いがあってまもなく、私は東京で松永耳庵がつくらせた「油差し」の写し物を二点、まったく別の場所で拝見している。偶然とはいえ、春日大社の「油差し」に導かれた、不思議な縁であった。

油差し

四．正倉院宝物の竹

奈良の話が続くが、東大寺の大仏様が熊野灘の鯨《くじら》と背くらべをしたという、笑い話がある。その内容はというと、まず、熊野灘の沖を泳ぐ鯨が、奈良の東大寺まで歩いてやってきたことにはじまる。もうここで、この話は不思議極まりないが、それは置いておいて、話を進めよう。そして、大仏様にどちらが大きいか、背くらべをしようと迫ったのである。しかし、くらべようにも大仏様は坐像なので、本当の身長はわからない。鯨がしつこくいうので、大仏様は仕方がないとゆっくりと立ち上がられた。坐っていても巨大な盧舎那仏《るしやなぶつ》が立ち上がったのだから、その大きさといったらない。事の成り行きを見守っていた人々も、ただただ驚いて見上げるばかりであった。しかし、熊野灘の鯨も負けてはいない。尾ひれに力を入れて背伸びをすると、これまた大仏様と甲乙つけがたいほどの身の丈となった。そこで、大勢の群衆が見守る中、判定役の役人たちは、長い長い梯子《はしご》を用意し、長い長い物差しを使って両者の身長を慎重に測った。さて、結果は…。

大仏様が鯨より二寸五分、背が低いと出た。何故ならば、カネ(曲尺＝銅でつくられた大仏のこと)はクジラ(鯨尺)より二寸五分短いからというオチがつく。ご存じのように、曲尺は大工さんが使う物差しのことで、鯨尺は裁縫や反物に使う物差しのことである。つまり、鯨尺の一尺は、曲尺の一尺二寸五分にあたるのだ。大きな物の代名詞のような奈良の大仏様があってこその、笑い話といえよう。

さて、現在の盧舎那仏の背丈は、台座を含めると、およそ十八メートル強。坐像のみだと十四メートル九十八センチと聞く。このように、大きな仏像であるから、造営当時の開眼の方法も大がかりなものとなり、滑車で吊られた籠（籐籠か？）に開眼導師のインド僧・菩提僊那《ぼだいせんな》を乗せて、仏像の眼の位置まで吊り上げるという、大がかりなものであった。導師は、管の長さ五十六・六センチ、太さ四・二センチという大筆（天平宝物筆）に墨を含ませて持ち、大仏の眼睛を入れた。開眼を遠くから見つめる人々には、ちょうどよい筆の太さであったかもしれない。その筆には、一本あたり百九十八メートルにもなる五色の縷《る》が結ばれおり、地上におられる孝謙天皇、聖武太上天皇、光明皇太后をはじめとする参集者がその先を握って結縁し、開眼の刹那《せつな》を味わい、功徳をわけあったということである。参列者は一万数千人というから、さだめし、壮大な光景であったに違いない。

天平宝物筆

時は天平勝宝四年（七五二）四月九日。しかし、開眼会はしたものの、それで完成したわけではなく、台座を彩る蓮弁や光背を含めると、さらに二十年近くの歳月を必要としたのである。つまり、聖武上皇の体調を考慮して早められたという開眼供養の時には、大仏は未だ鍍金途中のお姿であったのだ。

そして、今でも正倉院には、その開眼供養に使われた天平宝物筆が宝物の一つとして収められている。筆管は「仮斑竹《かりはんちく》」と呼ばれる竹で、斑《まだら》のあるハチクである。ハチクは日本古来の竹といわれるものであり、茶筅として使われている竹といえばおわかりになるだろう。また、斑竹とは自然に生じる斑模様が竹にあらわれたものをいい、仮斑竹とは人工的につくられた斑紋がある竹という意味になる。現代でも薬品などを使って人工の斑竹をつくることがあるが、すでに天平の昔に竹を仮斑する技術があったことがわかり、大変興味深い。しかし、開眼筆は、その使われ方からして、仏具なのか、文房具なのか考えてしまう。

そのほか、宝物には十六本の筆が伝わっている。金の覆輪《ふくりん》や象牙の彫飾が尾端に施された豪華な筆から、装飾のない素朴な筆までさまざまだが、筆管にはすべて竹が使用されている。その竹は、豪華な筆には梅羅竹や豹文竹といったマダケに属する斑竹か、トウチクに属する斑竹といった、貴重な竹が使われ、素朴な筆にはメダケの仮斑竹が用いられている。筆の穂先には割篠竹の帽が付属するものがある。また、筆先が紛失した、マダケに沈香を貼った筆管（未造了沈香木画筆管）も残されている。

正倉院宝物には、そのほかにも竹を使用したものがいくつかある。武器でいうと、箭《や》（矢）の簳《やがら》部分が矢竹（メダケの一種で、矢に使われることからその名がある）でつくられている。胡禄《ころく》には箭五十本を二つにわけて入れ、鏑矢《かぶらや》を一本添えるものだが、この鏑矢の簳部分も竹である。そのほか、竹の矢じりというものもある。

また、楽器には、横笛《おうてき》・尺八・笙・呉竹竿《くれたけのう》・甘竹簫《かんちくのしょう》などがあるが、それぞれ、竹の本体に穴をうがち、長さを変えることで音色を変えている。竹はおもに、マダケ・ハチクが使われている。

五．古典文学にあらわれる竹

御園生《みそのふ》の竹の林に鶯は　しば鳴きにしを雪は降りつつ　　大伴家持

（『万葉集』巻十九）

天平勝宝五年（七五三）の正月十一日は、都（平城京）に大雪が降り、その丈は六十センチ以上にもなっていた。家持は、その雪の日に宮の外から内宮を想いつつ、この歌を詠んだのである。「（皇居の）御園に植えられた竹林に棲む鶯の声がしきりに聞こえていたが、再び雪が降り出して（その声が聞こえなくなって）しまったことだ」という内容。

竹は、冬の寒さに耐え、青々として春を待つ。松・梅とともに「歳寒三友《さいかんのさんゆう》」の一つとして、日本では古来慶事に用いられてきた。青竹の幹は、今も正月飾りの門松や初釜の花入など、この時期は目にする機会が多い。しかし、我々庶民がこの竹を身近に置けるようになったのは、中世以降のことという。一説には、近世初めの頃ともいわれている。古代の律令制下の貴族たちは、中国からの渡来文化を大切に扱っていた。そして、渡来の竹も貴族たちが専有し、竹の放つ中国文化の匂いを独占していたのである。家持の詠んだこの歌は、奈良の平城宮の様子を歌ったものだが、のちの京都・平安宮の清涼殿の前庭にも呉竹《くれたけ》、南には河竹《かわたけ》が植えられていたことが知られる。

五月《さつき》ばかり、月もなういとくらきに、「女房やさぶらひ給《たま》ふ」と、聲々していへば、「出でて見よ。例ならずいふは誰ぞとよ」と仰せらるれば、「こは誰そ。いとおどろおどろしう、きはやかなるは」といふ。ものもいはで、御簾《みす》をもたげてそよろとさし入るる、呉竹なりけり。「おい、この君にこそ」といひたるを聞きて、「いざいざ、これまづ殿上にいきて語らむ」とて、式部卿の宮の源中將、六位どもなど、ありけるは往ぬ。

（『枕草子』第一三七段）

『枕草子』の一節である。長保元年（九九九）五月末の月のない闇夜に、御簾の中に差し入れられた呉竹を見て、清少納言がとっさに「この君」と竹の別名で応じた機知と博識に、殿上人が驚き、感心する場面である。

竹のことを「此君《しくん》」というのは、唐代に房玄齢《ぼうげんれい》・李延寿《りえんじゅ》らによって編纂された歴史書『晋書』の「王徽之《おうきし》伝」に、王徽之が住居に竹を植えたのは何故か、と問う人に、

白楽天

何ゾ可ケン㆔一日モ無カル㆓此ノ君㆒耶ト

と、答えたことに由来している。「一日として此の君がいなくては暮らしていけない」との意で、「此の君」とは竹のことをさし、それほど竹を友として親しんでいることの喩《たと》えである。その故事を清少納言が知っていて、とっさに「この君」と口にしたことに、男どもは驚嘆《きょうたん》したのである。

そのほか、竹にはいくつかの異名がある。その中でも、「此君」に並び、よく使われる言葉が「吾友」である。竹を「吾友」と呼んだのは、中唐の詩人・白楽天《はくらくてん》（白居易《はくきょい》）であった。ちなみに、王徽之は、『蘭亭序』で名高い王羲之《おうぎし》の子である。したがって、四世紀の人である。また、白楽天は八世紀の生

まれで、日本でいえば平安時代初期に活躍した人である。白居易は、貧しい家の出ながら、勉学に励み、官吏となり、詩人としての名声をも得たのである。そして、日本において、ことに平安時代の王朝文化の中で、白居易の平易な詩は人気が高く、もてはやされていた。よって彼の愛した竹も、平安貴族たちの憧れであるとともに、大切にされていた側面もある。

この白楽天の詩を多く集めた『和漢朗詠集』巻下に「竹」の項目がある。その冒頭には、白楽天の七言の詩から二句が載っている。

竹

煙葉朦朧《えんようもうろう》トシテ浸ス二夜ノ色ヲ一　風枝蕭颯トシテ欲ス二秋ノ声ニナムト一　白

上の句の煙葉朦朧とは、竹の葉が煙るように茂って、あたりが暗い様子のこと。その結果として、竹林には、まるで夜のような雰囲気が漂うという意味になろう。下の句では、竹の枝が風に吹かれて寂しい音を立て、もはや秋かと思われるほどであると、上の句を受けている。そして、これからの詩の展開を期待させる二句である。

かように『和漢朗詠集』では、漢詩のサビの部分を抜き書きにして提示している。貴族は、それを宴席での遊びに朗詠して楽しんでいたのであろう。

続いて、「竹」の二行目は、唐の詩人、章孝標《しょうこうひょう》の七言の詩の二句。

阮籍《げんせき》ガ嘯《うそぶ》ク場ニ人歩ムレ月ニ　子猷ガ看ル処ニ鳥栖ムレ煙ニ

阮籍とは、竹林の七賢人の一人。その阮籍が詩を吟じた場（竹林）に、人は月影を求めて徘徊している、というのが、上の句。そして、下の句の子猷は、王徽之のこと。つまり、下の句では王徽之が見て楽しんだ竹林に、今では鳥が竹の葉の生い茂ったあたりに棲みついているという意味が続く。

「竹」の三行目からは、日本人の漢詩が載っている。

晋騎兵参軍王子猷　栽エテ称ス二此君ト一　唐太子賓客白楽天　愛シテ為ス二吾友ト一　篤茂

作者の藤原篤茂は、平安時代中期の人。この詩文の意味は、晋の将軍の参謀であった王徽之は竹を栽えて「此の君」と称し、唐太子賓客（官名）であった白楽天は竹を愛して「わが友」といったという内容である。

迸筍《ほうじゅん》未ダ抽デズ二鳴鳳ノ管ヲ一　盤根《ばんこん》纔《わず》カニ点ゼリ二臥龍ノ文ヲ一　前中書王

この詩の作者は、醍醐天皇の皇子・中書王である。上の句では迸筍、つまり、伸び盛りの筍《たけのこ》もまだ鳳凰の鳴くような笛の管にはなりえず、ときて、下の句の盤根、つまり、地上に這う竹の根もようやく龍が臥している模様をところどころに見せはじめたばかりである、の意。

さて、「和漢」とあるからには、漢詩に対する和歌が存在する。

しぐれ降る音はすれどもくれ竹の　などよとともに色も変わらぬ　兼輔

三十六歌仙の一人、藤原兼輔の作である。時雨が茂った竹の葉に音を立てて振っている、それでも呉竹はいつも変わらず美しく、瑞々しい色を湛えている、という歌である。

ところで、有職故実の辞典を調べてみると、「呉竹」は「甘竹」とも書き、「河竹」は「苦竹」とも書くので、今風にいうと「呉竹」は「ハチク（淡竹《はちく》）」、「河竹」は「マダケ（真竹《まだけ》）」と解釈してよろしかろう。いずれにしろ、宮中での竹や竹林は、中国文化を思い起こさせる園芸品として大切に扱われ、栽培されていたのである。

六、竹の生態を知る

だいたい、竹というものは、野において限りなく繁殖していくものではない。巨大な竹林（樹海のような）は、存在しない。人の手によって栽培されて増えてきたので、竹は人里に近いところに林をつくっている。であるから、竹の存在は、人間にとって目につくものとして、実際よりも多く感じるのではないかと思う。

竹は、水はけのよい温暖の地を好む。かといって、陽光があたり過ぎてもいけないし、あたらないのもよろしくない。半日陰の状態が好ましい。考えてみると、結構気難し屋である。中世以降、栽培方法を知った庶民が、この気難し屋の植物を身のまわりに植えはじめたのは、竹がそれだけ利用価値の高い植物だったからにほかならない。その甲斐あってか、中世末期から近世前後にかけて、日本は竹の国となっていったと考えられるのである。

ところで、竹は、イネ目イネ科の植物である。ということを、知らない人は多い。教えると、「へぇー」とほとんどの人は驚く。正確に申し上げると、イネ科のタケ亜科ということになる。竹がイネ科に属するのは、花の形態による。といっても、竹は地下茎によって繁殖するので、花はめったに咲かない。たとえば、マダケは約百二十年周期で全国的に一斉に花が咲くといわれている。しかし、ご存じのごとく、竹の花の開花は竹林の枯死《こし》に繋がっている。いや、枯死したように見えるだけで、心配はいらない。やがて、生き残った地下茎から小さな竹が再生し、十年を経ずして、また元の青々とした竹林に戻るのである。こういった生命力も、昔から竹が吉祥にふさわしい植物とされた由来であろう。

ところで、私たちが日常何気なく「竹」と呼んでいるものの中には、「ササ類」の植物がまじっているのをご存じだろうか。普通「ササ」といって思い出すのは、寿司や粽《ちまき》でおなじみの笹の葉で、山野に自生する「クマザサ」「ミヤコザサ」のように、人の腰ぐらいの、背が低く、葉のみが目立つ種類の植物だろう。一方、「メダケ」「ヤダケ」「スズタケ」など、本書ですでに籠の材料として使われると紹介してきた、幹の細い竹も、実は「ササ類」なのだ。といって、読者を謀《たばか》ったわけではない。これらの「タケ」は、幹の高さが四、五メートルに成長し、その幹が利用されてきた歴史があって、長い間、竹と思われてきたのである。

では、「マダケ」「ハチク」「モウソウチク」「クロチク」など、幹が太く、背丈は十~二十メートルにも達するものも多い「タケ類」と、「ササ類」の違いはどこにあるのだろう。学術的には、成長過程において、タケの皮がみごとに落ちて幹が露出するものを「タケ」、生長後も幹に皮が残っているものを「ササ」と分類している。また、生育の北限でいえば、「ササ類」は、熊が出没するような、より寒冷地に適応しているといえる。ちなみに「マダケ」の北限は、北海道・松前とされる。

さて、「タケ類」「ササ類」をあわせると、日本には七百を越える種類があるが、そのすべてについて、ここで語りつくすわけにもいかないので、「三大有用竹」と呼ばれる「マダケ」「ハチク」「モウソウチク」などの「タケ類」の生態について、ちょっと触れておこう。

①「タケ類」は地下茎で繁殖する

竹は、木とは違って、一本、一本が根を張って成長するのではなく、地面の下を網の目のように走る茎によって繋がって成長する。筍《たけのこ》は地中にある茎から春に発生し、二〜三ヶ月でまわりの竹に負けぬ大きさとなる。そして、この成長を支える水分と養分を供給するのが、地下茎である。よって、竹林を絶やそうとすれば、竹を伐るより地下茎を取り除かねばならないわけだ。

②竹の構造

竹の特徴の一つに、幹が空洞になっていることが挙げられる。竹の生長の速さの理由がここにある。筍の時には、短くたたまれていた幹が、成長の時期が来ると蛇腹《じゃばら》を伸ばすように一斉に天を目指すのである。だから、竹には樹木のような年輪はないのだ。また、幹の内側部分には「維管束《いかんそく》」と呼ばれる、細い繊維が何本も通っている。この繊維状の管は、地中の水分を吸い上げ、葉を繁らせ、葉は水分と二酸化炭素を吸収し、光合成をつかさどるのだ。

③竹の寿命

竹はだいたい一年で、ほぼ成長らしきものは終わるが、二、三年かけて幹の内側の肉質がしっかりしてくる。だから、私たちが青竹を伐るとしたら、三〜五年物を伐るのである。それ以上年数が経つと、手入れにもよるが、竹はしだいに衰え、幹に浸みや胡麻があらわれるようになる。また、竹林の端っこに生えた竹は、陽の光によって半分、色変わりしたりするが、これは茶人の眼からすれば好ましい変化、つまり「景色」と呼ばれたりすることもある。そして、十年から、長いもので二十年ぐらいが寿命とされている。

④「マダケ」「ハチク」「モウソウチク」の違い

平安時代には「マダケ」は「河竹《かわたけ》」、「ハチク」は「呉竹《くれたけ》」と呼ばれた。どちらも日本古来の竹といわれるが、私は松や梅と同じく、渡来の植物と考えている。『古事記』や『万葉集』にあらわれる「タケ」は、おそらく「ササ類」であると思う。そして、平安時代末期から鎌倉時代にかけて、「タケ類」は荘園の崩壊をきっかけとして、その栽培法が広まり、室町時代には日本中に広まったのだろう。茶人はこの竹を愛した。ことに「マダケ」は、籠花入・竹花入・茶杓、そして、茶室・茶庭・

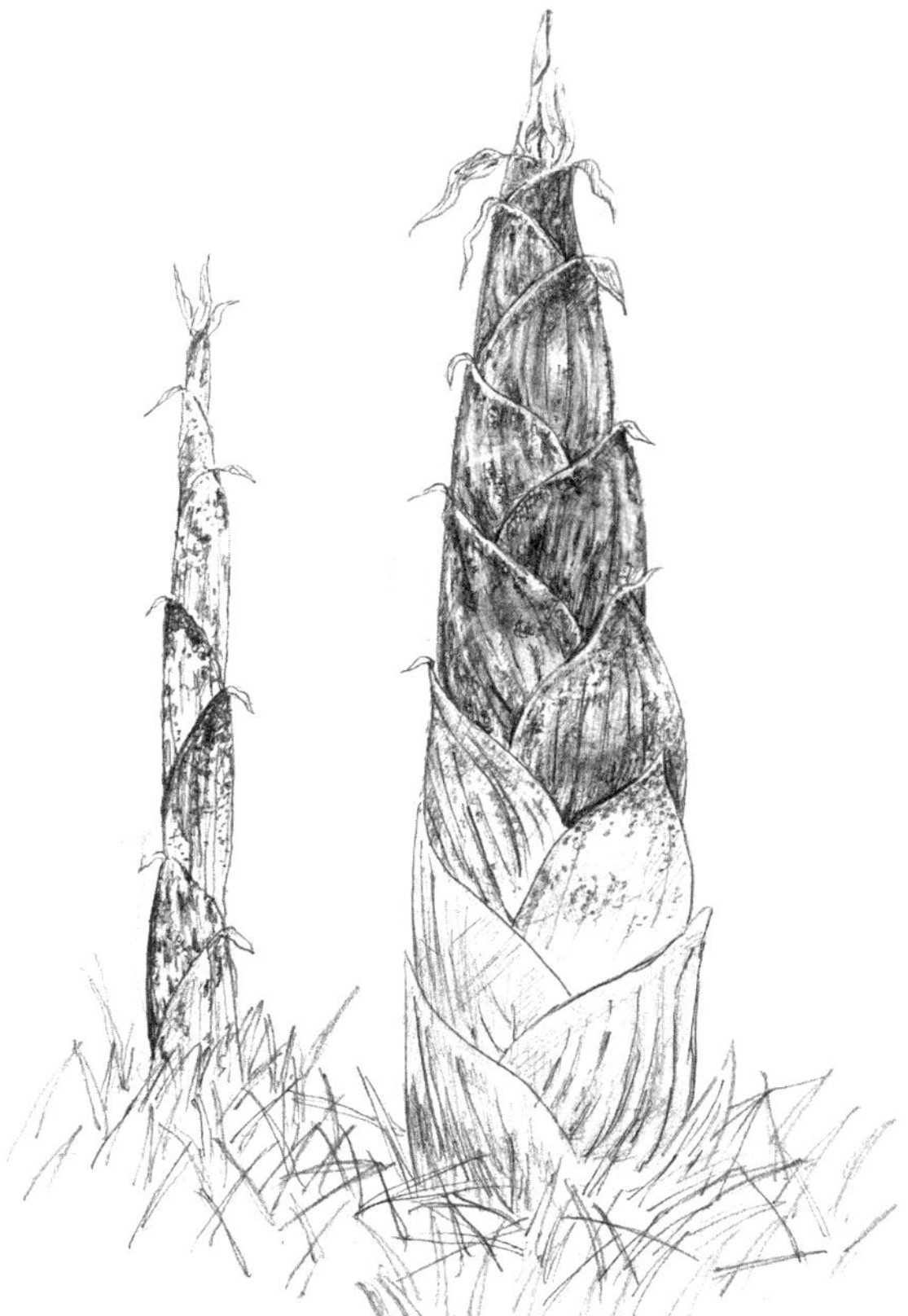

モウソウチクの筍

垣根・塀などに利用されてきた。

一方、「ハチク」も茶に用いられた。ことに茶筅のほとんどは「ハチク」でつくられている。では、いちばん大形の竹である「モウソウチク」はどうなのか。実は、「モウソウチク」が日本に渡来したのは、江戸時代中期になってからのことなのだ。つまり、利休の竹花入が「モウソウチク」でつくられることは有り得ないのである。事ほど左様に、映画などを鑑賞していると、戦国武将が「モウソウチク」の林で立ち回りなど、「あれ？」という場面に遭遇することが少なくない。茶の道具としては渡来して以後、「マダケ」に劣らず利用されているが、「モウソウチク」の何よりの利点は、筍が大形で美味なことだろう。「マダケ」は「苦竹」と書くくらいで、食用にはならない。「ハチク」の筍は美味だが、細く、生産量も少ない。食用に関しては「モウソウチク」の一人勝ちである。

そして、竹林に出合って、それが「マダケ」か「モウソウチク」かを確認したかったら、まず、その節が一重か二重かを確認し、幹がつやつやとして二重であればマダケ、一重で節の下に白い粉がついていれば間違いなくモウソウチクである。さらに、上を見上げ、葉の繁り方を見ることである。鬱蒼《うっそう》としていたら、モウソウチクの林であろう。つけ加えれば、「ハチク」は、マダケに似ているが、笹は細く、幹全体に白い粉がついたような淡い緑色をしている。

七、竹工用の鋸

竹芸という和の仕事をしているわりには、私が生まれた家の暮らしぶりは洋風であったと思う。応接間にはソファーとテーブル、そして洋家具が置かれ、居間にはピアノ、壁には油絵といった具合である。朝食もご多分にもれず、トーストと紅茶にミルク、目玉焼にハムかベーコンと野菜サラダにチーズという構成で、ほかにトーストに塗るバターやジャム、サラダ用のマヨネーズと目玉焼用のウスターソースなどが並び、テーブルの上が大変賑やかであったのを覚えている。のちに健康を考慮して、朝食のメニューはずいぶん変わったが、まるでホテルのレストランで摂るブレックファーストのような内容であった。この朝食、実は、私の好みではなかったので、自分で家庭を構えてからは、朝食は和食中心に摂っている。そのせいか、私が目玉焼などを家庭で食べる機会は確実に少なくなっていた。

ある朝、我が家としてはめずらしく洋風の朝食が出され、目玉焼がテーブルに載せられた。何気なく私はウスターソースを探したが、テーブルの上には醤油しか見当たらない。そして、子どもたちが目玉焼に醤油をかけて食べようとしているのを見たのである。生まれてこのかた、目玉焼にはソースと思い込んでいた私は、びっくりして子どもの行為を批難したが、家内までもが「目玉焼には醤油が美味しい」と反論するので、二度びっくりしてしまった。どうやら家内の実家では、目玉焼には醤油が当たり前であったらしく、子どもにもその流儀が伝えられていたことに、私は不覚にもこの時初めて気づいたのである。あとでわかったことだが、目玉焼に醤油をかけて食べる人は、意外と多いらしい。むしろ、私のようなソース派は劣勢のようだ。もちろん、胡椒と塩という人もあるだろうが…。

　このように、生まれ育った環境で当たり前に行われている行為が、思いがけず世間様とずれていることに気づかずにいる事例は多い。

　たとえば、鰹節の削り方である。今はあまり見かけなくなったが、昔は各家庭に鰹節削り器があった。簡単にいえば、大工道具の鉋《かんな》を逆さに載せた木箱に引出しがついたようなものである。この鉋の刃に鰹節をあてて削れば、削り節が木箱の引出しに落ちてたまる構造になっている。ある時、「あなたの家では鰹節を削る時、押しますか、引きますか？」という、バカバカしいアンケート調査がラジオ番組の中で大まじめに行われていたことがあった。私は自分の体験から、引いて削るのが当たり前で、押して削るなんて危険だし、不自然だと思っていたのだが、意に反し、結果は逆の答えを教えてくれた。六対四の割合で押して削ると答えた家庭が多かったのである。醤油といい、鰹節といい、私は自分の常識が少数派に属していることを思い知らされたことになる。

　前置きが長くなったが、ここから本題に移るので、本を閉じないでほしい。

　竹花入も籠花入同様、茶人にとってはなじみ深い茶道具である。自然の竹の姿をそのままに生かした風趣は、青竹にしろ、古竹にしろ、茶味横溢し、花入として一種の極致を示すが、単純で簡素なその造形は、茶人の創造的なイメージにより生み出されるものである。そして、そのイメージを具体化するには、鋸《のこぎり》の力を借りねばならない。竹を伐る鋸は「竹《たけ》挽《び》き鋸《のこ》」という。

　鋸は、はじめは青銅でつくられた。古いものでエジプトの第四～六王朝（紀元前二六一三年～

二一八一年）時代から、中国では殷代に銅でもつくられた。漢代に鉄製鋸が生まれ、日本でも古墳時代には鉄製のものがあったと推測されている。

竹挽き用の鋸がいつから使われはじめたかは明らかではないが、マダケのような太い竹が各地に移植され、建築材として用いられた時代からのことであろう。木工用の鋸と竹工用の鋸の違いは、竹工用の鋸のほうが身が薄く、刃が細かい点である。ことに竹花入を伐るには、固く艶のある表皮を裂かぬようにするために専用の鋸が不可欠である。花入の姿を竹にイメージし、その寸法を表皮に描いたら、その線上に竹挽き鋸の刃をあてて、表皮がはじけないように竹を回しながら慎重に鋸を挽いていく。そして、一本の線が竹を一周して、余分な竹を伐り落としていくのである。この時、鋸の刃を手前に引いて伐る方法と、前方に押しながら挽く方法の二通りがある。木工用の鋸は日本では

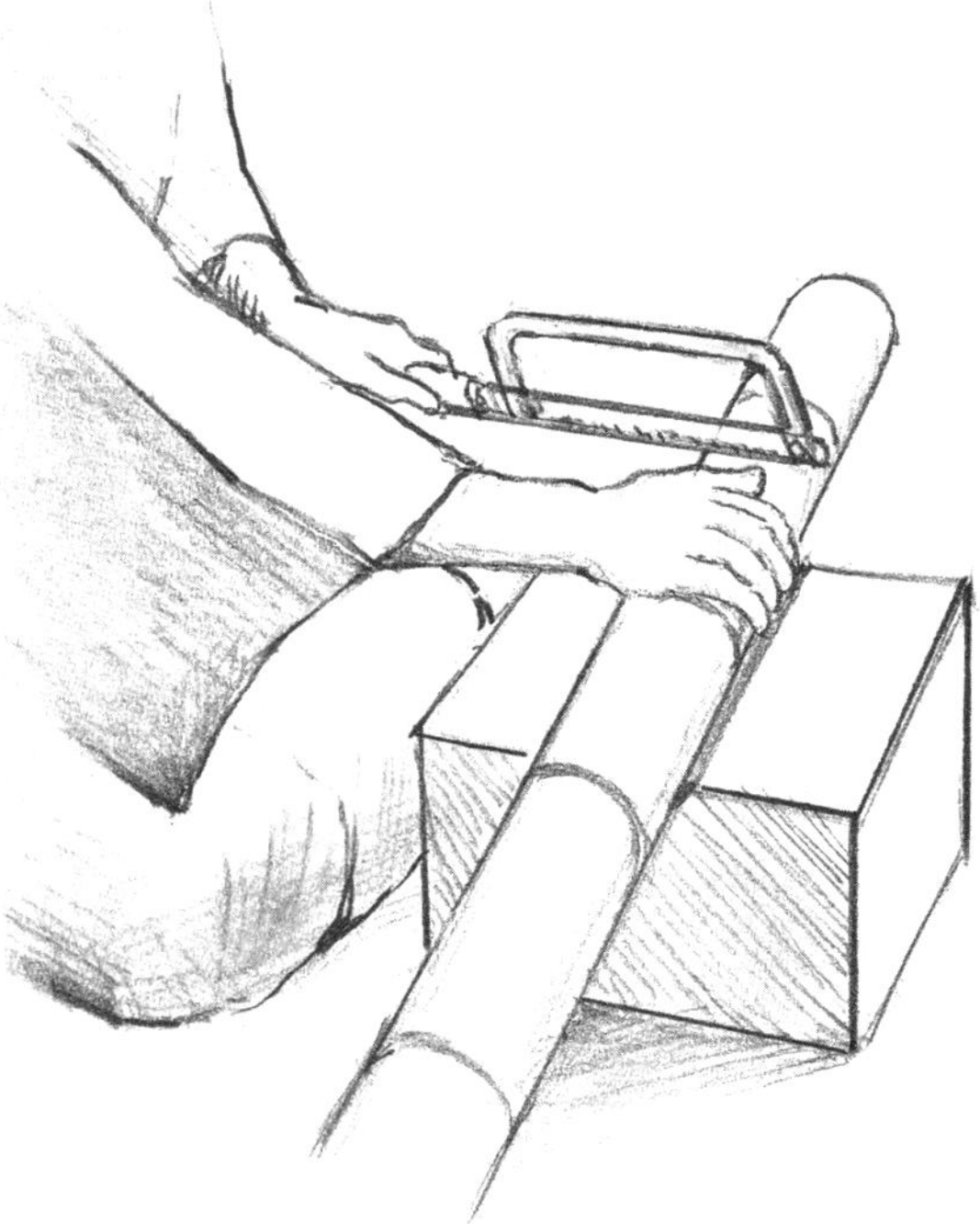

竹挽き鋸を使って竹を伐る（筆者は左利きである）

引いて伐るのが普通だが、竹工用の鋸には「押し挽き」という、前方へ押しながら挽く方法を取るものがある。茶会で用いる竹花入のような美竹は、少しでも表皮が裂けてしまったら、道具としてはキズものとなる。竹工用の「押し挽き鋸」は、その危険を少なくするために専用につくられたものなのだ。竹挽き鋸には、ほかに「両歯」といって、前後に挽けるものもあり、それぞれ一長一短がある。私はというと、実は「引き挽き」を利用することが多い。それは、代々慣れ親しんだ鋸が、たまたま引き挽き用であったためである。

押し挽き鋸の存在を知ったのは、二十歳《はたち》の頃。立派な鋸が何本かほしいと思い、紹介された京都の専門店に行った時のことである。試し伐りをさせてもらうことになり、私が鋸を挽きはじめると、店主が慌てて「引いてはアカン」と、止めに入った。そこで、いわれるままに押して伐り、引いてからまた押して伐ると、なるほどよく伐れるし、竹の皮も荒れにくい。店主は「京都では押し挽き鋸を使わはる方が多い」と教えてくれた。それ以降、私は使い慣れた「引き挽き」のほかに「押し挽き」を用いるようになった。そして「両歯」を加えて、三本の鋸を竹により使いわけている。また、私は左利きなので、左利き用の鋸も持っている。

八、竹花入のはなし

「籠花入のはなし」同様、茶の湯における竹花入の話になるので、よくよくご存じの方は読み飛ばしてもらっても支障はない。

①竹花入のはじまり

竹花入が茶席で広く用いられるようになるのは、千利休の最晩年、桃山時代は天正年間（一五七三～九二）になってからのことである。利休以前にも竹の花入はあったが、それは雑器の花の器としての存在であった。例をあげれば、後崇光院の日記『看聞御記《かんもんぎょき》』には、永享八年（一四三六）の七夕の花会において良賢という僧が花を見事に立てた時に、その褒美にと将軍家より、扇と「草花二荷、竹筒二立て」を荷車に載せて贈られたという逸話がある。また、古くは鎌倉時代より僧侶が竹筒に花を生けていたともいわれている。しかし、花道の世界においても、茶道の世界においても、まだ竹筒をハレの道具として好むには至っていない。雑器として使い捨てられていたのである。

では、いつ頃から竹花入が茶席で使われはじめたかというと、竹花入の始祖を利休の師・武野紹鷗に求める研究者は多い。しかし、表千家四代・江岑宗左の覚書である『江岑夏書』には「一、花入竹ノ筒事、紹鷗作と申候ハ無事《なきこと》也、利初ニ候」と記されている。また、同五代の随流斎の覚書『随流斎延紙ノ書』には「一、たけ置花入、無事なり、紹鷗たけ置花入とて、片桐石見守切被申候しとなり」とある。前者は竹花入の利休開祖説を記し、後者は当時から存在していた紹鷗の竹花入に対して否定の立場を取る。どちらも共通していえるのは、紹鷗作に対する強い拒否反応である。さらに、了々斎（表千家九代）は利休三筒の一つ「尺八竹花入」（裏千家蔵）の第三箱の蓋裏に、「花入之開祖　名物三筒之内随一也」と記して、念を押している。ただ、私が現存する紹鷗作とされる竹花入を検証した結果、尺八型のもの、一重切に近いもの、それぞれに古作の雰囲気を有している。竹蓋置を創始した紹鷗に、竹の花入があってもおかしくはない。次に、気になる紹鷗所持の竹花入について書いてみたい。

紹鷗所持に「洞切《ほらぎり》」（香雪美術館蔵）という名の竹花入がある、元来は竹檠《ちくけい》としてつくられていたらしく、竹に少し焦げの跡が残っている。この正面の黒い焦げが灯明台に用いられた時の名残りで、見所となる。いわゆる、見立ての竹花入である。花窓は団扇型にくり抜かれていて、「洞切」の銘は、その花窓の形によるもの。竹の時代色には大変深みがあって美しく、手に持つとずっしりと重い。内箱には天室宗竺が漢詩を、外箱には藪内家十代の休々斎が極書《きわめがき》をそれぞれ残している。

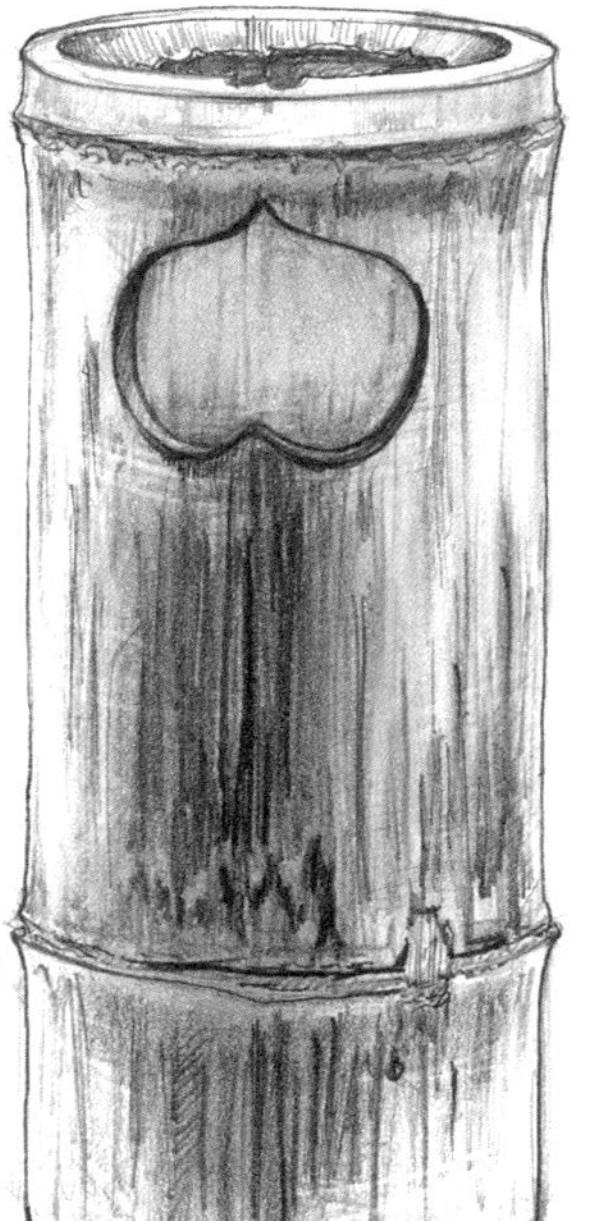
武野紹鷗所持　洞切竹花入

紹鷗は果たして本作を花入として用いたのだろうか。あるいは、紹鷗が愛用していた竹檠に、のちの世に手を加えて竹花入としたものなのか、未だ結論は出せないが、紹鷗的なるものが感じ取れる造形であると、私は思っている。

②利休の竹花入

天正十八年（一五九〇）三月、関白秀吉は大軍を発し、小田原の北条氏を籠城に追い込んだ。この時、千利休も鎧兜に身を固め、軍馬にまたがって従軍したと伝えられている。この小田原陣中で、利休は茶席の花入に新たなる創意を見せる。いわゆる「名物三筒」の誕生である。「尺八」「園城寺」「よなが」の三筒を利休の名物とし、竹花入の嚆矢とするのは、いわば常識とされてきた。

しかし、私の眼で見る限り、「三筒」の完成度の高さは並のものではない。ことに「尺八」の花入は試行錯誤の末にあらわれてしかるべき、究極の姿であると思う。利休作の竹花入のはじまりをこの一作とするのは、利休最後の茶杓、銘「泪」を利休の処女作として扱うに等しい居心地の悪さを感じる。遡ってみれば、利休以前から竹は、花の器として使われてはいたし、茶席においても、水屋の花溜として、竹の容器は使用されていたであろう。茶人同士が花を入れた竹筒を贈答することも行われていた。竹花入は、茶席の床の間を飾るべき要素を常にはらんでいたと考えたい。そして、利休は竹花入の美を完成したと捉えたい。

そして、利休作の三筒が生まれる三年も前の、豊臣秀吉作とされる竹花入で、「大会《だいえ》」（裏千家蔵）という銘を持つ一作がある。秀吉らしい豪快さと、おおらかさ

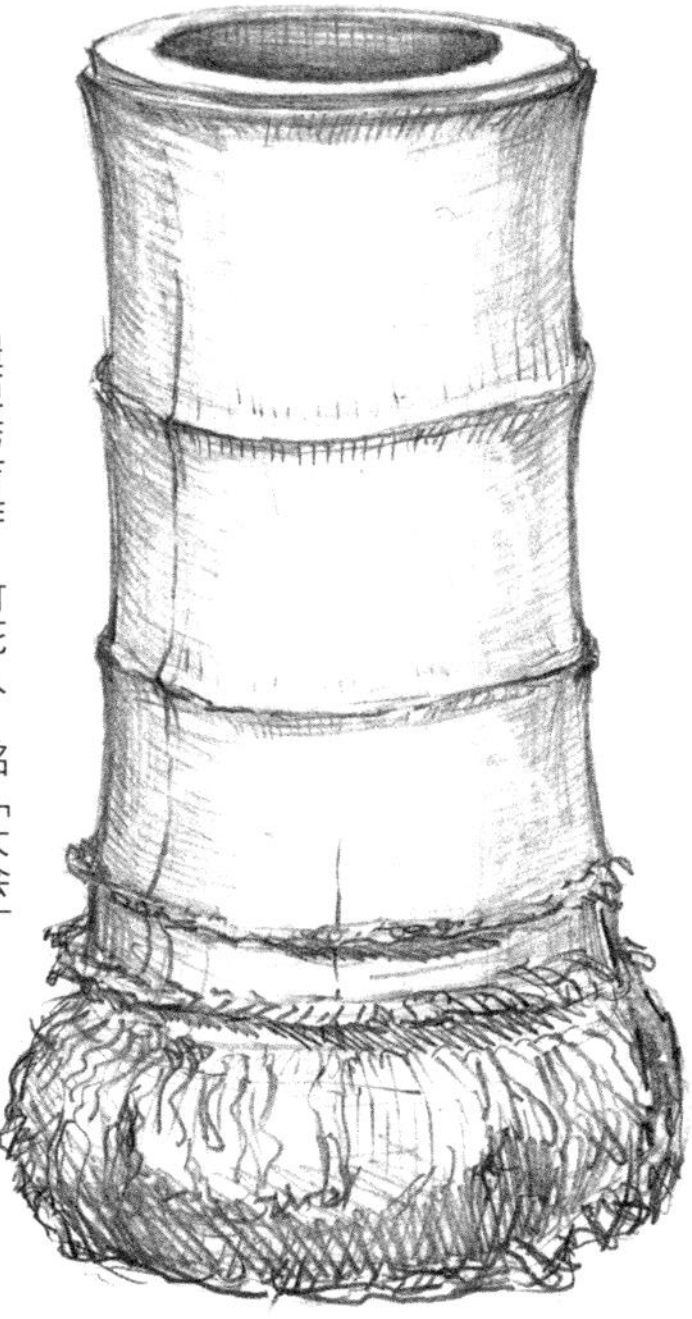

豊臣秀吉作　竹花入　銘「大会」

を見せるこの作は、「豊太閤より利休居士拝領」という伝来を持っている。竹を土中から掘り起こし、五節を残して寸切《ずんぎり》にした堂々たる根付きの竹花入である。北野大茶湯の頃の作、つまり、天正十五年(一五八七)の作とされている。この花入が本当に秀吉の作だとすれば、利休開祖説は覆ることになるのだが、さて…。

❖尺八の美

昭和五十五年(一九八〇)、東京国立博物館において「茶の美術展」が開催された。当時、よくこれだけの茶道具を一堂に集めたものだと感心したが、学生時代の感動は今も残っていて、わからないなりにも見ておくものだと思う。その時、いちばん私の記憶に残ったのが長次郎の黒樂茶碗と、利休の「尺八竹花入」であった。樂茶碗のよさは私がいうまでもないが、「尺八」の即興と思われる、竹の節の上・下を寸切にしただけの造形に、何故、記憶に残る魅力があるのか、当時の私には不思議であり、解けない謎であった。「尺八」は、秀吉の小田原滞陣の折、千利休が伊豆の韮山の竹をもって、つくったといわれている花入である(『茶話指月集』)。そして、太閤に献上されている花入である。利休にとってよほどの自信作であったから献上したのに違いないが、単純、簡素極まりないこの花入

千利休作　尺八竹花入

の価値がどこにあるのかは、造形の上からだけでは語ることができない。

私が尺八型の竹花入をつくるようになったのは、本作を実見して自分でもつくってみて、その価値を知りたいと思ったからである。ただし、つくればつくるほど尺八型花入の難しさを感じているのも事実である。試行錯誤なくして、あるいは多数の試作なくして本作の美には近づけないし、己の力量のいたらなさを感じるばかりである。

造形について申せば、「尺八」は竹を逆さに伐っている。韮山のマダケではあるが、伐った時点ではすでに青竹ではなく、枯竹であったのではないかと思う。太さは十一センチ、高さは二十七センチの肉質の粗い竹である。鋸は挽いたまま。伐り口は平滑ではない。古作の竹花入にはよく見られる技法である。当時は即興に青竹で花入がつくられていた名残りであろう。竹は正面から見ると、節を境にして上下が逆方向へねじれるように歪んでいて、力強さを感じさせ、節の位置はやや低いので、動きのある造形に落ち着きを与えている。また、表皮に残る縞状の景色は当初からのものと思う。でなければ、利休はこの竹を選ばなかっただろうと思うくらいに、この景色は花入に躍動感を与えている。

利休自刃ののちに秀吉は、この花入を投げ捨て、欠けができたという伝説がある。そのキズは花入の裏面に残るが、天下人をそこまで熱中させた花入とすれば、それはそれで利休の力であろう。「尺八竹花入」は利休最晩年の茶境をみごとに具現しており、すべての虚飾を捨て去った姿は、利休その人に会う心地がするが、ゆえに尊く、余人にはつくり得ない高みに存在するのではないだろうか。そうでなければ、青磁や胡銅の花入の替わりに床の間に掛けられはしないはずである。捨てられた「尺八」は、秀吉のお伽衆の一人、山岡（住吉屋）宗無が貰い受け、江戸時代初期には堺の伊丹屋宗不などを経て、天下の名物となった。

❖園城寺――一重切の原点

一重切は伝世品の数も多く、もっとも親しまれてきた竹花入の形といえるが、利休作の一重切竹花入、銘「園城寺」（東京国立博物館蔵）は、その原点である。銘の「園城寺」とは、滋賀県・大津にある天台宗寺門派の総本山・三井寺の正式名である。そして、その大鐘は近江八景の一つとして名高く、武蔵坊弁慶が転がしてできたという伝説を持つ、ひび割れが鐘にあることから、本作の正面に見える割れを、鐘の「ひびき」あるいは「ひび割れ」に見立てて名づけたものという。ただ、私もこの鐘と竹花入の関係を知りたくて、三井寺に足を運んだことがあるが、イメージ的にいえば、両者に繋がりはあまり感じられなかった。

千利休作　一重切竹花入　銘「園城寺」

さて、この正面の割れを、竹材店では「石割《いしわ》れ」と呼び、茶人は「笑《え》み」と表現する。太い竹の根に近い部分にのみ生ずるこの裂け目は、竹の生長過程において、稀にあらわれるものだが、利休の眼はそこをみごとに伐り取った。まさに会心の作であったに違いない。

私が初めてこの花入を手に取った時に感じたのは、意外な軽さとガラス越しではわからぬ美しい色合いであった。高さは三十三・四センチ、太さは十・五センチで「尺八」より若干細い。正面から見るとまっすぐで、横から見ると「く」の字に曲がった、肉厚な竹である。やや裾広がりの底からすぐに節があり、筒の中ほどにもう一節ある。一重切の特徴である簡素な花窓をはさんで、上の輪の天辺は次の節に近い場所で伐られているためか、かすかに広がって、花入全体の印象を引き締めている。正面の位置、太さに対する高さの比率、節の数と位置、花窓の広さと上の輪の幅、それを繋ぐ柱の幅とのバランスなど、隅々に利休の隙のない曲割《かねわり》の厳しさが感じられる。「園城寺」は少庵、宗旦と伝えられ、のち江戸深川の材木問屋・冬木家から松平不昧公の愛蔵するところとなった。

付属物には有名な「武蔵鐙の文」がある。

むさしあふミ　さすかに道の遠けれは

とはぬもゆかし　とふもうれし、

とは、その冒頭に記された狂歌で、利休筆のこの書状は、天正十八年（一五九〇）六月二十日に武蔵国を転戦する古田織部へ宛てられたものだ。また、同消息文中には「花筒近日相候由　本望に候」「一、筒ふしきのを切出し申し候　早望無之候」などと記されている。利休が織部と竹花入をやりとりするさまは、戦場においても風流心を忘れない茶人の心意気が感じられる。

さて、「園城寺」は伊豆半島にある、韮山《にらやま》の竹でつくられたといわれている。韮山には城があり、秀吉の小田原攻めの時は北条氏規によって西の守りを固め、三ヶ月の間、城は落ちなかった。この時、秀吉は兵を損ずることを嫌い、兵糧攻めに徹し、陣中では茶会などを楽しみながら、城が落ちるのを待ったという。従軍していた利休も「武蔵鐙の文」にあるごとく、竹林に良材を探しながら時を過ごしたものと思う。

茶聖利休を慕う者にとって「園城寺」は利休そのものである。そして「写し」をつくることは、追い求める利休の心に近づく、一つの方法でもあった。その写しとおぼしき竹花入は、宗旦、杉木普斎、江岑などに見られ、松平不昧には「晩鐘」「たそがれ」「入相」と名づけられた三点の「園城寺写し」が存在する。最近、私は静嘉堂文庫美術館所蔵の不昧作の「園城寺写し」を一点見出した。いずれも正面に「笑み」を据えた肉厚の苦竹である。「写す」ことで一歩でも利休の心に近づきたいとの思いからのことであろう。

❖夜長か節長か？

「よなが」（藤田美術館蔵）を初めて実見したのは、もうかれこれ三十年前になる。大阪の網島町にある藤田美術館は、明治時代の大実業家で男爵の藤田傳三郎と長男の平太郎・次男の徳次郎のコレクションを所蔵し、国宝九件、重要文化財五十件を含む五千点におよぶ大規模な施設で、名品揃い。その中に「よなが」も含まれている。展示館は藤田家の跡地にあった蔵を改装したもので、ややほの暗い室内は「よなが」のような竹花入を鑑賞するにはほどよい環境であったように記憶している。

初めて見る「よなが」の肌は、こってりとした飴色の表皮が印象的であった。筒の高さは四十五センチほど。筒のタテ・ヨコの比率と節の置き場所、花窓の位置など、動かしがたいリズム感があって、さすがである。惜しむらくは、竹の肉が薄いため、数ヶ所に割れと繕いが見られることで、竹花入の保管の難しさを感じる。

「よなが」は二重切の嚆矢とされている。二重切とは一重切の下にもう一つ花窓を開けた竹花入の総称で、節は二つか三つ、太さは十センチ前後の背の高い形に特徴がある。利休は「尺八」を秀吉に献上し、「音曲」(一重切)を古田織部に贈り、「園城寺」を少庵への土産にしたと伝えられている(『江岑夏書』『茶話指月集』)。しかし、この「よなが」は、利休自らも使用しており、『利休百会記』によると、天正十九年(一五九一)一月の茶事に「よなが」の名が記されている。

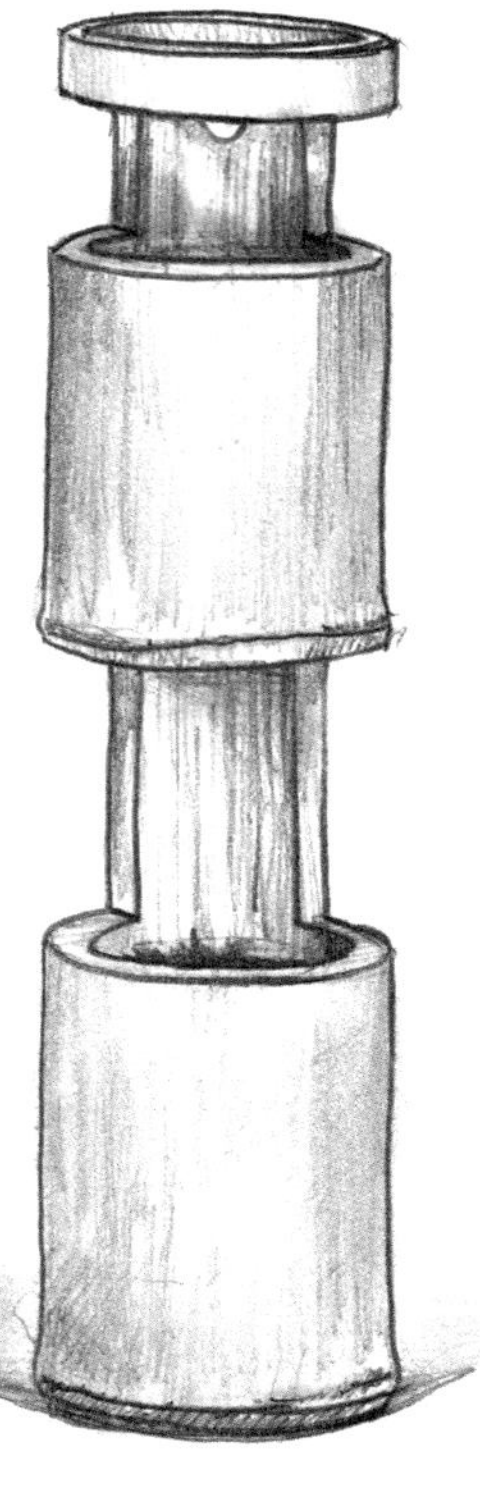

千利休作　二重切竹花入　銘「よなが」

「よなが」の銘の由来はいくつかある。一つは、小田原攻めの折に陣中の兵卒の竹枕から見立てたゆえに、陣中の夜長を意味するとの解釈。もう一つは、竹の節から節への間隔を「節《よ》」と呼ぶことにかけて、太閤の世《よ》の長久を祝った銘との解釈(『茶湯古事談』)である。「よなが」は利休亡きあと、宗旦に伝わり、随流斎の時まで千家にあった。その後、市井に出たのちに藤田家の宝となったのである。

ところで、二重切の竹花入は、利休の水屋用の花切溜からの転用であるとの伝が、藤村庸軒を相伝者とする「生花之伝」(岡田幸三氏翻刻)に左のごとく記されている。

二重筒ハ　利休の勝手花生也　然るを　座敷へも出されしとなり

竹花筒は、もともと使い捨てられていたものを草庵の花入にと利休によって取り上げられ、完成されて、主なる道具に加わったといういきさつを考えると、水屋↓本席という道筋は自然で、なるほどと思える。水屋に置かれた雑器の花切溜を見立て、草庵の床の間の花器として完成された姿に仕上げたのは、利休の才能というほかはない。

③遠州の竹花入

小堀遠州は幼名を作介といい、近江の浅井氏の臣であった新介正次の子として生まれた。父の正次は茶の湯をたしなみ、この父のもとで幼い頃から自然と茶の湯に馴染んだものらしい。文禄二年（一五九三）八月、秀長の家臣となり、大和郡山にいた正次は、奈良の松屋久好を自邸の茶会に招いている。当日の会記には花入について「床ニ竹筒ニ白萩」と記されている。八月は旧暦で秋になる。郡山の白萩を自作の竹花入に生けて、遠来の客を迎える父は作介のよき手本であったろう。事実、作介はのちに父と同様の作事に能力を発揮し、生涯をかけて茶に親しんでいる。そして、竹花入に多くの名作を残したのである。

その遠州の代表作といえる竹花入を、三点紹介しよう。

「深山木《みやまぎ》」は、尺八型の竹花入である。利休作の「尺八」とほぼ同寸であり、利休作の影響をその景色や竹の伐りように感じるが、遠州らしい個性ある綺麗さびの花入に仕上げられている。竹は肉厚の良材を用いた美竹である。節は若干高めに置き、かつ上の伐り口を節伐りにすることで、整った美しさを表現するのに成功している。利休作のような桃山のおおらかさは後退しているが、前へ「く」の字に競り出した竹の姿は力強く、より完成度は高められている。銘の由来は「深山木のその梢《こずえ》とも見えざりしさくらは花にあらはれにけり」の歌にちなむ。

一重切の代表作「藤浪《ふじなみ》」（根津美術館蔵）は、根に近い太い竹を逆さに伐っている花入である。節と節の間隔が狭く、上に太く、下に細い。上の輪には節があり、全体に力強く堂々としている。花窓が狭いこと、本体と上の輪を繋ぐ柱の削り込み部分が幅広に正面を向くのは、選び抜かれた良材を用いることとともに、遠州作の特徴といえる。

もう一点は「再来」銘の花入（根津美術館蔵）。この形を輪無《わなし》二重切、もしくは再来切という。遠州の創意により生まれた、利休以後の新しい型《フォルム》である。本作の添幅（再来之記）によると、本作はもと半井《なからい》琢庵《たくあん》（遠州門人）のつくった二重切であったが、遠州はこの花入の上の輪と柱を伐り捨て、見違えるような名品にしてしまったという。遠州の添状にも「花筒再来いたし候、天下一の大人に生替候《うまれかわりそうろう》」とある。竹は胡麻のあるマダケを逆さに伐っている。節は二節であるが、上の伐り口は節に近く、わずかに広がりを見せる。花窓は狭く、上の花受けが重くのしかかる。そのために花入はいっそう重厚な趣を増すのである。

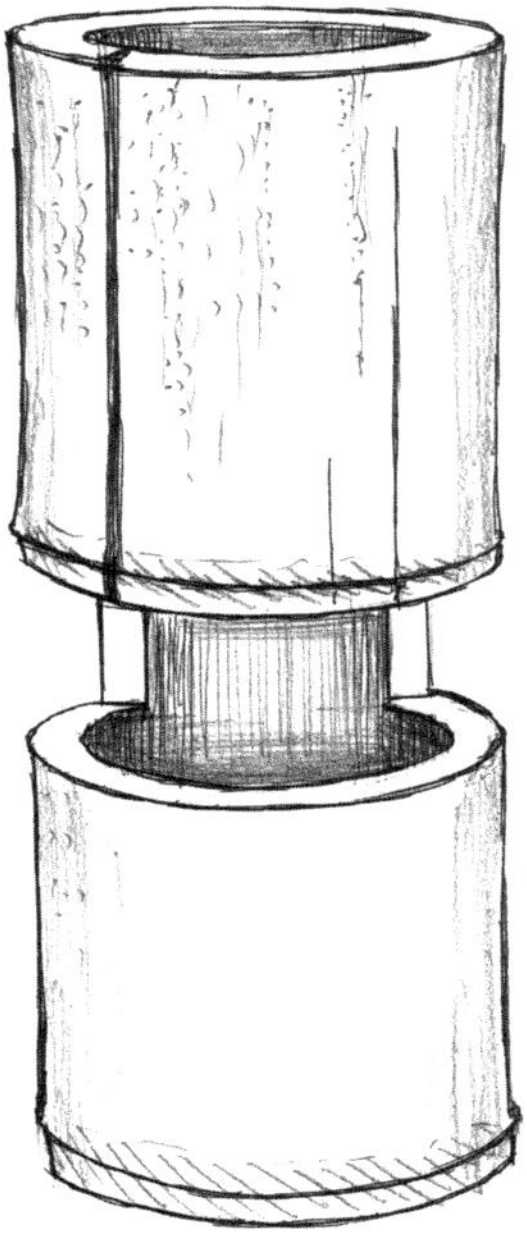

小堀遠州作　輪無二重切竹花入　銘「再来」

④宗旦と舟形の竹花入

宗旦は、千少庵の子として、天正六年（一五七八）に生まれた。遠州よりは一歳年長ということになる。天正十九年（一五九一）、祖父の利休が自刃した折には十四歳で、大徳寺での修行中であった。千家は利休没後数年で再興を許されたが、世は織部・遠州に代表される大名茶の時代であり、利休の跡を継ぐ少庵、あるいは道安には昔日のような活躍の場はなく、忍耐の日々が続いていた。しかし、宗旦が意欲的な人物であったことは、その人物交流や好み、手づくりによる茶道具の多彩さにより知ることができる。

宗旦作として伝来する竹花入の数は少なくない。遠州作の向こうを張るほど多いというべきかもしれない。だが、その作風は遠州のように作為に満ちたものではなく、穏やかである。基本的には利休形を踏襲しているが、利休的な曲割の厳しさは感じられない。宗旦の造形はよく侘びに徹したといわれるが、具体的に申せば、より千家にふさわしい茶道具をつくることで、千家の行く道を示したのではないだろうかと思う。

宗旦作の一重切の代表作に「三井寺」（根津美術館蔵）銘の一作がある。利休作の「園城寺」に似ている。正面にある石割れ、節の位置、花窓と輪の幅、釘穴の高さ等々で、本作が写しであることがわかる。しかしながら、宗旦はより素朴な

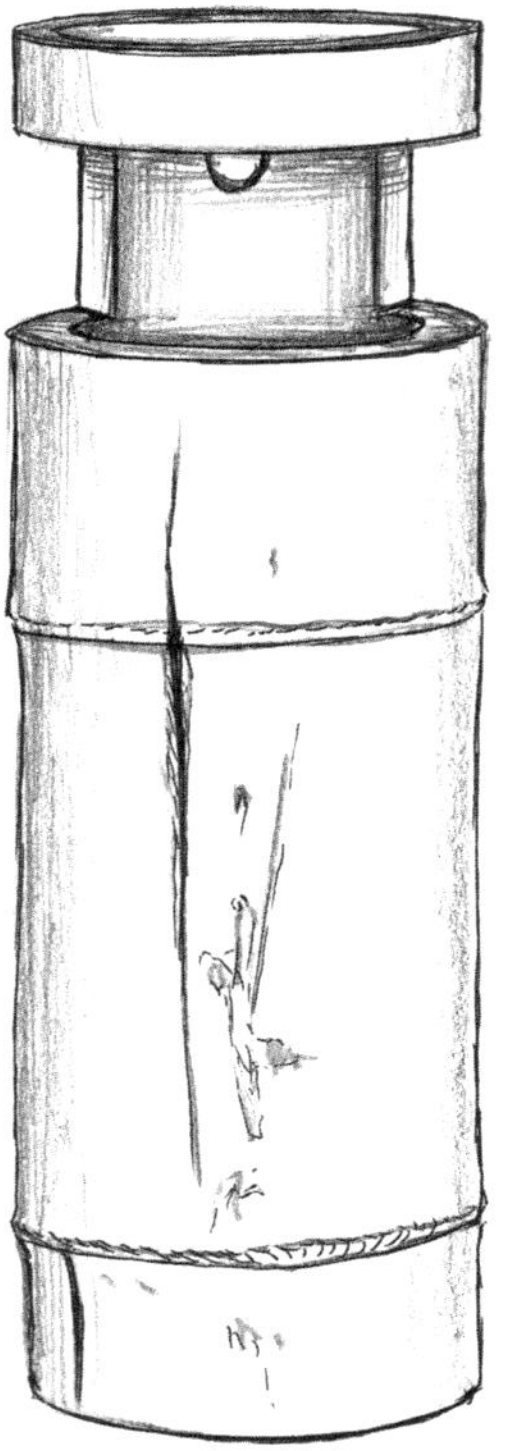

千宗旦作　一重切竹花入　銘「三井寺」

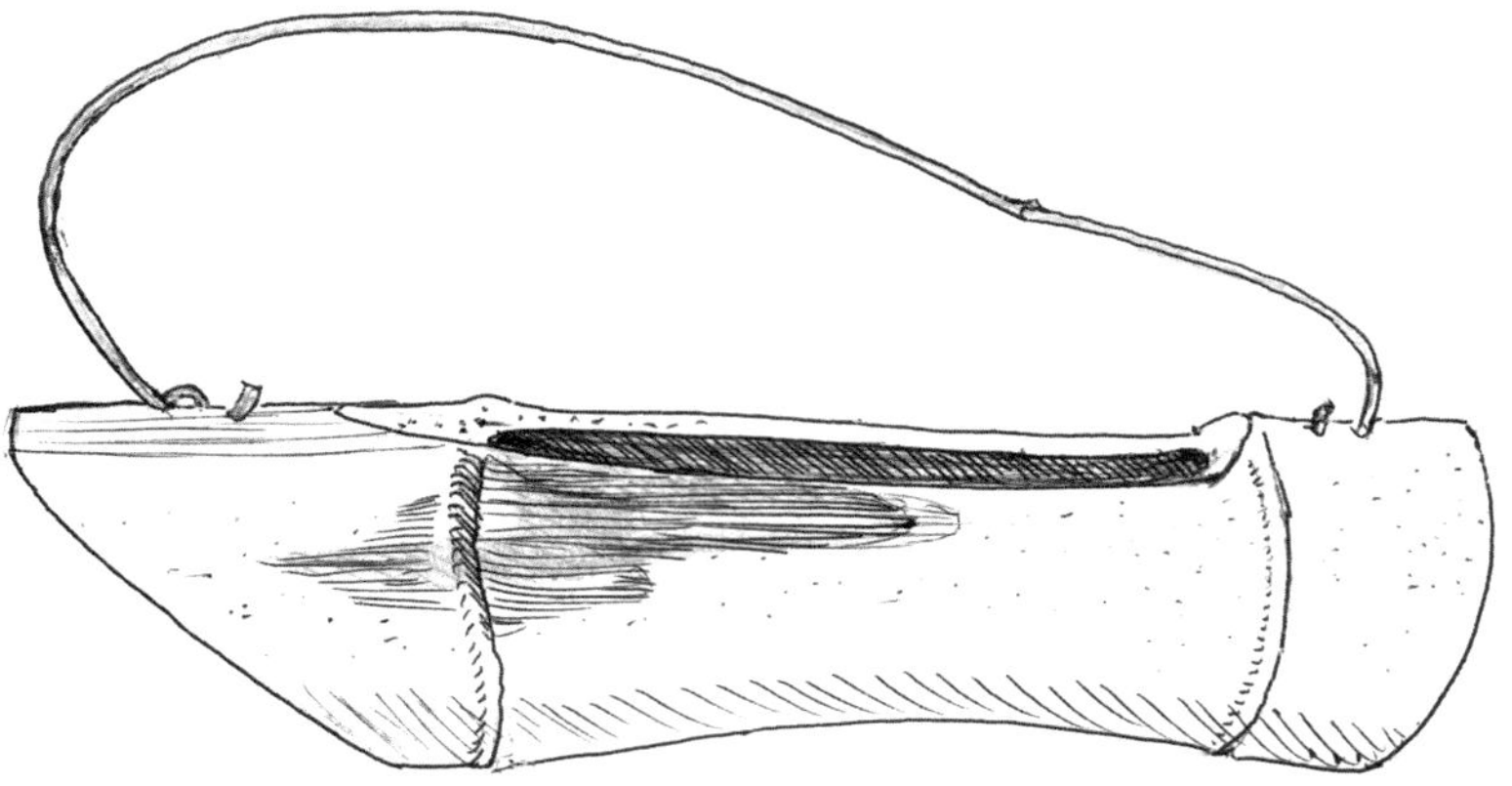

千宗旦作　竹釣舟花入　銘「横雲」

竹を選んで、石割れも正面よりずらすなどの工夫により、己の作風をつくり上げている。

香雪美術館にある「のんかう」も宗旦作として名高い二重切である。利休作の「よなが」とほぼ同寸で、節の置き方も近い。ただ、そこに宗旦らしい竹の選び方、曲割の穏やかさが感じられて、おもしろい。なお、銘の「のんかう」とは伊勢の地名で、その地の竹をもって伐られたものを、樂家三代の道入に贈ったところ、道入はこの花入の銘が自分の通称となるほど愛用したのだという逸話が伝えられている。

さて、宗旦作として、利休にない創意を伝えるものが、舟形の竹花入である。

釣舟花入は、室町時代より砂張《さはり》・唐銅《からかね》など、金属製の渡来品が茶席で用いられてきた。それを宗旦は竹に置き換えたのである。竹花入は宗旦により「掛ける」「置く」に「釣る」の用途を加え、花を楽しむ道具としての可能性を広げたのである。

宗旦作の舟形花入の代表作は「横雲」（裏千家蔵）である。宗旦作としては珍しい美竹で、銘を思わせる景色が筒の側面にそって流れている。胡麻のあるマダケを根の近くで伐り、二節を残し、浸みのあるほうを舳先にして前後に小さな穴を穿《うが》ち、籐を通して弦としている。底面には朱漆で「ヨコ雲(花押)」と宗旦が記し、内箱は原叟が書付を残している。

宗旦は、ほかにも「貨狄舟《かてきぶね》」「丸太舟」などの舟形竹花入を残し、宗旦作はのちの千家の好みとして受け継がれた。江岑には「長生丸《ちょうせいまる》」、仙叟には「太鼓胴」、原叟には「沓舟《くつふね》」「丸太舟」などの釣舟形の好みが見られるのである。

⑤宗和と石州(公家と武家)の竹花入

金森宗和は天正十二年(一五八四)、飛驒高山の城主可重《ありしげ》(金森雲州)の長男として生まれた。遠州より五歳、宗旦より六歳年下で、したがって利休の面影は知らぬ世代に入るであろう。慶長十九年(一六一四)、何らかの理由により勘当された宗和は京都へ移り住み、茶匠となって大成した。近衛信尋や鹿苑寺の鳳林承章《ほうりんじょうしょう》、小堀遠州、片桐石州らと親交を結び、ことに公家の茶の湯に大きな影響を与えている。宗和の茶は宮中との交流、仁清の指導などにより「姫宗和」と表現され、雅さが強調されるが、彼の残した竹花入には、武人としての面影がしっかりと刻まれている。

たとえば、宗和作の「鉈目尺八竹花入」である。鉈目とは、竹林の青竹を伐り取る際に残された鉈の目跡である。その無作為の造形に茶味を見出し、尺八形に伐りながら、より表現的で力強い竹花入の創作を目指したものが本作である。高さ三十センチ弱、太さ十センチ前後の竹は、捻れるように歪み、豪快な鉈目と相まって、オブジェのような造形を見せている。武人としての宗和の生きざまを表現しているかのような花筒である。

宗和作、天寧寺所蔵の「竹二重切花入」は、間違いなく利休作の「よなが」の写しである。少し大型ではあるが、竹の肉厚、節の置き方、各部の寸法などが利休作を彷彿とさせる。もとは青竹であったものか、かなり表皮がカセて侘びた景色を見せる。茶器の意匠に独自の世界を持つ宗和の、利休に抱いていた景仰の念が、花入の姿から伝わってくる。

金森宗和作　鉈目尺八竹花入

鳳林承章の『隔蓂記《かくめいき》』には、この宗和の竹筒を花入に用いた会が数回記されている。初見は、宗和の茶を学んだという一条昭良《いちじょうあきよし》(恵観公《えかんこう》)の茶会である。また、鳳林和尚が宗和に二重切の竹花入の制作を依頼したところ、宗和より即座に花入が届き、あまりの早さに驚いた和尚が「電光」という銘をその花入に与えた、逸話なども同書に紹介されている。宗和は竹花入づくりの名手としても、つとに名高かったのだ。

一方、片桐石州は、慶長十年(一六〇五)の生まれ。遠州より二十六歳年下である。大和、河内の小大名だが、遠州の跡を継いで作事奉行をよく務め、茶の湯によりその名を高めた人物である。遠州亡きあと、将軍家綱の道具奉行となり、遠州の後継者として、石州は武家の茶道の中心的な存在となった。

さて、将軍家の茶道師範と称せられた石州の竹花入は、やはり遠州の影響を感じさせるもので、美竹を用い、綺麗さびで、さらに端正な行儀のよいものが多い。石州の「尺八竹花入」は、高さ二十四・五センチ、太さは口径で十二センチ、底径で十センチくらいの根竹を用い、逆さにして節伐りにするという、大胆な試みである。竹に景色はないが、美竹であり、よく吟味された材料を使っている。天辺の節には累座が残り、花入の姿をより重厚なものにしている。また、口縁は根竹だけあって大変に厚く、正面上部に石割れが見えるなど、見所が多い。斬新な造形でありながら、竹の伐り方は丁寧で、整っているところが、石州ならではの持ち味である。

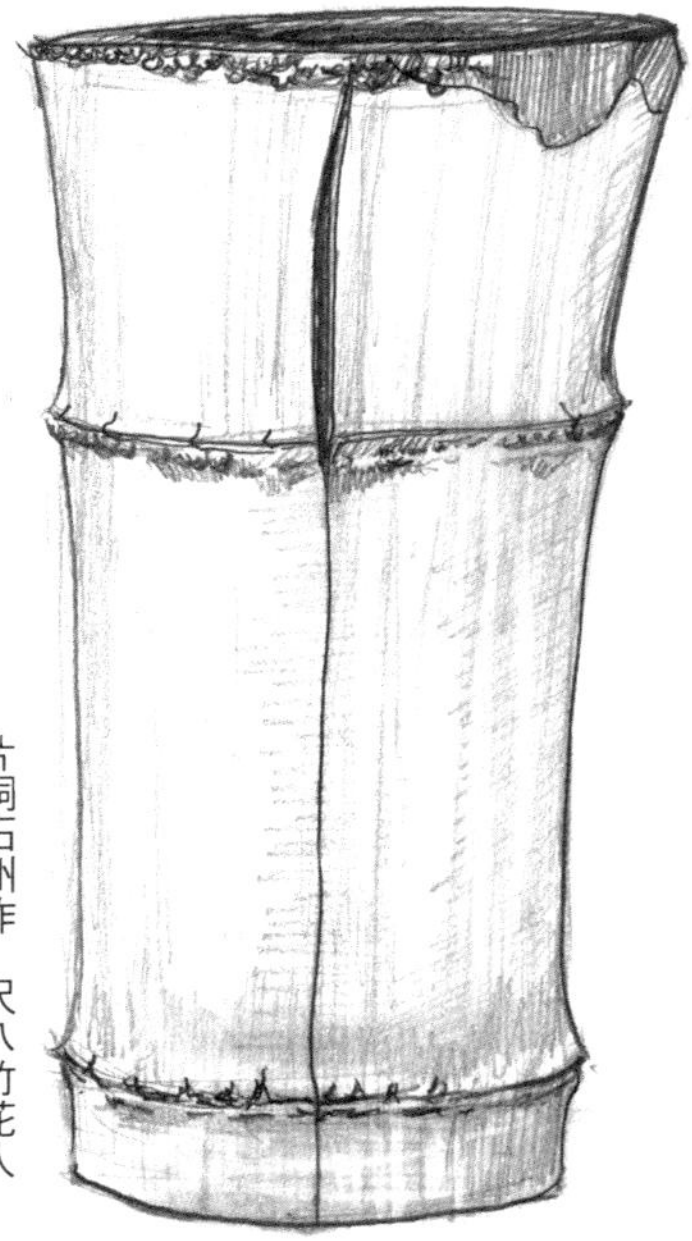
片桐石州作　尺八竹花入

⑥庸軒と宗徧の竹花入

宗旦の四天王の一人、藤村庸軒は、この時代を代表する茶人の一人であるが、才気ある彼は画期的な竹花入を創造した。すなわち「置筒《おきづつ》」である。あるいは「吹貫《ふきぬき》」とも呼ばれる、一重切より生まれた掛けられない花筒である。銘を「遅馬《おそうま》」（北村美術館蔵）という庸軒作の竹筒は、胡麻竹を二節使い、腰高の造形で、肉は薄く軽快な姿を見せる。本作は一見、一重切に見えるが、よく見ると正面から見える釘穴のような空間は、実は吹貫窓なのである。つまり、中釘に掛けられぬ（＝駆けられぬ)という意味で「遅馬」と名づけられたのである。庸軒によく見られる機知銘である。ただ、本作の吹貫窓は、まだ両の柱が近すぎて、置筒としては未完の趣がある。

その点、同じ庸軒作の「白菊」という花入には、完成された置筒の姿が見られる。「白菊」の吹貫窓の柱は「遅馬」と比較すると、ずっと離れ、筒の側面で向かい合っている。そして、吹貫窓は開放的になって、肉厚の竹を用いても重苦しさは感じられない。「白菊」は胡麻の美しい肉厚のマダケによってつくられ、さらに筒内部を黒漆にむら梨地で加飾している。「園城寺」のごとき石割れもあり、見所が多い。銘は「心あてにをらばやをらむ初霜の　おきまどはせる白菊の花」の古歌の引用で、霜がおくことに置筒の意を通わせている。庸軒の教養と洗練された意匠による名品といえよう。

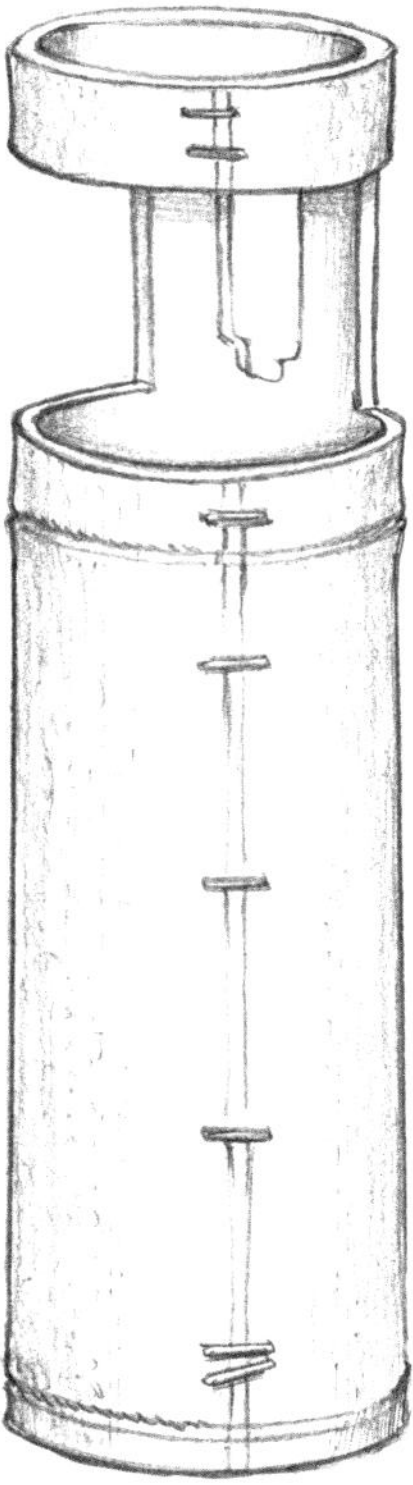

藤村庸軒作　置筒竹花入　銘「遅馬」

一方、山田宗徧は、同じ四天王でも庸軒より十四歳年下、杉木普斎と同世代の茶人である。手づくりに秀で、その巧みさは茶人の域を超えている。楽茶碗はもちろんのこと、茶杓、竹花入、籠花入も自作し、仏像から琵琶まで手づくりしたというから驚く。

その宗徧作の竹花入の代表作は、筒内部に青海波の蒔絵を施した「竹二重切花入」であろう。本作は、景色の美しい肉厚の浸み竹を二重切に伐っているが、竹の選び方や扱い方に、利休・織部・

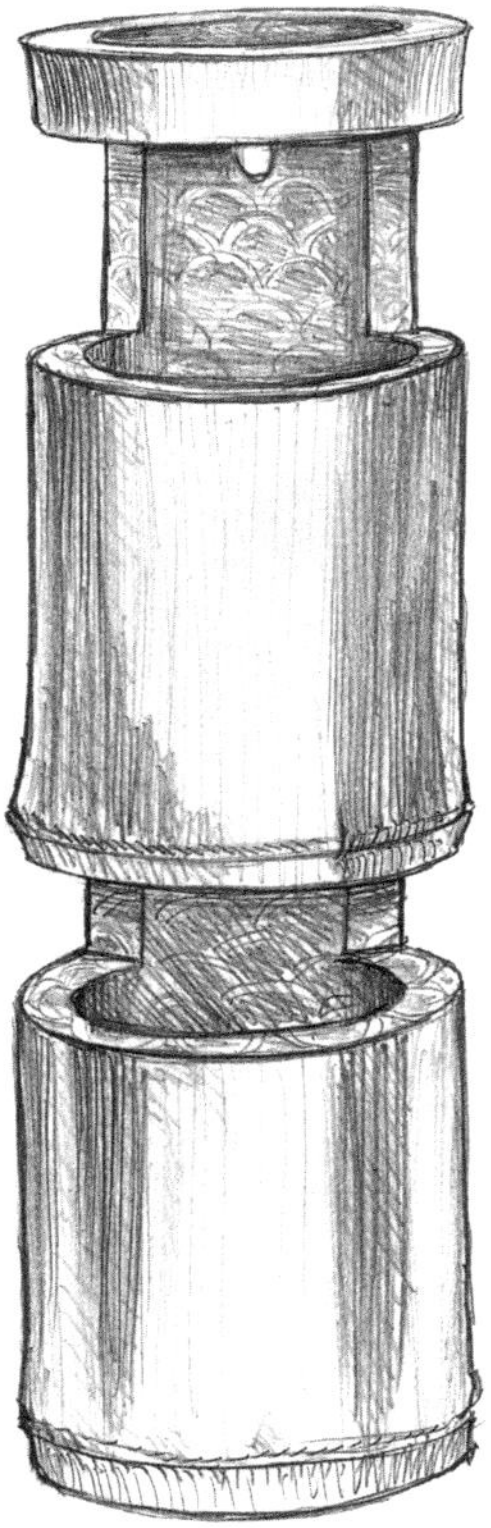

山田宗徧作　竹二重切花入

遠州の竹花入に見られた即興的な部分が極端に減り、鋸目を残さず、竹の伐り口を平滑に磨き上げるなど、工芸品的な手法でつくられている。また、筒内部の蒔絵の青海波は、竹花入に蒔絵を施す場合に、今日でもよく見られるモチーフの一つである。このように、波および水、亀などを描くのは、（仮説としてだが）利休以来の伝統ともされている。水にまつわる蒔絵が多く見られるのは、竹筒が水をイメージさせる器物であるからだろう。ともかくも、本作はつくりも蒔絵も丁寧だが、竹花入＝侘び花入の図式からははずれていることは確かである。また、宗徧が残した竹花入の多くに、筒裏に書付や花押が刀をもって刻まれているのを見ると、利休を敬慕した宗徧が「園城寺」の筒裏の刻銘に影響を受けたと、見ることも可能である。宗徧作の竹花入の方向性は、利休作の竹花入に含まれていた多くの要素のうち、工芸的な部分を宗徧が拡大していった結果と、寛永から元禄へと移り変わる時代の変化によるものなのだと思う。

⑦千家の道統

宗旦は、正保三年（一六四六）に不審菴（表千家）を三男の江岑《こうしん》宗左に譲り、四男の仙叟宗室とともにに今日庵（裏千家）に移って隠居所とした。さらに、二男の一翁宗守ものちに官休庵（武者小路千家）を建て、宗旦以後の利休の茶は三流派にわかれて受け継がれてゆく。

江岑作竹一重切花入、銘「青山《せいざん》」（不審菴蔵）は、「園城寺」を思い出させる石割れが正面にある、肉厚の白竹を伐っている。竹は根に近いため、裾が広がって堂々とした姿形を持つ。筒裏には銘とその由来となった一渓和尚の漢詩と江岑自身の由来書が花押とともに朱漆で書き付けられている。利休の茶を受け継ぎ、不審菴主となった江岑の覚悟のほどがうかがえる花入である。

不審菴では、江岑のあと、五代として久田家から養子に入った随流斎が継いだ。この随流斎に江岑が書き残した覚え書きが『江岑夏書《こうしんげがき》』であり、随流斎もそれにならい、『随流斎延紙ノ書』を書き残している。両書とも茶道具の来歴を記すが、「園城寺」や「尺八」に関する記述や、紹鷗作の花入を否定しているのが目立つ。また、「延紙ノ書」には「一たけ花入、まえかたより水ニつけおき候へハ、花入申時、はなしめり能候」と、当時の竹花入の扱い方が記されていて興味深い。

不審菴六代・覚々斎原叟の作には「銀巻水蒔絵竹花入」がある。庸軒作の置筒と基本的に同じ姿をとるが、より材料を吟味し、巻水の蒔絵も美しく、工芸品的仕上がりとなっている。また、巻水蒔絵の竹花入は、のちの千家の好みにその影響を見ることができる。

覚々斎のあとを継いだ七代・如心斎は、川上不白、裏千家八代の一燈とともに七事式を

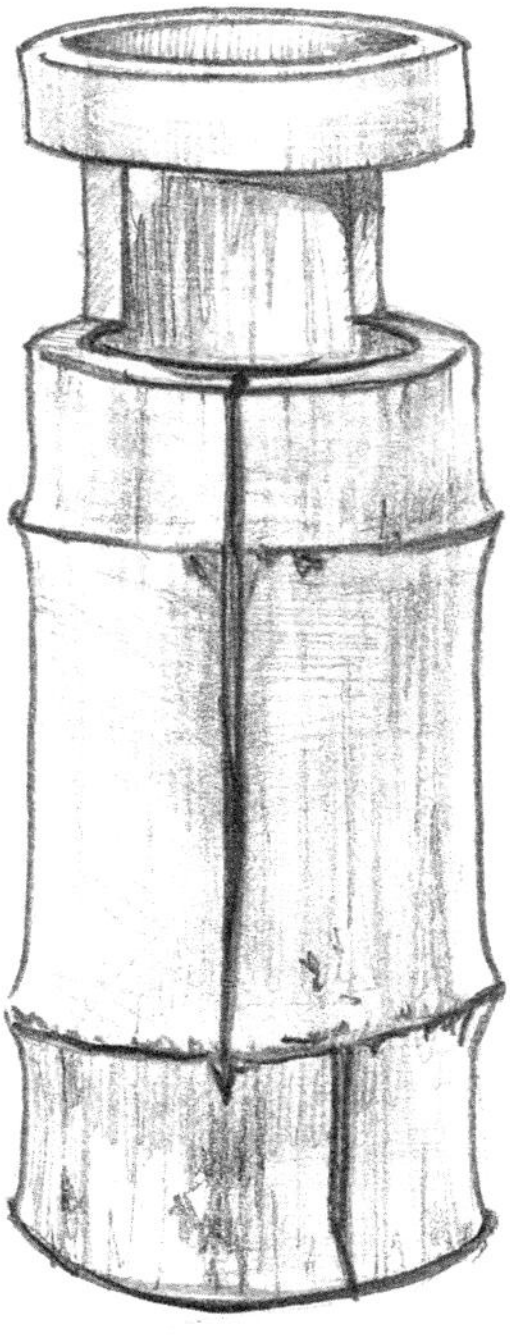

江岑作　竹一重切花入　銘「青山」

制定し、時代に合った茶の湯改革を行った。好みにも意欲的であった如心斎は、千家の竹花入に「置尺八」「稲塚《いなづか》」「根株《ねかぶ》」の一重切、「酢筒《すづつ》」などの新しい形を創り、また数の竹花入を伐ることをはじめる。好み物の竹花入のはじまりである。如心斎は竹花入を三十、五十と揃えてつくることをはじめ、少なくとも百三十点もの竹花入を残している。

裏千家四代を継いだ仙叟宗室が残した茶道具は、晩年の宗旦の茶風をよく伝えるもので、侘びに徹した風情を持ち、数も多い。「旅枕」「丸窓二重」「太鼓舟」「ヘラ筒」「鶴首」などの形を残している。「旅枕花入」は一節で肉の薄い侘び竹である。花窓が大変に狭い上に、その窓に鋸を四回入れており、尺八形に小窓を開けたようにも思える不思議な花入である。稚拙だが、いかにも手づくりのあたたかさと茶味がある。

竹花入の制作は仙叟以後、専門の職人にまかせることが多くなったのか、徐々に本作のように手づくりのあたたか味を宿す花入は少なくなってゆく。

仙叟作　旅枕花入

⑧宮廷茶道と竹花入

宮廷における茶の湯は、江戸時代初期から寛永期（一六二四〜四四）にかけて発展し、その独自の世界を形成したとされる。ことに後水尾天皇の代にはサロンを中心に、近衛信尋、尭然《ぎょうねん》法親王、慈胤《じいん》法親王（常修院宮）など、天皇の弟宮が茶の湯を好み、外部からは金森宗和などの影響を受けつ

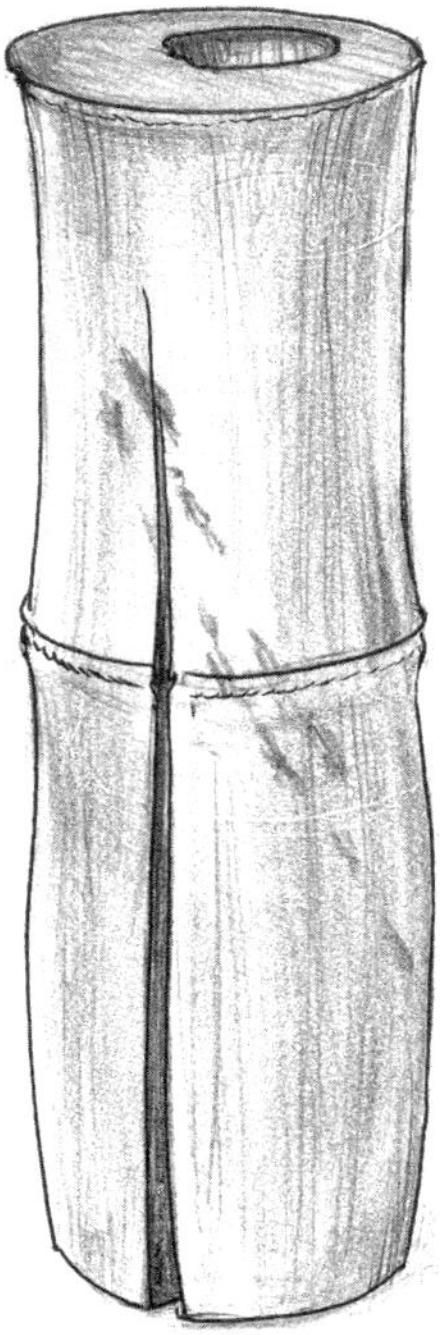

後西天皇作　尺八竹花入

つ、宮中にふさわしい茶のあり方が考案された。

後西《ごさい》天皇は、後水尾天皇の第七皇子である。宗和を召してその茶に親しみ、その指導により、手づからの竹花入を残されている。その御作は、高さ二十九センチ、太さ八センチほどのたおやかで優美な曲線を描いたハチクと思われる竹を尺八形に伐り、口縁は節伐りとして節高に一節残している。何気げなく見える尺八の花入に、御作ならではの気品が秘められている。余人には求めてもつくり得ぬ名品といえる。

また、宮廷茶道の中心にいた常修院宮は御作や好みの作が多く、卓越した茶人であった。宮の残された「竹二重切花入」は、その代表的な作風を示している。本作は、工作が難しい肉厚の白竹を正確に、丁寧に伐り、伐り口を平滑に仕上げて内側に漆を施し、金銀蒔絵で流水と亀を描いている。大変華やかで美しい仕上がりは、宮廷茶道の方向性をみごとに具現化しているといえるだろう。『槐《かい》記《き》』には、予楽院こと近衛家煕《いえひろ》公が享保十一年(一七二六)二月に、常修院宮作の二重切波に亀の蒔絵の花入

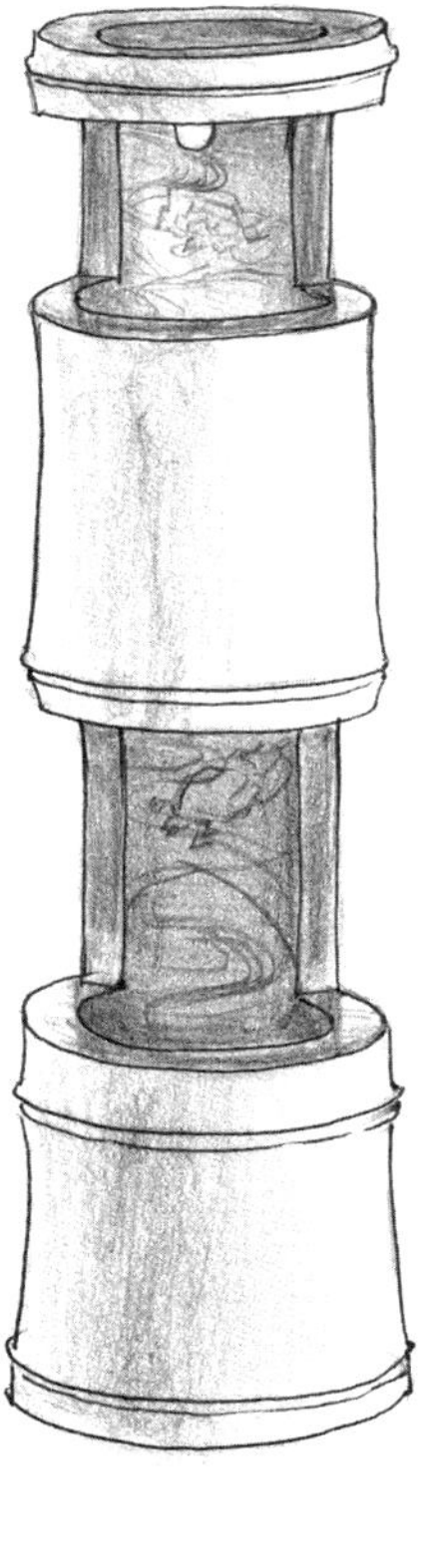

常修院宮作　竹二重切花入

を用いて茶会を催したという記述がある。これが本作ではないかと思われる。さらに、宗和作の同様の竹花入を使用した会の記載もある。それらをたどると、常修院宮や金森宗和が仰ぎ見た利休の作とされ、正親町《おおぎまち》天皇に献上されたという、波に亀の蒔絵の二重切へゆきつくのではと考えたくなる。常修院宮作のこの二重切は、利休が宮廷にふさわしいものとして考案した、筒の内部を蒔絵で装飾した竹花入を、手本としてつくったのだと考えたい。

予楽院は和漢に広い教養を持った享保期（一七一六～三六）を代表する文化人であった。山科道安はその侍医として、公の行状・談話を詳しく記して『槐記』を残した。『槐記』には茶の湯に関わる記録も多く残され、享保年間に予楽院が指導した宮中の茶の湯のありようを知ることができる。その『槐記』にある茶会の記録を見ると、竹花入の使用の多さに驚く。そして、竹花入の作者は、利休、織部、遠州、宗旦、常修院、後西院、宗和、予楽院と多彩である。

また、公と親しかった鷹司輔信《すけのぶ》（関白・鷹司房輔《ふさすけ》の三男）も自作の竹花入を伐って、名品といわれる花入を残している。その中には美竹を用いた手づくりらしき作があり、傾向としては肉厚の竹を用いて花窓が大きく、公家らしからぬ堂々とした力強さがある。「武蔵鐙《むさしあぶみ》」「雲山」などがその代表作である。

このように、せっかく花開いた宮廷茶道ではあるが、予楽院以降は華々しい活躍をした茶人を輩出してはいない。むしろ、急速に衰退していったものと思われる。それにともない、宮廷人を作者とする竹花入は影をひそめ、現代にいたるまで、これといった花入は見られなくなってしまったのは残念なことである。

⑨如心斎から川上不白へ

川上不白は、紀州国の新宮藩水野家の家臣の次男として享保四年（一七一九）に生まれた。長じて茶匠となるために、表千家七代・如心斎宗左に仕えたが、すぐに頭角をあらわし、師を助けて二十五歳で七事式の創案づくりに参画し、如心斎の片腕となった。のちに江戸に一流を許され、江戸千家と称し、不白流の開祖になっている。不白の好み、または手づくりの茶道具は非常に多いが、これらの存在も流儀を大きくすることに役立っていたことであろう。また、竹花入だけについて見ると、不白の師・如心斎宗左は竹花入づくりに大変熱心であったので、不白においても、その影響はかなりあったものと考えられる。

大坂の町人、草間直方の著した『茶器名物図彙』によると、「千家にて数の花入を剪事ハ如心斎に始る」と記されている。同書によると、如心斎好みの竹花入は千家十職の利斎の作で、一重切・二重切・無輪二重切・舟・尺八・三重切・置筒・酢筒・ヘラ筒などがつくられており、大方は銘もつけられている。また、一重切で銘「青苔《せいたい》」という竹花入を川上宗雪（不白）へ贈っているという。そして、別に如心巻水として黒塗りで金蒔絵の竹花入を好み、「根株捨つへきにあらしとて、株竹を以初て稲塚の花入を作り」とあるように、ほかに丸竹十七、八本で五十本の竹花入をつくり、それらも加えて、都合百三十本の数の好みの竹花入を世に残した。ただし、のちの世には如心斎好みとしては、巻水の置花入ばかりが知られていると、直方は記している。

如心斎好みのうち、「初霜置花入」は、白竹の何気ない形に三方の透かしを入れた尺八花入であるが、この透かしは如心斎当時の紀州家の当主・大恵院宗直が置尺八に墨書をしたのちの細工であ

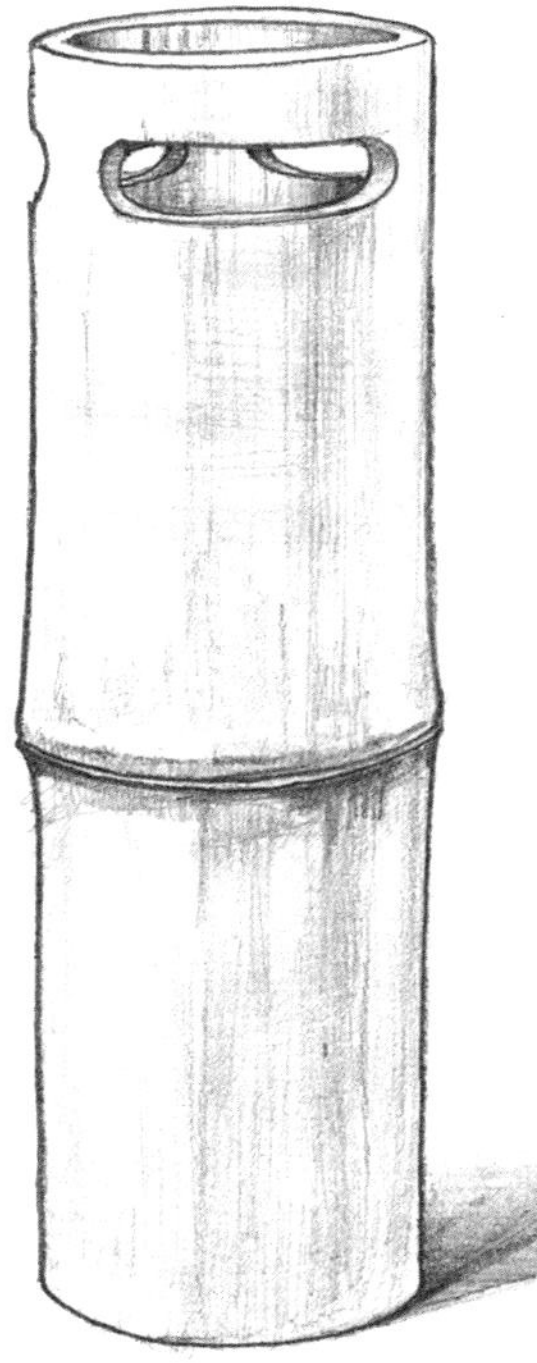

如心斎好　初霜置花入

るという。すなわち、この口透かしはないものとして花入を見れば、花入の当初の姿があらわれてくる。それは大変シンプルな造形で、このほうが如心斎の茶境に近いと思う。

なお、「置尺八」は「尺八」を逆さに竹を伐った花入をいう。「尺八」はもともと竹を逆さに伐ったものなので、「置尺八」では竹の生えた姿そのものに竹を伐る。さらに、釘穴もないので「置」の花筒なのである。

不白は、これら如心斎好みの竹花入を知っていたはずである。それは、茶杓にも見られるように、如心斎の作品に影響を受けながら、そこに自分の個性を加味していったと見るべきで、逆にいえば、不白作の竹花入の中に如心斎の竹花入の姿も想像できるのではないかと思う。

不白作の一重切竹花入「巣父」は、「そうふ」または「そうほ」と読む。銘の「巣父」とは、中国の伝説上の高士であり、山居して名声や富を得ようとせず、樹上に住んで巣をつくり、その上に寝たという人のことである。堯《ぎょう》が巣父に天下を譲ろうとしたが、巣父はこれを受けなかった。竹を見

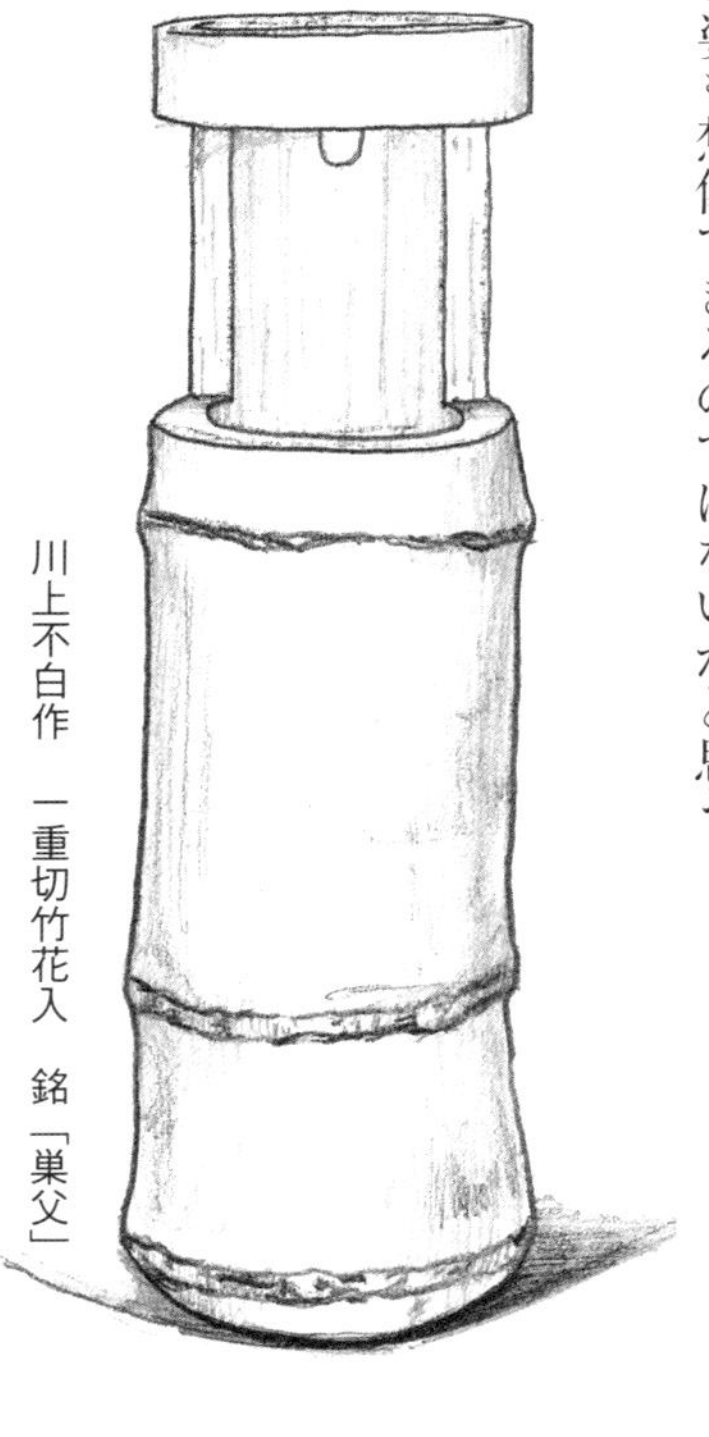

川上不白作　一重切竹花入　銘「巣父」

ると、そんな人物像が浮かんでくるような、清楚で、ことに奇をてらったところがない。竹材的にいえば、苦竹の白竹であり、根に近い肉厚のまっすぐな姿をしている。節は三節で、いちばん下の節には擂座が見られ、次の節にも少々見られる。全体としては背の高い一重切で、総高三十五・五センチ、太さは根で十・六センチ、天辺で九・七センチ。花窓の長さが特徴的で、八センチある。白竹の時代を帯びた色が美しく、不白らしい作というよりは、やや女性的な佳人の趣がある。豪快ではないが、素直で清らかな作といえるであろう。不白筆の共箱が添っている。

❖不白と竹花入

竹花入は、利休時代から一部例外はあるものの、ほとんどすべてがマダケでつくられてきた。マダケは太いもので三寸五分くらいの径を持つので、向掛けとして堂々とした作を伐れるが、逆にいえば三寸五分くらいが限界である。モウソウチクは十八世紀の前半に我が国に移植された。この竹の特色をいえば、マダケをしのぐ大竹(太い竹)であり、太いものは径五寸にも達し、全長は二十メートルの高さにまで伸びる。筍《たけのこ》は美味で食用に適し、枝の笹は大いに繁って、繁殖力が強い。日本のモウソウチクは、島津藩がひそかに当時勢力下にあった琉球を通じて中国から薩摩に移植したのがはじまりである。それがいつしか全国に甘藷(サツマイモ)と同じように広がっていったのである。

不白は、当時まだ目新しかったこの素材を用いて竹花入を伐った。モウソウチクによる大作「富士」は、銘にたがわぬ立派さで、全高は三十四センチ、底径は二十・五センチ。裾広がりのその姿は、まさに霊峰富士山を見るようだ。拝見した時の私の印象は「白竹のモウソウチクの大竹を豪快

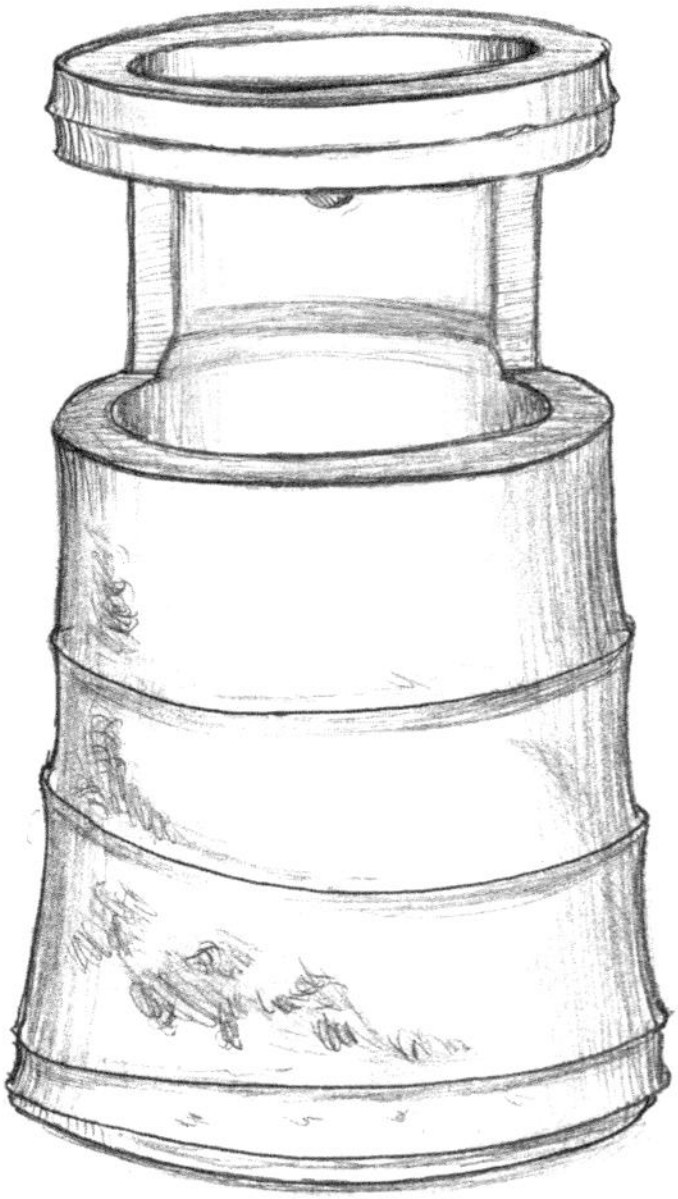

川上不白作　一重切竹花入　銘「冨士」

に伐りはなす。表皮は飴色を呈し、処々に浸みが景色となり、あたかも霊山富士にかかる雲のようにも思える。竹は厚く重く、内一節は花窓にあるのが珍しい。全体として名にふさわしい堂々たる竹花入」である。以前、この花入は東京美術倶楽部の茶会において、広間の床に置いて飾られたという。私は拝見していないが、あの広々とした空間にあって非常に存在感があったと聞いている。さもありなん。

モウソウチクは江戸時代中期よりさまざまな用途に使われ、今日に至っている。また、この竹の太さを利用して、不白と同時代を生きた裏千家八代・一燈が花入や水指を好んでいる。

不白は自作の茶道具を数多く残し、時代のニーズに合わせ、新たな要求にも答えを出していった宗匠と思う。一重切ばかりでなく、数々の竹花入を残し、なかには五重切という五つの花窓を持つ花入まで伐っている。

⑩松浦鎮信と松平不昧の竹花入

梅の花を生けるのにふさわしい花器には青磁・胡銅・国焼などさまざまあるが、やはり私は竹花入がいちばん相性がよいように思う。籠花入には草のもの、竹花入には枝ものが似合うし、入れやすい。この時期、竹花入がよく用いられるのは、冬の花には枝ものが多いためであると思う。

さて、その竹花入について時代を追って見てきたが、ここでは少し時間を戻して、大名茶人・松《まつ》浦《ら》鎮信《しげのぶ》の竹花入を取り上げてみたい。鎮信は元和八年(一六二二)に生まれ、元禄十六年(一七〇三)に亡くなっている。肥前平戸の藩主で島原の乱にも関わった。茶は片桐石州の家老・藤林宗源に師事して石州系の鎮信《ちんしん》派を開いた。この茶系は代々松浦侯が家元を継ぎ、今日に至っている。鎮信はその初代である。茶系からもわかるように、鎮信の竹花入の姿は、石州の竹花入を基本に置いている。ことに尺八花入、銘「山おろし」は、根に近い大竹を逆さに伐ったものだが、石州と同じく天辺に節を置いて伐り、大胆さの中に武家らしい律儀さを見せている。先述の石州の「尺八竹花入」が、高さ二十四・五センチ、太さは最大で十二センチであるのに対し、本作は、高さ二十三・七センチ、太さは十三・五センチとほぼ同じ寸法で伐られているのも注目に値する。そして、この二点は、武家茶特有の同じ雰囲気を感じさせる。利休や金森宗和の竹花入に見る自由さよりは、律儀さである。

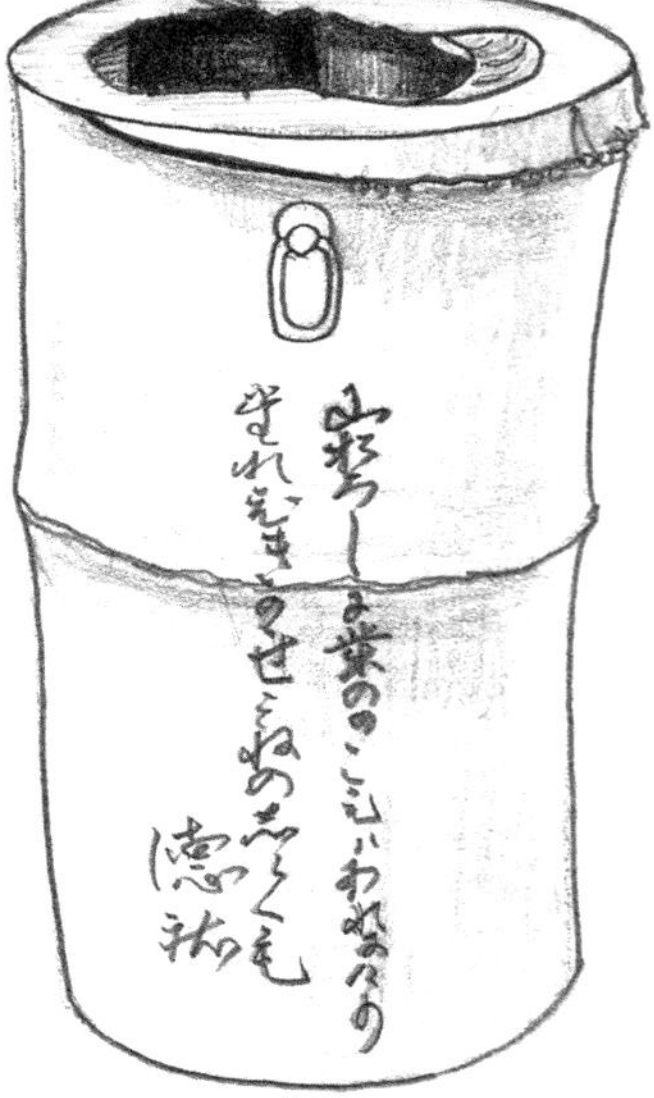

松浦鎮信作　尺八竹花入　銘「山おろし」

一重切においてもこの律儀さは共通していて、石州や鎮信の作はあまり歪んだ竹、肉薄の竹は使っておらず、どちらかというと、縦横のきっちりした重厚感が先立っている。鎮信作の竹花入の特徴として目立つのは、大竹を伐って花入としていることである。また、石州作にくらべ、竹の質を吟味し尽くしているとは言い難い。これは鎮信が九州の大名であることと関わりがあると思う。九州は竹の産地だが、気候からいって竹は生長が早く、大きく育つ。太い竹は得やすいが、質からいえば、気候が厳しくじっくり育つ京都産と比較して多少落ちるのはやむを得ないのである。鎮信は、領国の竹を用いて花入を伐ったものであろう。

時代は少し下るが、江戸時代後期の大名茶人で忘れることのできない存在は、松平不昧である。鎮信と同じく石州系の茶人で、将軍家の数寄屋頭であった伊佐《いさ》幸琢《こうたく》より茶の湯の手ほどきを受けた。不昧はのちに独自の茶の湯を確立して不昧流を立てた。この不昧は多くの名物を所持したが、竹花入も利休作の「園城寺」を享和年間（一八〇一～〇四）に冬木家より入手している。のち、不昧は園城寺写しとして三点の竹花入を残し、それが不昧作の竹花入の代表作となっている。

竹一重切「晩鐘」（田部美術館蔵）は、その内の一点で、銘は利休の「園城寺」から取った。つまり、園城寺の鐘の音にちなんだものである。本作は、利休作の「園城寺」とくらべると、細くはあるがほぼ同寸で、石割れ（笑み）の位置、節の置き方も似かよっている。ただし、利休作の「園城寺」のように青竹を伐ったものではなく、浸みのある美しい

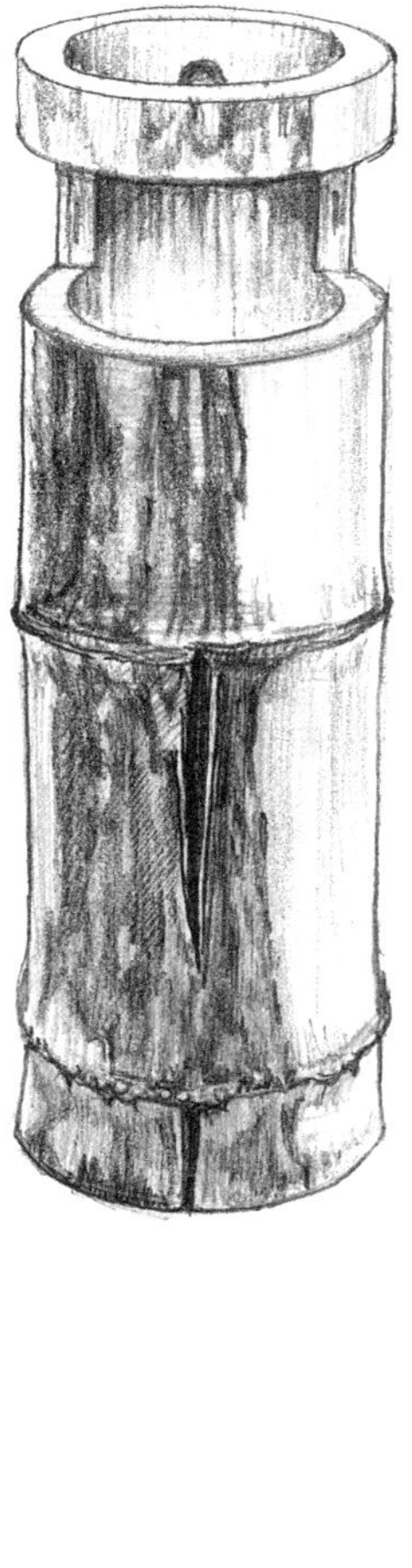

松平不昧作　竹一重切花入　銘「晩鐘」

竹を材料としている分、大名的な気分に近い。また、竹の根に近い部分を伐り、花窓を支える柱の幅も広いことなどから、石州、鎮信に通じる武家らしい、折り目正しい造形が魅力的である。

不昧の残した竹花入には立派な作品が多いが、やはり利休にあった自由さは影をひそめ、武家の茶という規範の内にあることは否めないのである。

⑪江戸時代後期の茶人と竹の花入

裏千家八代の一燈宗室は、七事式の制定、今日庵の修復などに功績があり、好み物にも積極的に取り組んだ宗匠であり、竹花入も少なからず好んでいる。一燈は不審菴の覚々斎の三男で、次男の裏千家七代、竺叟宗乾が早く亡くなったため、養子となった人である。一燈が八代を継いだ頃、新しい竹花入の素材が日本に移植された。

モウソウチクは、元来中国の原産で、日本にはなかった種類の竹材である。日本に渡来したのは元文元年（一七三六）、江戸も後期に入っていた。初めは薩摩藩主、島津斎貴が琉球から入手して繁殖させたものであり、のち安永八年（一七七九）に江戸の藩邸に移したところ、この二ヶ所を起点として日本国中に広まっていったという。モウソウチクはそれまで竹花入に用いられてきたマダケとくらべると、竹の質は劣るが、繁殖力に優れ、太材が得やすく、食用にもなる。また、節が二筋見えるマダケと異なり、モウソウチクの節は一筋なので、趣が多少変わっているところが、異国情緒もともなって珍重されていたのではないだろうか。

一燈作の竹一重切、銘「色紙」は、このモウソウチクを用いて伐られた竹花入のもっとも早い例

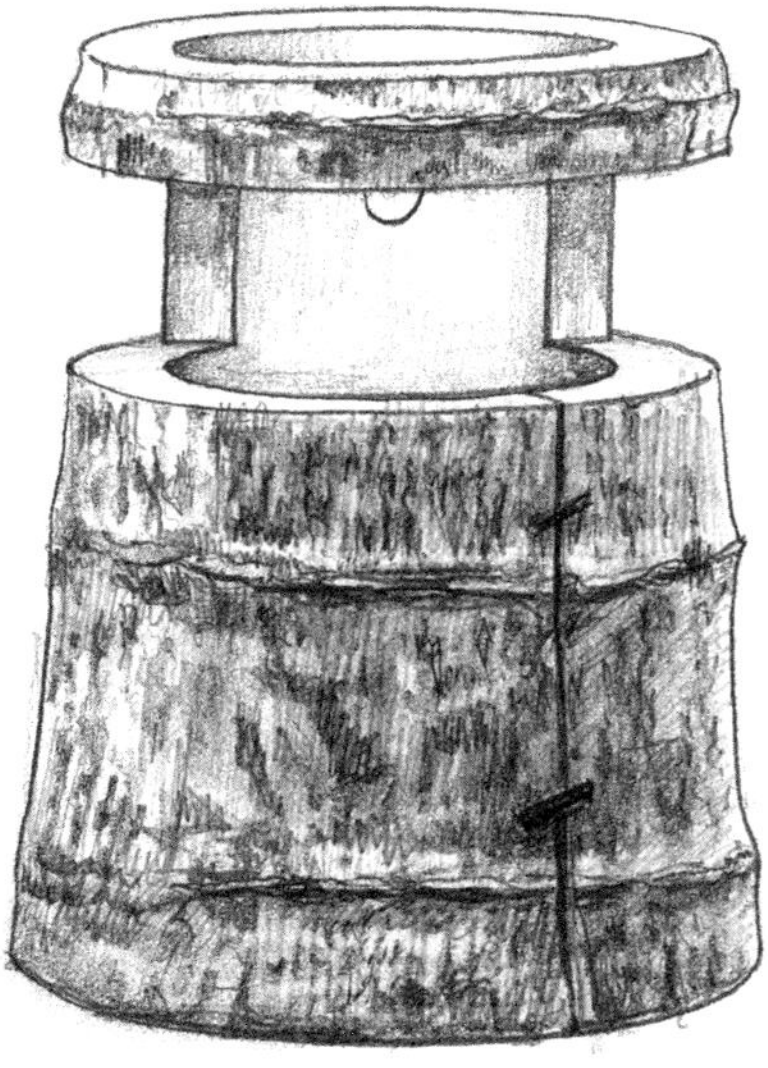

一燈作　竹一重切花入　銘「色紙」

の一つである。「色紙」の共箱の覆い紙には「さつまの古竹にて御作切書を願い候」と書かれている。本作はモウソウチクが全国に広まる以前に伐られた花入（一燈は明和八年〈一七七一〉没）であり、当時より入手の難しい竹材を使ったものとして珍重されたのではなかろうか。ちなみに、「色紙」の銘は、和歌や絵を書くための色紙（方形の料紙）の寸法と本作の寸法が似かよっていることから名づけられたという。この竹花入の特徴は、モウソウチクを用いた結果の、その太さである。底径十六・四センチと、マダケでは得られぬ太材を用いて背を低めにし、花窓も狭い異形。また、本作の材は、モウソウチクにしても表皮が枯れて艶のないおもしろい様相を見せている。よほどの古材なのであろうか。あるいはバンブーなどの熱帯産の株立ちの竹なのか。いずれにしろ、古くは細川三斎の「唐葭《からよし》花入」（永青文庫蔵）、土岐二三《ときじさん》の「竹獅子口花入」などが似かよった竹材を使った、同じような造形を持つものとしてすでにあるので、あるいは一つの竹花入の形式として考えてもよいのではなかろうか。

　さらに、裏千家十代の認得斎もモウソウチクの太さを生かした花入を伐っている。それは「オホウミ」と名づけられた花入で、どっしりとした肉厚の竹を用いてつくられている。底径が十九・七センチあって、まさに大海の銘にふさわしい姿。銘は大海の沖（＝置き）という洒落たものだが、形は不見斎（裏千家九代）の好みとされている。本作の筒裏には朱漆で「オホウミ　宗室（花押）」と直書があり、箱に「置筒大海ト号　切形不見斎好」と記されている。筒の内側や底など、表皮以外に黒漆が施され、一見、竹水指にも使えそうである。

このようにモウソウチクの流布が竹花入に新しい形をもたらし、従来のマダケの花入と並行してつくられるようになって、今日に至っている。

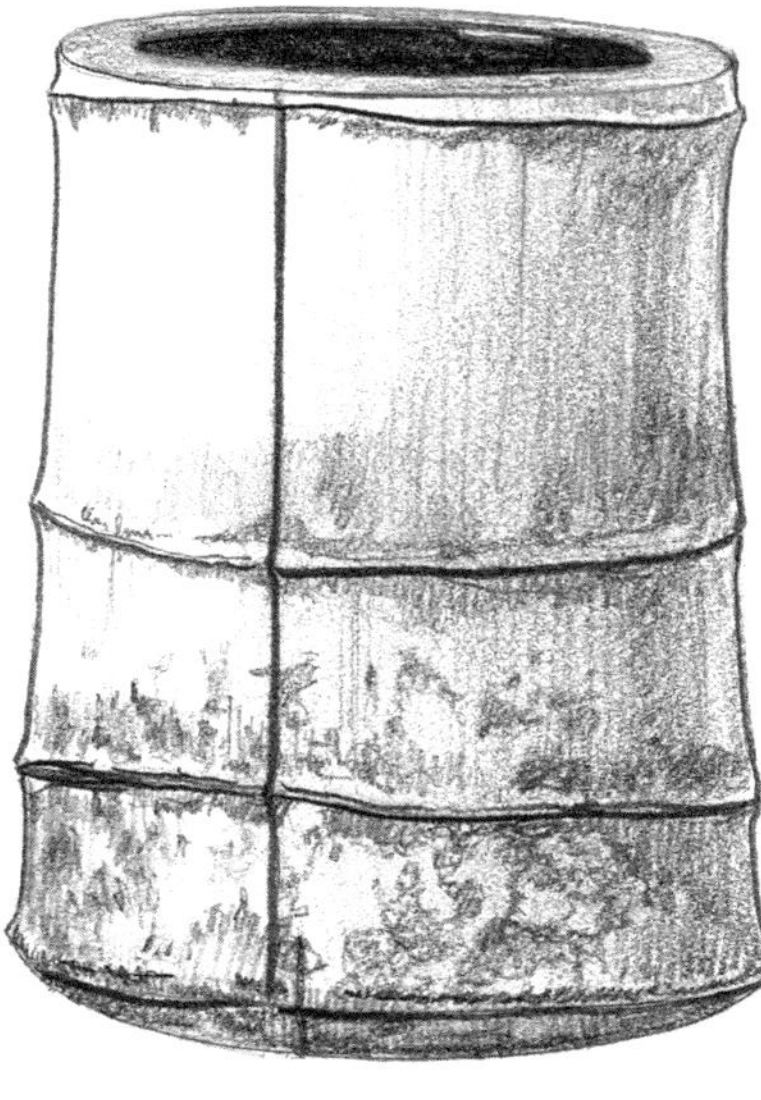

認得斎作　置花入　銘「オホウミ」

⑫幕末前後の竹花入

さて、不昧が没する三年ほど前に生まれた、幕末を代表する武家茶人がいる。それは井伊宗観、すなわち直弼《なおすけ》である。直弼は、彦根城主の十四男に生まれながら藩主となり、大老として幕府の要職を務めるまでに立身したが、その激務を支えたのが茶の湯であった。直弼が晩年に完成したと思われる『茶湯一会集』には、次のくだりがある。

> 今日一期一会済て、ふたたびかへらざる事を観念シ、或ハ独服をもいたす事、是一会極意の習なり、此時寂莫として、打語ふものとてハ、釜一口のみにニシて、外ニ物なし、誠ニ自得せざればいりがたき境界なり

「一期一会」のその潔さは、彼の伐った竹花入の造形にもあらわれている。実に清々しく、てら

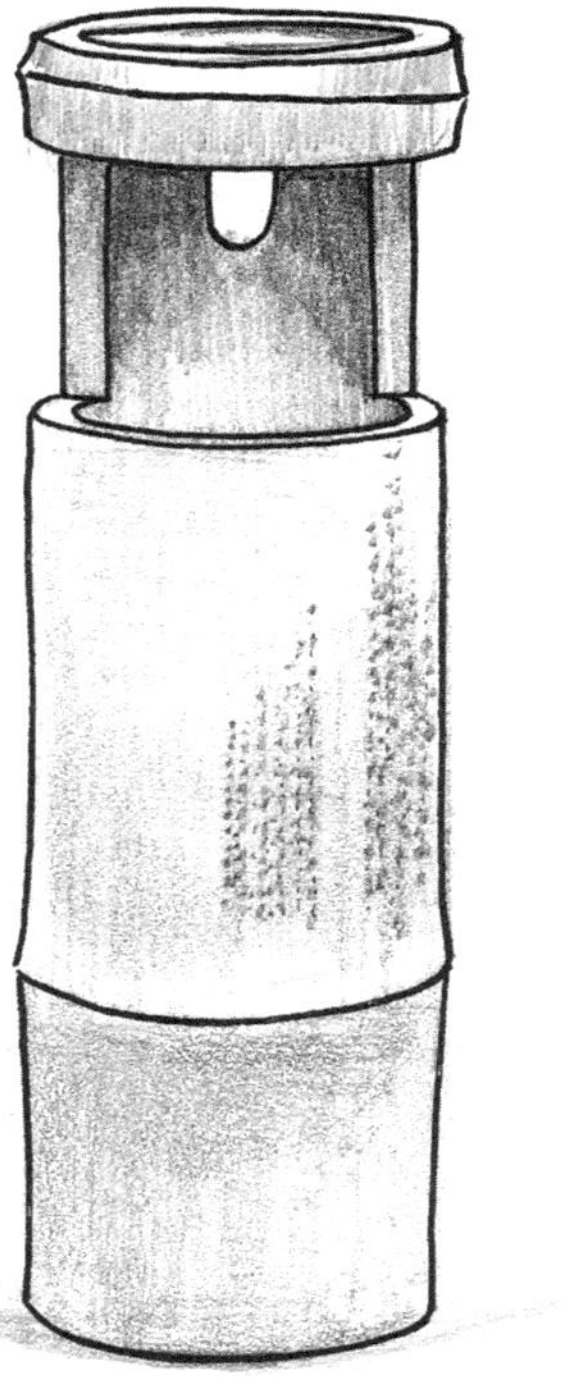

井伊宗観作　竹一重切花入　銘「千とせの始」

いのない姿は、彼の人柄そのものだったのであろう。

井伊宗観作の竹一重切花入、銘「千とせの始」（彦根城博物館蔵）は、ことに彼らしい素直な竹花入である。素材は何という見所のない胡麻竹であるが、時の将軍・徳川家茂より拝領の「肴籠の竹」ということで、大切に扱ったのだろう。同じ竹で七つ伐ったことがわかっていて、一重切でモウソウチクを逆さに用いるなど、拝領した竹を何とか生かそうという直弼の苦心の跡が見受けられる。

⑬幕末の茶人と竹花入

能「檜垣」の作り物（舞台装置）の庵は、直径三センチほどのマダケを組んでつくられている。お能の舞台装置は、概ね、このように竹を用いる。それは昔、能が猿楽《さるがく》といった時代に、旅先でもすぐに舞台がつくれるようにと、どこにでも生えている竹を重宝したことに由来する。ましてや、竹には能にふさわしい簡素な美がある。

竹花入の魅力もこの能の作り物と同じ、簡素な美にある。利休が没して三百年近く過ぎた幕末においても、それは変わってはいない。

幕末を代表する茶匠の一人、裏千家十一代・玄々斎には竹の好みの花入が数多く残されている。

「神酒筒《みきづつ》花入」「三徳花入」「歌花筒」、それに数三十を揃えた同銘の竹花入の好みなどである。

「神酒筒花入」は、もとは伊勢神宮の参詣の折の神酒を入れる器である。使い捨てにされていた竹筒を花入として好んだものだ。まさに簡素を絵に描いたような花入である。伊勢には竹川竹斎《たけがわちくさい》などの高弟が多くいたので、玄々斎も度々この地に立ち寄り、土地の竹で利休の尺八写しの花入などを手づくりしている。

「三徳花入」は、玄々斎の長男、一如斎の花活初記念として数をつくらせたもので、一節の背の低い胡麻竹を使用している。節上は吹貫のような窓を伐った、全高十三～十四センチほどの小型の花筒である。また、「三徳」の名は、本作が釣・掛・置と使いわけができるからという。

「歌花筒」も玄々斎の好みである。太さ約三センチ、長さ一メートル五十センチという箒のような胡麻竹の中間に切り込みをこしらえて短冊をはさみ、その下に花窓を開けたしゃれた花筒である。ほかに同銘の竹花入三十点も含め、玄々斎の一連の竹花入の好みは、ごく自然に竹を扱った作が多いように思う。

玄々斎好　歌花筒花入

その玄々斎に台子の皆伝を受けた人物に尾州公の徳川斉荘《なりたか》がいる。父親は将軍・徳川家斉《いえなり》という名門の生まれだが、茶を好み、知止斎《ちしさい》と名乗った。斉荘は手づくりの茶道具を数々残した。その一つに「相生《あいおい》」銘の一重切竹花入がある。高さは三十二センチというが細身でスマートな姿をしている。素材は変わり竹で、二本の竹が一つになった双子竹《ふたご》を使っているため、この銘がある。尾張に産する珍しい竹を用いた花入に斉荘のセンスのよさを感じる作である。

一方、表千家では十一代の碌々斎は、幕末の動乱期をちょうど三十歳の頃に迎えている。明治期の苦難を乗り越え、隠退後は宗旦と名乗った茶匠だ。ここで取り上げるのは「宇治橋」という銘の尺八の竹花入である。マダケの太材でつくられた大変シンプルな造形は、簡素の極みともいうべく、やや腰高の節の取り方に個性を見る。もとは青竹のようで全体に錆色を呈し、節下に景色があるのは、直に水を入れて用いられた跡であろう。

また、宝林斎は、同じ時代を生きた藪内家九代の家元である。紹智を継いで、わずか五年で没したが、「苔清水」(藪内燕庵蔵)という銘の一重切を残している。「苔清水」は太い白竹の根に近い肉厚の部分を使用し、裾広がりの堂々とした姿の花入である。花窓の上の輪が細いのが特徴で、そこに多少の若々しさを感じる。花窓の柱の幅が広く、柱の両端の面取りが正面を向いているのは、この時代の竹花入の一つの流行であったのかも知れない。

⑭近代茶人と竹の花入

維新前後は、茶の湯どころではない時代がしばらく続いた。すべて旧来の

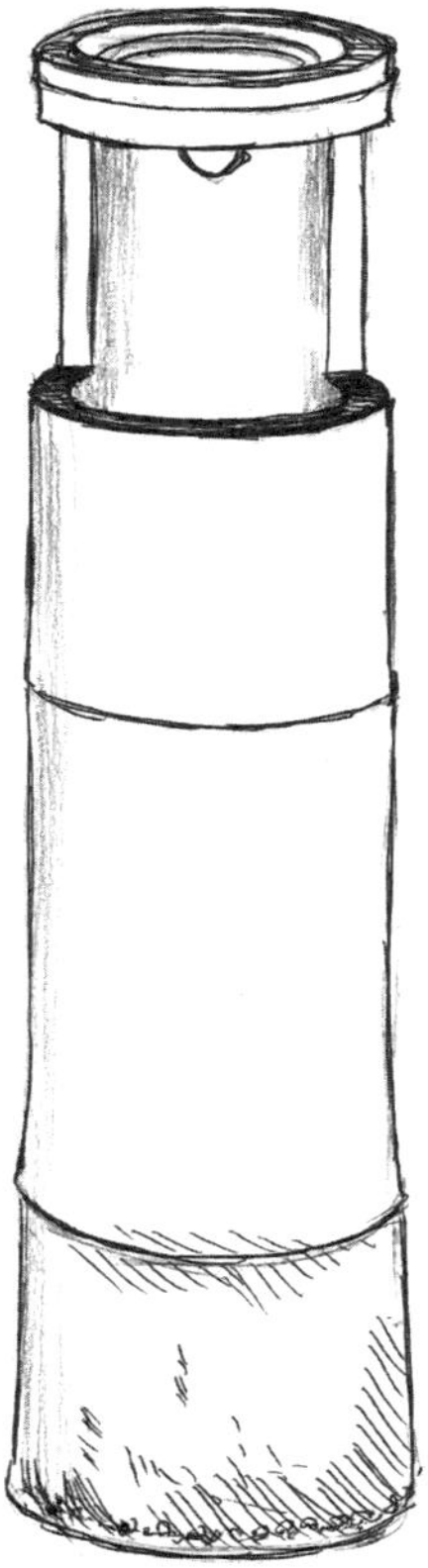

宝林斎竹露作　竹一重切花入　銘「苔清水」

価値観が失われ、茶道具はもちろんのこと仏像や仏具が売られ、あるいは寺社の建造物までが、薪の値で取り引きされたという。この時代、煎茶は比較的新しい文化ということで大寄せ茶会も盛んに催されていたようであるが、混乱期を乗りこえた一部商家ではそんな時代においても抹茶を楽しむ粋人もあって、彼らは暴落した茶道具を買い集めていた。その一人が、大阪の両替商千草屋の主人、平瀬露香《ろこう》である。平瀬家には柴田井戸、千草伊羅保などの名品が数限りなくあったが、露香は茶三昧の生活をしていたわけではない。能楽・書道・絵画・花道・香道・管弦・清元など、三十一の趣味を持ち、また読書をかかさなかった。その上での茶の湯であった。茶は松平不昧に見出された木津家二代の宗詮から学び、好みの道具を数多く残している。

その一つが「老松」竹花入。本作は肉厚の浸み竹を使った置筒で、かなり重量感のある、堂々とした姿である。花入には節が三節あり、ことに上の輪に一節あることで割れにくくつくられている。タテ・ヨコの比率、丁寧な仕事・景色のある銘竹を用いていることなど、不昧の竹花入の影響を強く感じる一作である。このほかに、露香の関わった竹花入は、やはり吹貫形で円窓の白竹でつくられた置筒がある。この時代には置筒が流行したのかも知れない。

露香の名は本人の意思とは別に、その蔵品の売立によって東都にも知れわたった。そして、露香が去ったあと、本当の意味での近代の茶の

平瀬露香作　置筒竹花入　銘「老松」

湯、財界人の数寄者の茶の湯が花開いたのである。　近代茶道を語る時、最大の功労者は益田鈍翁であることは言を待たない。ちょうど露香と入れ替わるように茶道具を蒐め出し、そのコレクションは空前絶後の規模になったという人もいる。三井物産を世界的企業に育てあげ、政財界ににらみをきかせ、尊敬をあつめた鈍翁は、まさに戦前の茶道界の中心的人物であった。鈍翁は露香と違い、手づくりの茶道具を多く残している。ことに鈍太郎写しの黒楽茶碗などの焼き物や、書・絵画のほか、竹の茶杓、そして花入も数多くつくり、残した。

その鈍翁の竹花入の代表作、銘「高砂」は、姿は尺八切で、肉厚のマダケを逆さに伐ったのは、約束通り。節の位置をやや高めに伐った侘び竹は、浸みが景色をなし、斑紋状に胡麻をふくという二徳の美竹である。高さ三十・三センチ、いわゆる一尺で、太さは十〜十一センチ。横から見ると「く」の字形に前方に節が競り出す。大変堂々とした尺八型で、寸法より大きさを感じる。手取りは軽めだが、重厚にして遊び心を感じる花入である。また、筒裏には鈍翁筆で「高砂（花押）」と力強く墨で書付があり、共箱表にも「花入尺八竹」、同裏には「いたづらに老いにけるかな高砂の松や我が身のはてや語らむ」と、貫之の高砂の歌一首が記されている。本作は、鈍翁の最高傑作として、自他ともに許していたが、森川如春庵が病を得た術後に全快祝いの茶事を催した鈍翁は、この花入を向掛けに用いたのち、如春庵に友情の証しに贈った。如春庵は何度も本花入を手に入れたく懇願していたので、大いに喜んだという。「高砂」を手離し、さみしくなったのか、鈍翁は同じような竹で尺八の「老の波」という花入を改めてつくり、残している。「高砂」にくらべ「老の波」の節は低めに伐り、口縁にもう一節をのぞかせているのがミソ。本作は「高砂」に負けぬ名作となった。この花入の箱に「小田原の竹を以て」とあるので、「高砂」も鈍翁の邸の竹林の竹ではないだろうか。また、本作は「高砂」を如春庵にゆずった鈍翁がその身代わりとして伐った花入ゆえ、やはり懇望する者が後をたたなかったというが、ことわり続けて家宝とした花入である。

益田鈍翁作　尺八竹花入　銘「高砂」

（裏）

❖近代茶人と竹の花入　２

鈍翁の影響もあって近代茶人で陶芸を楽しむ者、茶杓削りに精を出す者は少なくなかった。しかし、竹花入となると話は別で、鈍翁のように次々と竹を伐り、銘を付して茶事に用い、また人に贈る者は少なかったといってよいだろう。三千家では、明治時代中期以降、再び茶の湯が盛んになるにつれて、好み物の竹花入が数々つくられるようになるが、時代の傾向としては職方に多くをまかせ、手づくりの気分からはかなり遠い、いわば工芸品的な竹の花入が主流となっていく。近代から現代にかけて、竹花入の世界はある意味、名品がつくられにくい時代が続き、不毛といっては怒られるかも知れないが、遠州・宗旦の頃の生き生きとした造形は、今のところ蘇ってはいないのではないだろうか。その中で、近代において少し気になる竹花入を残している、二人の茶人を選んでみたい。ただし、独断と偏見はお許し願いながら…。

その一人目は、松永耳庵である。戦前は「電力王」、戦後は「電力の鬼」と呼ばれながら、日本の産業を支え続けた骨太の茶人であった。耳庵が茶の湯に親しむようになったのは六十歳を過ぎてからのこと。鈍翁の茶略によって無理やり亭主をつとめるはめになった茶事が、思いがけず成功してからだった。終戦の前後は、役職も退いて茶三昧の暮らしをした耳庵は、茶杓や竹花入を多く残している。

耳庵の竹花入は今までに何点か拝見したが、その中に「さざれ石」と銘のある、いわゆる油差しの形の花入がある。高さは四十一センチ、太さ六センチという細めのマダケを二節使っている。上の節に残した枝を撓《たわ》めて折り曲げ、下の節の先に開けた小穴に通し、留めて油差しの手としたところが、この花入の見所である。もともとこの形は、春日大社で使われていた燈籠用の油差しを原型としており、おそらく耳庵は鈍翁が所持していた春日大社の時代油差しの本歌を見て、この花入を写し、そして好んだものであろう。竹は小田原の竹を用いたものか、やや薄めの軽い素材である。耳庵は同型の花入を何点か残している。いずれも写しとはいっ

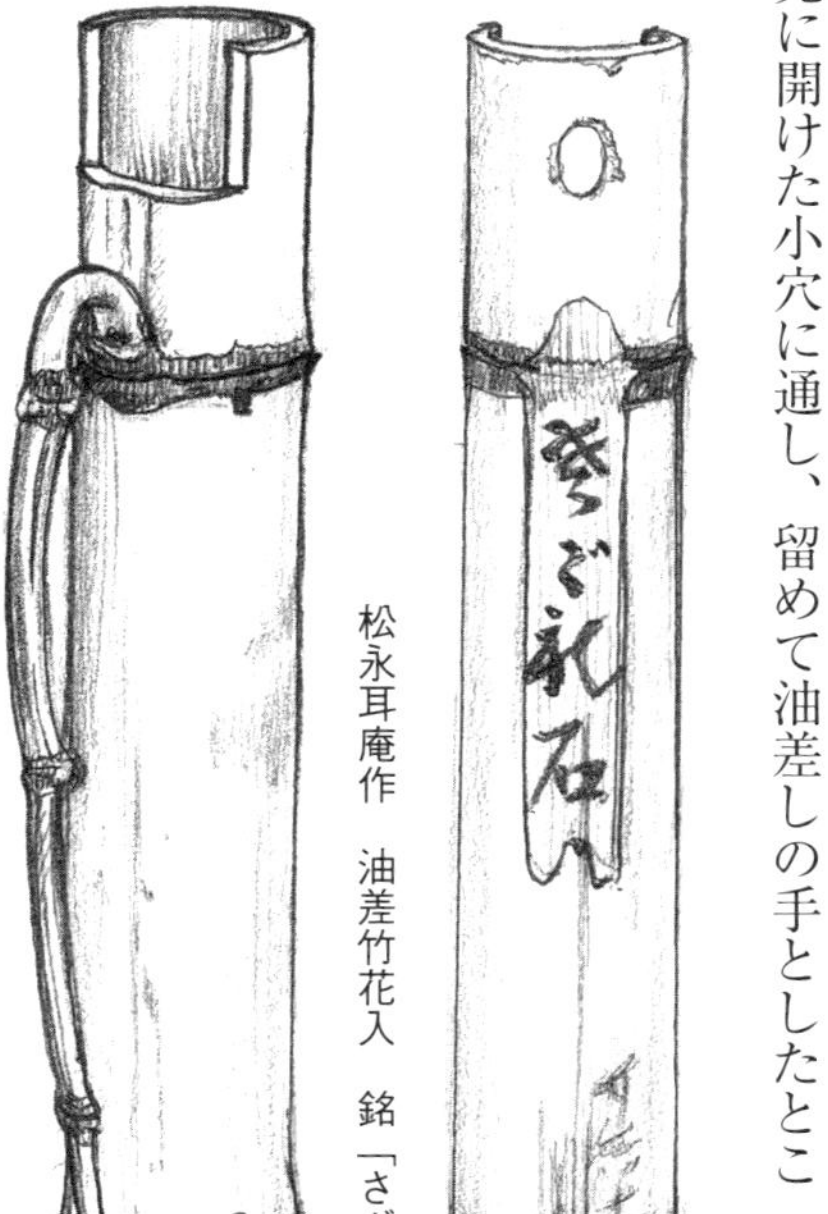

松永耳庵作　油差竹花入　銘「さざれ石」

（表）　（裏）

ても、耳庵のものらしい大胆な気分は、花入の姿、書付の筆の中に充分に表現されていて好ましいものである。ただ、耳庵の竹花入は、本作も含めて一重切にしても尺八にしても、やや大ざっぱなつくりであることは否めない。箱書や筒書がよいだけに、おしむべきことだと思う。

さて、二人目は、川喜田半泥子《かわきたはんでいし》。彼は寛永年間（一六二四〜四四）より、江戸の大伝馬町に店を構える、木綿問屋の十六代目である。その川喜田商店の主、あるいは百五銀行の頭取として三重県の代表的な財界人で、陶芸家ではないが、生涯に三万点ともいわれる作品を残した人として知られ、その作品の雄大で自由な作風は今も高い評価を受けている。半泥子のつくる焼き物は、概ね、茶碗・水指・香合などの茶道具である。それだけに茶の湯も熱心に学び、自ら大工仕事をかって出て、設計から完成まで差配して茶席をつくり上げてしまうくらいであった。半泥子の偉いところは、このように、すべて自分でつくろうとし、つくってしまうところにある。陶芸においては、窯から自作し、土を練ることから、もちろん轆轤も釉掛けも、窯の火を見守ることも人まかせにしていない。竹花入についても同様に、自作しているし、それとわかる不器用で、いさぎよい造形は、やはり半泥子ならではのものである。

竹花入「福禄寿」は、高さ四十一センチ、太さ十センチほどのモウソウチクを輪無二重切の形に伐った花入である。素材は戦前に住居と工房のあった千歳山の竹。もとは青竹であったろうと思われる。戦後の昭和二十九年（一九五四）、半泥子七十七歳の作と共箱にある。姿はどことなくユーモラスで、半泥子その人を思い起こさせる。竹は歪み、枯れた上に全体にゴマを生じ、その不思議な造形に何ともいわれぬ効果を加えている。それは半泥子の陶器にも通ずるザラザラとした肌合いにも似たものである。また、口縁を見ると、自作だけあって半泥子の鋸の跡が生々しく残り、切断面に狂いが生じてはいるが、作者はまったく気にしていないようだ。陶芸においても自ら「シロート」を名乗った、これぞ半泥子といった花入である。

また、半泥子作竹花入「清閑」は、高さ三十八センチ、太さ十センチほどの一重切である。こちらも「福禄寿」と同じく肉厚のモウソウの青竹を材料としているが、半泥子作としては珍しく、歪み・ひずみがない正統派の花入で、鋸も丁寧な利休型に近い竹花入である。本作を見ると、半泥子が竹花入の伐り方というものをちゃんと心得ていたことがわかる。節の置き方、正面の取り方、花窓の位置と大きさ、切断面の処理など、適切になされている。半泥子作として「福禄寿」とは対極にある代表作である。

半泥子作の竹花入には、ほかに「寿老」「あら壁」「瀧つせ」「四国通い」など、魅力的な作品が多くある。誰にでも使えるものではないかも知れないが、半泥子は竹花入の作者としても、その個性で名を残すはずである。

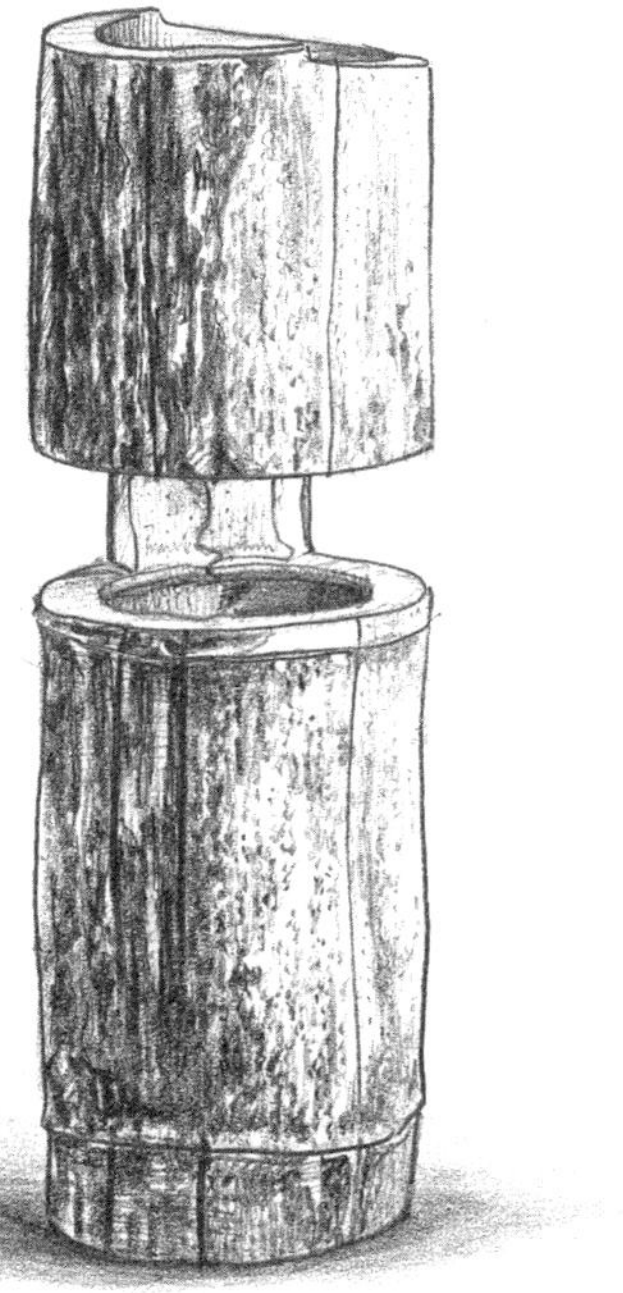

川喜田半泥子作　輪無二重切竹花入　銘「福禄寿」

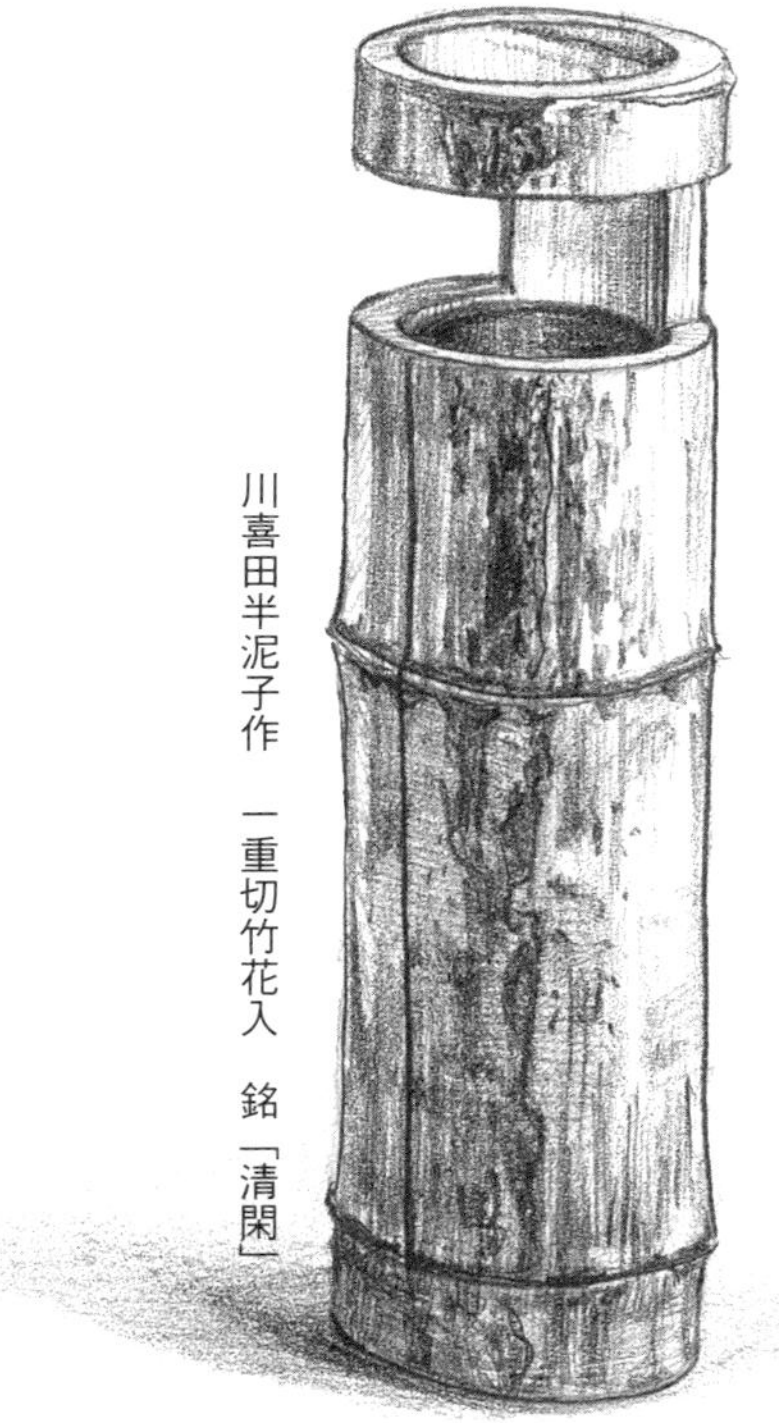

川喜田半泥子作　一重切竹花入　銘「清閑」

九、私の好きな竹の花入

利休作とされる竹花入とは、お目にかかる機会は少なくない。利休さんも随分たくさんの竹を伐ったものだと思うが、さて真作はというと、すっきり腹に落ちる作が少ないのも事実ではある。その中で、名物であって、しかも私が好きな利休作の竹花入に、一重切の「小田原」がある。その由来書によると、「この小田原筒花入は、秀吉太閤小田原出陣の時、小屋にて利休即席に、韮山竹を切、花を入れ、御茶献ぜられし名具也、則竹の花入根の由」とあり、小田原攻めの折につくられ、用いられたことが記されている。また「その後、休京都に持来て、紙袋に入れ、筒名小田原、休と書付をして箱に入れ、紫野古渓和尚に献じ、和尚箱の蓋に紙を張り、小田原筒花入と書き付けて所持す」と記されたように、「小田原」は、利休より古渓宗陳に送られたのである。以上の由来から考えて、その伐られ方、使われ方、贈られ方のすべてにリアル感が漂う。全体を見てまず目に入るのは枯れた表皮である。これは筒に直接水を入れて、あるいは濡らして使い続けられたためである。

千利休作　一重切竹花入　銘「小田原」

また、肉の薄い竹をかなり無雑作に伐っていて、同時作の「園城寺」よりも、より即興性が強く前面に出ている点も見逃せない。造形的には「園城寺」が見る者に緊張感を強いるのに対し、本作は伸びやかな桃山の雰囲気が伝わる花入に仕上げられていると感じる。それはふくよかな竹の形と、二節の節の間隔（節合《ふしあい》）が広く取られていることによる。また、この節合が広いということは、本作が由来書にあるような根に近い竹ではないということも証明している。

どうして、利休はこのような節の竹を選んだのだろうか。私はまず、生ける花を考えてその花を美しく見せる竹を、利休は探したのだろうと想像する。まず、花ありきと考えた時に、利休は竹花入に活路を見出した。そう結論したくなる花入なのである。「園城寺」よりはるかに即興性の強い花入として、草《そう》の中の草《そう》の花入として、私の頭の中には、この「小田原」がトップにある。

❖私の好きな竹の花入　２

藪内剣仲は幼名を九助といい、武士の子として生まれたが、侍にはならず茶人で姻戚関係にあった藪内宗把の養子となって、その道に進んだ人である。やがて武野紹鷗に師事し、十四歳年長の兄弟子・千利休に台子皆伝を受け、また、古田織部の妹を妻として、その両人との関わりが深い。利休逝去の後、秀吉の茶頭になる話を辞退している。

さて、藪内剣仲作「竹一重切花入」（香雪美術館蔵）は、利休作の一重切「園城寺」とほぼ同じ寸法（高さ、太さ、花窓と上の輪の寸法など）でありながら、観るものに与える印象はかなり異なる花入である。素材は煤竹。それも歪みを持った肉厚の竹を用いている。節は「園城寺」と同じ二節に伐っているが、その節の位置が底に近いところに一節、花窓の下の切り口に一節と離れているためにかなり胴長に見える。ことに、上の節が花窓ぎりぎりに伐られた姿は、ほかに類例を見ない。しかし、竹の持つ生命力や動きを損なうことなく表現するのには役立っていると思う。先にも書いたように、兄弟子の利休作を手本としたとも考えられるが、当時の茶人たちが利休の作風に右へならえをしている中で、利休の竹花入を「陽」とすれば、「陰」と表現すべき葉隠れ的な、控えた剣仲独自の美学が本作には感じられる。武骨で男性的な剣仲、その人がそこに居るような竹花入。それがこの竹花入の魅力であり、私が本作を好きな理由でもある。

つけ加えたいことが一つ。それは本作の補修の跡である。どちらかというと割れやすい煤竹を素材としたために筒の各所に割れを生じ、その繕いとして花筒内部を黒漆、割れの上には金繕いと鎹《かすがい》で補強してあるが、この修理さえも風情となるような工夫が、鎹の位置や打ち方などに見られる。竹筒が割れるのは、ある意味、自然なことなので致し方ないのだが、補修を間違えると、肝心な本体のよい点を殺してしまうこととなる。難しい作業ではあるが、本作の補修は、その成功例

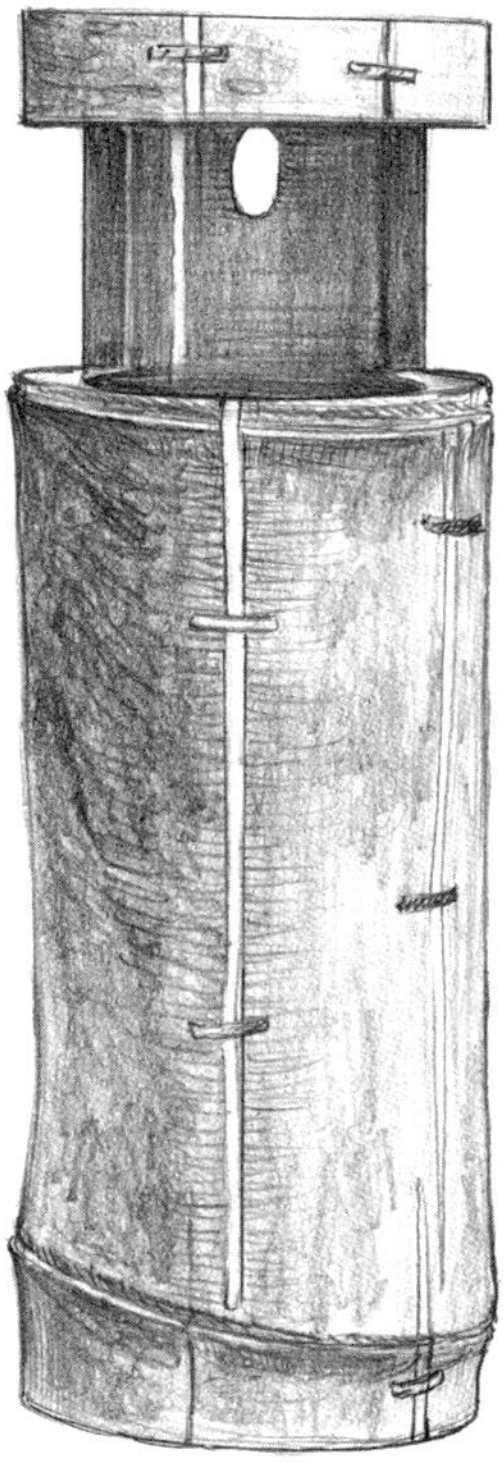

藪内剣仲作　竹一重切花入

の一つとして学ぶべきものがある。剣仲は九十二歳の長寿を全うした。利休のような華々しさはないが、地道に己を磨き、少しずつ茶を深めていた彼の人生は満足すべきものであったに違いない。

もう一点は、金森宗和作の木惣花入、銘「法師」である。昭和六十年（一九八五）秋、茶道資料館で展観された「わびの造形　花入」展で拝見した。その後、長らく世に出ていなかったように思うが、近年思いがけず本作を間近に拝見する機会を得、その素晴らしさを再度確認した次第である。

本作は竹製ではない。竹花入づくりの名手、金森宗和による木製の花筒である。まるでオブジェのような力強い造形とデザイン感覚は宗和ならではのもので、現代のアートにもひけをとらない斬新さ。これを江戸時代初期に残した彼の才能は、光悦・光琳にも劣るものではない。とはいえ、本作は見立てである。寺田無禅という近衛家に仕える人の茶室の建築中に、宗和が余材を持ち帰り、花を生ける穴を削って、まるで竹の鉈目尺八のような形にして再生したものである。寺田無禅はこの花入の上出来なことに驚き、近衛応山公に見せて「法師」の銘を賜わったことが『隔蓂記』の記述にある。本作の存在は、改めて私にその才能の偉大であることに気づかせてくれた。竹ではないが、好きな花入の一つである。

金森宗和作　木惣花入　銘「法師」

十、のんこうと落語

平成十八年秋、日本橋の三井タワー七階にある三井記念美術館で「赤と黒の芸術　樂茶碗」展が開かれた。三井タワーは、日本橋三越本店の、向かって右隣にある三井本館を、その外観を残しながら建設された地上三十九階の高層ビル。三井本館は昭和の初めに施工された西洋建築として重要文化財に指定された建物で、三井記念美術館に行くと、その重厚な趣と、今話題の隈研吾氏による設計の現代建築の快適さをともに味わえるのである。また、吹抜けのある入口の大きな空間は、竹林の植栽もあって気持ちがよい。

私は幸いにも開催前日のレセプションに出席させていただき、めったにないスケールで催された樂茶碗展を、人の肩越しではなく、ゆっくりと眺めることができた。会場は、各美術館の研究者、古美術商のお歴々、出版関係の人たちなどで賑わっていたが、美術品の鑑賞に慣れた方が多いので見やすく、心地よい環境で拝見ができたのはありがたかった。樂茶碗が飾られた室内は、美術品への配慮から照明を落とし、ちょっと暗めだが、展示品自体は大変見やすく調光されていた。私がまず驚いたのは、長次郎だけで一室が占められていたこと。それも優品揃いであったことは、胸が締めつけられるほど嬉しかった。そして、二度目に驚いたのは「大黒」が飾られていたことである。「大黒」は、長次郎七種の一つで、利休所持。「小黒」に対して「大黒」と呼ばれるように、やや大振りの黒樂茶碗。その姿は一見、おだやかではあるが、得もいわれぬ凄味もあって、私は近寄り難いものを感じた。利休さんとは、この「大黒」のような人なのかと思いつつ、出品は日時が限られていると聞いたので、確認して再度訪れ、心ゆくまで眺めることにした。

展示は、第一室が長次郎の代表作である「無一物」のほか「一文字」「大黒」「あやめ」「ムキ栗」が並び、その次のケースに「利休」と「まきわら」が飾られていたと記憶している。「利休」は江岑の命銘。静かで小振りの黒茶碗で、キリッとした姿が、私には好ましく感じられた。見込みは深く、カセ具合が素敵で、ああ、この茶碗で美味しい濃茶が飲んでみたいと、本当に思った。あるいは、茶を練らせていただきたい。思うだけならタダである。また、第一室の終わりには、長次郎作の「二彩獅子像」が置かれていた。この焼き物、というよりはまさしく彫刻的な獅子像は、樂家当代の吉左衛門氏へと繋がる血脈を暗示させるかのようである。第二室以降は、宗慶（常慶の親。歴代には数えられていない）から樂家二代常慶、そして三代の道入、一入、宗入……当代と、歴代の代表作やその特徴がわかりやすく、適切な構成で見応えがある。順を追って展示室をめぐると、三代の道入、通称「のんこう」にいたって、作行がガラッと変化していることに気がつく。長次郎や常慶のような個性的な表現を極力抑えた造形や釉の調子から離れ、のんこう自身の個性がはっきりと、ことに艶のある釉の掛け分けなどによって一碗一碗に物語をつくり上げているようで、私には興味深く感じられたのである。そして、のんこう七種の「升」「鵺《ぬえ》」などには、いっそうそうした傾向を強く感じた。

長次郎作　黒樂茶碗　銘「利休」

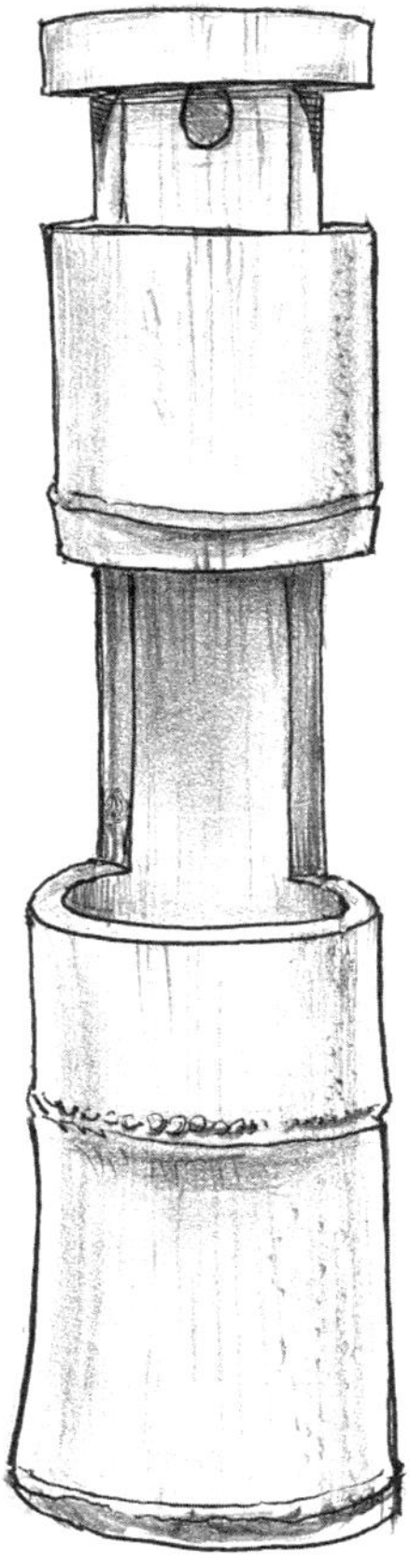

千宗旦作　竹二重切花入　銘「のんかう」

さて、「のんこう」とは変わった通り名だが、この通称の由来には諸説がある。よく知られているのは、のんこうが千宗旦より贈られた「のんかう」銘の竹花入を愛用し、つねに座右に置いていたためという説。この「のんかう」の由来は、宗旦が伊勢路への旅の途中、鈴鹿にあった「能古茶屋《のんこ》」の竹でつくったからという。「のんかう」は、利休の「よなが」とほぼ同寸の、下の花窓がやや長い二重切。青竹を伐ったものらしく、利休の厳しさよりも、茶に徹した宗旦らしい曲割《かねわり》の侘び花入の名作である。

余談になるが、私が道入の通り名である「のんこう」の名を覚えたのは小学生の頃のことだった。自慢にならぬが、古典落語の「金明竹《きんめいちく》」がはじまりである。

演者によって内容の端々や言い回しが異なるが、その落語「金明竹」のおおまかな噺は、次の通りである。

江戸の道具屋が舞台である。上方から客があり、店番をしていた小僧の与太郎に向かって言う。

「手前は中橋《なかばし》の加賀屋佐吉方から参じました。先度《せんど》仲買《なかがい》の弥市が取り次ぎました道具七品のうち、祐乗《ゆうじょ》、光乗《こうじょ》、宗乗《そうじょ》三作の三所物《みところもん》、ならびに、備前長船《びぜんおさふね》の住則光《じゆうのりみつ》、四分一《しぶいち》ごしらえ、横谷宗珉《よこやそうみん》小柄《こづか》付《つき》の脇差《わきざし》、あの柄前《つかまえ》は旦那さん鉄刀木《たがやさん》いやはってたが、埋《う》もれ木じゃそうに、木ィが違うとりますさかい、念のため、ちょっとお断り申しときます。次は、のんこうの茶碗、黄檗山金明竹寸胴《おうばくさんきんめいちくずんどう》の花入、『古池や蛙《かわず》飛び込む水の音』、あれは風羅坊正筆《ふうらぼうしょうひつ》の掛物で、澤庵《たくあん》、木庵《もくあん》、隠元《いんげん》禅師貼り交ぜの屏風、あの屏風はなァ、わての旦那の檀那寺が兵庫におまして、この兵庫の坊主が好みまする屏風じゃによって、表具にやり、兵庫の坊主の屏風にいたしますとなあ、かようお伝え願います」と、一気にまくしたてる。一方、与太郎は何のことやらわからず、何度も同じ口上をやらせて、おもしろがっている。そこに店の内儀があらわれて、与太郎の無礼を詫び、口上を聞き直すが、内儀も早口の関西弁のおかしさに吹き出す始末。上方の客は、ついにあきらめて帰ってしまう。そうこうするうちに店の主人が帰ってくる。内儀に事の次第を説明させようとするが「仲買の弥市が気が違って、遊女を買って、孝女は掃除が好きで、隠元豆に沢庵ばっかり食べて」と、思い出しながら話す話がチンプンカンプン。主人が「はっきりしたところが一つくらいないのかい」というと、「古池に飛び込みました」。「え、あいつには道具七品をあずけてあるんだが。で、買ってから飛び込んだか」、「いいえ、買わずでございます」というのが、オチである。

　オチもおもしろいが、子ども心には、上方の客の口上がおもしろくて、「じゅげむ、じゅげむ」式に訳もわからずに「のんこ、のんこ」と、早口で覚えたものである。道入の作品はもちろん立派であるには違いないが、この通り名があることで、落語にもあらわれるほど、親しみやすい存在になっているのは、樂家歴代の中でも得をしている面もあるのではないかしらと、不謹慎なことを考えながら拝観していたのは、たぶん私一人だったであろう。

さて、この噺は、享和二年(一八〇二)に落語家・石井宗寂によって翻案されたものとされる。道具を羅列しただけで、これだけの笑い話をつくるのは並大抵の力量ではない。間違いもあるにはあるが、その知識の懐の深さには驚く。ことに私は「金明竹」という外題が気に入っている。キンメイチクはマダケの変種で、全体は黄金色の幹に、樋のところだけ緑色の筋が縦に走る、大変珍しい竹である。噺の中で「黄檗山金明竹、寸胴の花入」というのは、京都の宇治市にある萬福寺の庭のキンメイチクでつくった尺八の竹花入ということで、口上のあとに出てくる「木庵、隠元禅師」に繋がっている。もしかしたら、キンメイチクは、隠元禅師が中国から招来したのだろうか。などと、空想の羽をのばせたのも、樂家歴代の作品に酔いながら、心地よい時間を過ごしたせいかもしれない。

キンメイチク

十一、竹に文字を記す

『広辞苑』のページをめくるうちに、「韋編《いへん》」という項目が目に止まった。「韋編」とは、「(竹簡《ちっかん》をなめしがわの紐でとじたのでいう)書籍のとじ紐」とあったからである。日本では「木簡《もっかん》」が古代史を知る上での貴重な資料とされているが、「竹簡」は中国古代の法律や哲学が記された書物の姿となる。さらに読むと、「韋編三たび絶つ」の語句に出合った。「「史記孔子世家」(孔子《こうし》が晩年易を好んで読んだために、書物のとじ紐が三度も切れた故事から)書物を熟読すること。読書に熱心なこと」とある。

孔子、晩とって易を喜み、彖、象、説卦、文言を序ぶ。易を読みて、韋編三絶す。曰く、我に数年を仮し、是の若くならば、我の易におけるや、即ち彬彬たり
(『史記』)

紀元前九一年頃に完成した『史記』は、前漢の時代に司馬遷《しばせん》によって著された歴史書である。中国古代の黄帝の時代から前漢の武帝までの歴史・伝記などをまとめた大作で、『史記』の「世家」における春秋時代の孔子も、前漢の司馬遷からすれば、四百年も昔の偉人の一人である。

そして、この文章に記されるように、孔子が晩年好んで読んだという『易経《えききょう》』は、春秋時代には「竹簡」に綴られた書物であったのだ。「竹簡」とは、竹を割ってつくられた細い板を、簾のように紐で繋いだものである。紙の書物が、春秋時代からさらに六百年を経た後漢の時代、紀元一〇五年に蔡倫《さいりん》によって発明されて、一般に広まるまでは「竹簡」あるいは「木簡」が、すべての書物の体裁であった。孔子が竹の上に記された文章を何度も開いては読み、読んでは閉じる姿は、書物といえば紙本を思い浮かべる我々にとっては、意外な印象を禁じ得ない。もちろん、孔子の残した書物

も「竹簡」に書写されていなければ、今日の我々はその内容を知ることもなかったわけである。

冨谷至著『木簡・竹簡の語る中国古代』(二〇〇三年・岩波書店)を読むと、紙の本が成立する以前の書物の姿が垣間見えて、大変興味深い。また、中国の歴史・文化において、竹の担った役割の大きさを知る一助となろう。同著によると、最新の研究では、中国では「竹簡」の発見が相次いでいるという。その研究結果として、後漢の時代までの主たる書籍は「竹簡」によって編まれ、むしろ「木簡」は竹の自生しない敦煌《とんこう》などの西北辺境で例外的に使われたのではとの説が有力になった。「竹簡」の竹の種類には触れられていないのが残念だが、その一片のサイズには決まりがあるという。長さは二十三センチ(漢代の一尺)、幅は一〜二センチ、厚みは二〜三ミリに削られたものが標準とされているとのこと。「ササ類」の細

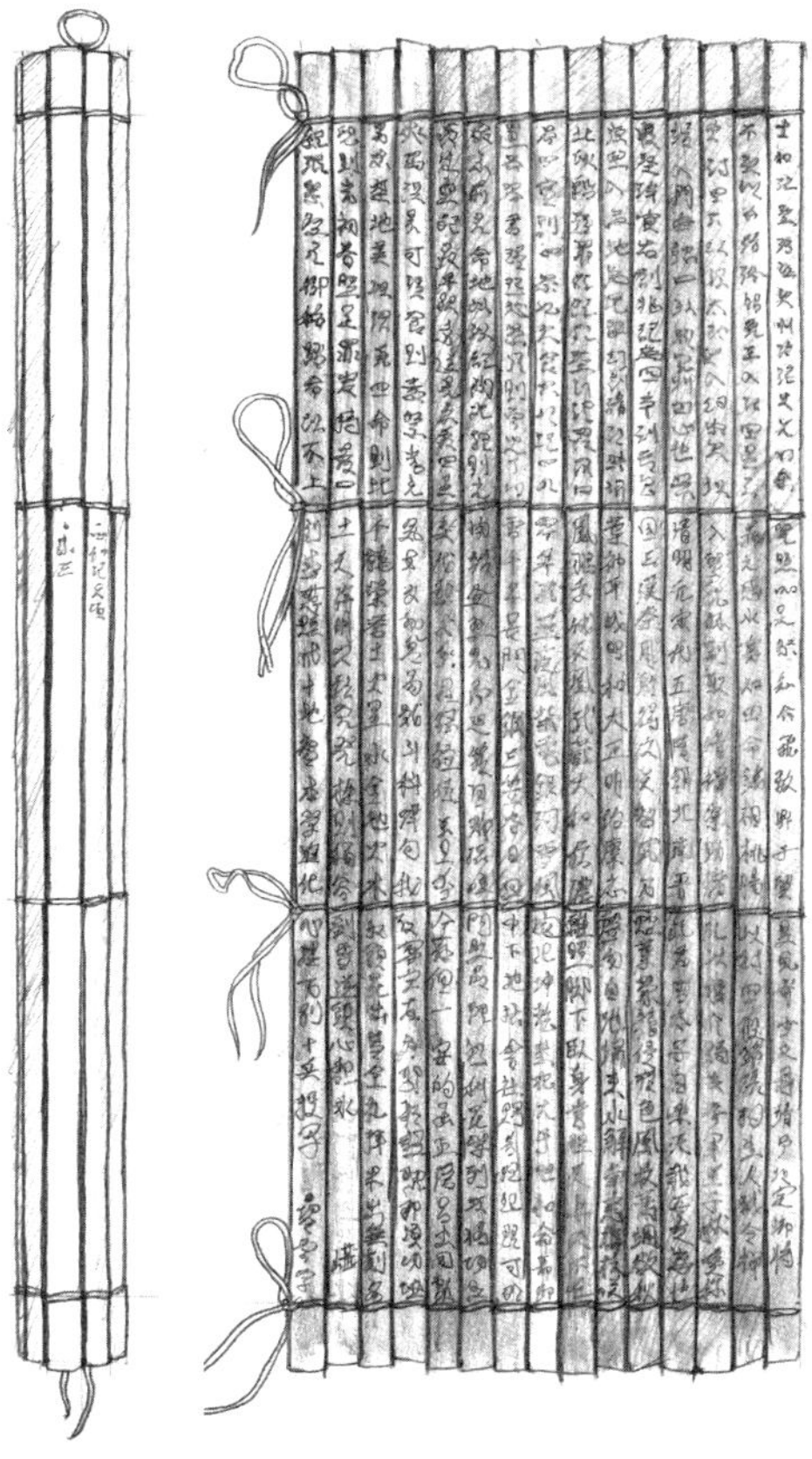

復元された、武威出土『儀礼』の竹簡

い竹では竹簡にはならないことがわかるし、なるほど、太い竹ならば幅や厚みを整えやすいに違いない。それに、物差しにも使われるくらい、竹は反りに強く、歪みにくいのである。また、教典の類は長くて五十五センチの簡が用いられている。そして、いずれの場合も、竹を紐で一本一本繋いで、文字面を内側にして巻き込み、巻子本のように丸めて綴じ、最初の竹簡の背面に書名を記す。この時、書物の最後の簡から結ぶため、紐は自然と文章のはじまりの簡で余る。この余り紐で、束ねた竹簡を巻いて、全体を固定する用をなす。また、帳簿などの漢籍は、逆に文書の頭から順に紐で結び、文章の最後で紐が余るようにしている。これは、新しい内容を記した竹簡を付け加えていくという利便を考え、今でいうファイル形式みたいなものであるという。

このように、中国の書写文化を支えた「竹簡」ではあったが、書籍としては重く、かさばるという欠点があって、軽く扱いやすい紙本にとって代わられることになる。しかし、竹簡時代の名残りは、今でも我々が意識せずに使う漢字に残されている。たとえば、書籍の「籍」、帳簿の「簿」、詩篇の「篇」、政策の「策」などの「竹」冠は、竹簡時代の名残りであるというし、一冊、二冊と数える時の「冊」は、「竹簡」を紐で綴じた形を元にしているというのである。

今、我々は「竹簡」の上に記された文章を読むことはないし、「竹簡」に文章を記すこともない。唯一、私が知っているのは、茶杓の竹の共筒を削って、その上に筆で銘を書きつける時の書き味である。一言でいって、紙本に劣らぬ、書きやすさである。竹の表皮を削って平らにし、よく磨けば、墨は滲むことなく、吸い込みも少ないので、筆がのりやすい。そして、書き損じたら、削ればよい。竹の利点を生かした先人の知恵を思うのは、私だけであろうか。

十二、私にとっての茶杓

私が初めて茶杓を削ったのは、と考えて、ふと、覚えていないことに気がついた。だから、覚えていないくらい前なのだろう。しかし、遊びではなく、仕事で茶杓と向き合ったのは、三十代になってからと、しっかり記憶している。先代に「それまでは削るな」と、厳しくいわれていたからである。その言葉の意味が、最近ようやくわかるようになってきた。それは、還暦を迎えるほど年齢を重ねるうちに、しだいに茶杓に心が込められるようになってきたからだ。もちろん、若い時代にも、必死で茶杓を削っていたが、自分自身、できあがった作品に何かが足りないと感じてもいた。父が亡くなって八年、今年母も亡くして、すべてに責任を背負うようになって、茶杓を削る一太刀一太刀が重くなった。

これは、技術の問題とは違い、心の問題なのだろう。茶杓削りは、技術ではないということは、利休晩年の茶杓、遠州や宗旦の晩年の作品にも、はっきりとあらわれている。そう思うから、軽い気持ちで「茶杓なんて、どれも同じじゃないか」「何で竹を削っただけなのに、そんなに高いの」などといわれると、以前は腹が立ったものである。今は、怒らずに、こう答えるようにしている。「茶杓の価値は」と問われれば、「答えは茶杓にある」と答える。そして「答えはあるが、その答えは見えない人がほとんどである。だが、見ようとすれば、見えるのだ」と。

禅問答のようであるが、嘘ではない。ただ、心のある（つまり、答えがある）茶杓が少ないのも事実。心のない茶杓に、いくら問うても、応えてはくれない。

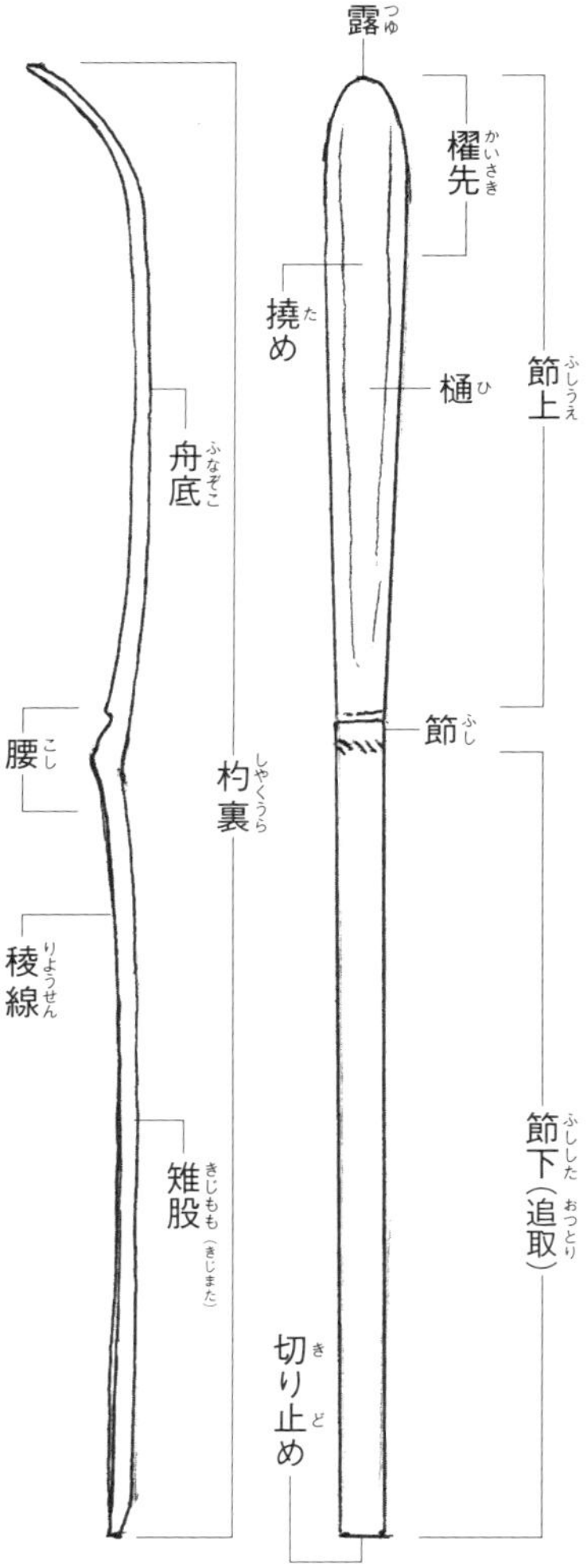
露《つゆ》
櫂先《かいさき》
撓《た》め
樋《ひ》
節上《ふしうえ》
節《ふし》
舟底《ふなぞこ》
腰《こし》
杓裏《しゃくうら》
稜線《りょうせん》
雉股《きじもも》（きじまた）
節下《ふしした》（追取《おっとり》）
切《き》り止《ど》め

茶杓《ちゃしゃく》

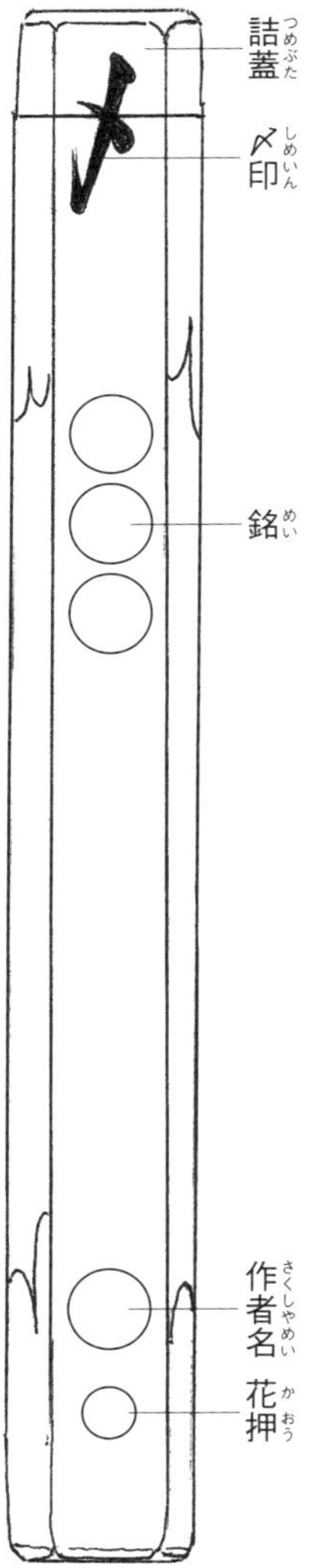
詰蓋《つめぶた》
〆印《しめいん》
銘《めい》
作者名《さくしゃめい》
花押《かおう》

筒《つつ》

今の私にとって、最大のテーマは「答えのある茶杓を削ること、残すこと」。難しい課題ではあるが、心して挑んでいきたいと思っている。

では、ここで、茶杓とは、どういうものなのか、具体的、かつ簡単に語ってみたい。

竹の茶杓は、一部の例外を除いて、マダケでつくられ、節(竹茎の隔った箇所)にできる「樋《ひ》」という溝を利用して、匙のように曲げ、削り出したものをいう。

茶杓の歴史をいえば、飲茶のふるさと・中国で生まれ、竹の茶杓も古くからあったが、金や銀、象牙などでつくられたものが主に使われていたらしい。現在のような竹の茶杓は、日本でつくられたといってもよい。つまり、茶人が自ら茶杓を削り、筒に入れ、そこに銘と名前ないしは花押《かおう》を認《したた》め、残した茶杓である。こうして、利休時代から茶杓は、長さはだいたい十八センチ前後、幅は広いところで一センチ前後、中央に竹の節を置いた姿が、一般的となった。

杓の見所は、まず、全体の姿。ことに、茶を掬《すく》う部分である「櫂先《かいさき》」の形や竹の景色、手に取った時の重さもしくは軽さ。そして、杓の裏側の刀の跡などである。こうした見所を詳しく見ることで、削った人の、人となりが伝わってくれば、たいしたものである。

十三、茶碗と茶杓の関係

右足側にあるペダルを踏むと、唸りを上げて電動轆轤《ろくろ》が回りはじめた。あわてて轆轤の右にあるハンドルを操作して回転数を下げる。経験があるといっても、ベテランではない。「さあ、どうぞ」といわれても、久しぶりの轆轤。ぐるぐるとまわる粘土は、いつにもまして近寄りがたく、土は疑いのまなざしで私を見ているかのようだ。意を決して、砲弾型にそそり立つ粘土の天辺に両手の親指を揃えて並べ、指圧のように押し込んで穴を開け、広げていく。同時に、その穴を中心として、人差指・中指・薬指で茶碗一つ分の土取りをすると、粘土はしだいに形を変えて、おおまかにいえば器の形を呈してくる。この器の形を基にして、穴の内側に広げた右手の人差指と中指をあて、親指を外側に添えて、底のほうからゆっくりと何度も押し上げていくと、嬉しいことに肉厚の器が徐々に薄くなって、茶碗の形らしきものに近づいてきた。指先に水気をたっぷり含んだ土が厚くへばりついてくる。それを拭いながら奮闘するうちに、形が薄くなり過ぎていることに気がついた。両手の指先を揃えて、くるくる回る茶碗型になりはじめた土を、外側から包むようにすぼめて、深い形に直していく。そして、口づくりは少々端反りにしたかったので、茶碗の底のほうから右手親指に右手の人差指を添えて、慎重に土を引き上げつつ、口の形を整えていく。

何とか目指す刷毛目《はけめ》茶碗の基の形ができあがりつつある。最後に、茶碗の見込みに轆轤目を指でつけ、口縁には鹿皮の小片をあてて滑らかにしておかなければならない。これで、どうやら器胎はできたようである。タコ糸を両手でピンと伸ばして持ち、土から茶碗の高台部分を切り離す。半分まで土を糸で切ったら、糸から手を離し、ここで轆轤を止める。両手の人差指と中指でゆっくりと、下から茶碗を持ち上げて、作品を乗せる板の上にそおっと置いた。このまま、二、三日置いて、生乾きの状態になるのを待つ。

私が最近になって作陶をはじめたのには、理由がある。父が通っていた陶芸倶楽部の会員資格の継承があり、その後、倶楽部から盛んに作陶を勧めるお知らせをいただいていた。はじめはあまり乗り気ではなかったのだが、とあるお茶事に招かれた時、みごとな刷毛目茶碗を拝見したのがきっかけとなり、急に自分でもつくってみたくなったのだ。いってみれば、ものづくりの野心が刺激されたのである。それに何といっても、刷毛目は父も得意としていたので、自分にも簡単にできるに違いないという、根拠のない自信も後押しをして、倶楽部の電動轆轤の前に座ったのである。

轆轤に悪戦苦闘して、数日後、生乾きの茶碗を逆さにして、轆轤台の中心に正確に置き、高台を削りはじめた。父が倶楽部に残していった道具箱の中から、鉄製の鉋《かんな》を取り出して、高台内部の中心を削り、次に高台の外側を削り出す。土がまだ柔らかいので、轆轤の回転を速くすると、リンゴの皮を剝くように、ビュンビュンと削られた土が飛んでいき、すこぶる気持ちがよい。あっという間に高台が削り出された。次に、高台回りから茶碗の腰のあたりまでの余分な土を削り取っていく。土が乾くと鉋が滑って削りにくくなるので、急がねばならない。かといって、薄く削り過ぎて穴を空けぬ慎重さも必要である。伏せた茶碗をひっくり返して手に持ってみると、まだ少し重い。何度が削り直して、本体が完成した。次は、釉掛けである。

刷毛目は、まず化粧掛けから行う。白土を溶かした白釉を刷毛で陶胎に塗りつけるのだが、この刷毛はホウキのような代物で、なかなか扱いにくい。うまく刷毛目が立たず、初心者は失敗しやすい。改めて、作陶歴五十年のキャリアを持つ父は、さすがに上手だったと思い知らされながら、それでも何とか、外側、内側の順に釉掛けをすませ、その上から透明釉による上釉掛けを行った。これで、あとは、焼成を待つのみだ。

茶碗の上に茶杓を置く

余談であるが、父は、荒川豊蔵や金重素山などの陶芸家とも親交があり、彼らの窯場に寄せていただいて作陶をしたり、お礼に籠花入や茶杓の下削りをプレゼントしていたこともあった。皆、茶室を持ち、お茶に造詣が深い陶芸家ばかりである。

ちなみに、陶芸家で抹茶茶碗をつくる人に、茶を嗜み、茶杓を削り残した例は少なからずある。葆光青磁で有名な板谷波山、志野の荒川豊蔵や加藤唐九郎、備前の金重陶陽・素山兄弟、そして、陶芸家ではないが生涯三万点を越える陶芸作品を残した川喜田半泥子などである。これら陶芸家のつくる茶杓は、その陶芸作品と同調し、みごとにフィットするように削られている。意識するかしないかに関わらず、自身の茶碗に合わせて竹を削っているのは確かである。

また、それは陶芸家に限らない。桃山時代の茶人、利休七哲の一人でもある瀬田掃部は、口の広い高麗茶碗の上に乗るように、寸の長い茶杓を自ら削ったという。小服な茶碗に大柄な茶杓、大服の茶碗に細くて短い茶杓では、点前がしにくいばかりか、見た目にも悪い。

茶碗と茶杓の関係は、よく陰と陽にたとえられる。湯が入る茶碗は陰、抹茶を注ぐ茶杓は陽というわけだ。これを男女に置き換えれば、両者は夫婦のように寄り添わなければいけない。しかし、寄り添いすぎて、同一化してもいけない。何故なら、茶杓は、茶入・茶器との関係も深く、帛紗《ふくさ》とも仲良くしなければならないからである。少し話が意味深長になってきたので、筆を止めたいと思う。

後日、刷毛目茶碗が焼きあがった。成否を問われれば、今後に期待してほしいと答えたい。

十四、ある茶杓の思い出

東京は文京区の湯島に住むSさんから、茶会のお誘いを受けた。彼女は、私の主宰する竹芸教室「竹樂会」に長く通ってくれているお弟子の一人。女性ながらも、数寄者として、また茶道の先生として活躍中の方である。茶会はご自宅の茶席で開かれる。お住まいはマンションだが、その一室を改築した造りは本格派で、初めて訪れる人は一様に、ここがマンションの中かとびっくりするのである。その室内には、寄付があり、広間があり、小間がある。小間は三畳の台目席。中に入ると、とてもビルの一室とは思えぬが、点心が出される洋間へ案内されると、窓から湯島天神が下に見えるので、改めてマンションの中にいることを思い出す次第である。それもそのはずで、当家の茶室は、故・藤井喜三郎の設計・施工によるとのことであった。ご存じのごとく、彼は仰木魯堂のお弟子さん。みごとな造りの所以である。

茶会は五月七日。晴天である。マンションの一階で記帳をして、エレベーターで会場に向かうと、すでに多くの人で賑わっていた。私の姿に気づいて、水屋の手伝いをしていた旧知のMさんが待合へ案内してくれた。待合の床は、浮田一蕙の描く八幡太郎義家と新羅三郎義光の兄弟対面の図。五月の節句の茶らしく、待合から勇ましい。間もなく、Sさんがいつものにこやかな笑顔であらわれると、挨拶もそこそこに濃茶席へと引っ張り込まれ、正客にされてしまった。ともかくも床の間を拝見すると、掛物は春屋宗園、花入は時代芭蕉籠、香合には海松貝蒔絵の錫縁と、結構な取り合わせ。やがて、主菓子が縁高で出され、Sさんの甥御さんによる点前がはじまる。亭主のSさんは、しずしずと茶道口から席中に入り、改めて主客の挨拶を交わす。話が道具のことに移ったので、私は気になっていたことを聞いてみた。

「会記では花入が古銅龍耳になっていますが、籠花入に替わったのは、私に馳走をというお心でしょうか」

すると、席主は「先生がご正客ですから」とにっこりと笑った。やはり、亭主の嬉しい気働きであった。

濃茶がすんで、ほの暗い小間から障子越しに陽光の差し込む広間へと移る。床は洒脱な粽の画賛へ。小間の墨跡からの、ほどよい場面転換は、茶の醍醐味である。花入は魯山人の備前手桶、香合は一閑の兜巾《ときん》。兜巾とは、修験者の被る頭巾のこと。風炉先は矢竹のつくり。何やら趣向の匂いがする。干菓子が出され、点前がはじまると、見覚えのある茶杓が使われていることに気がついた。「はてな？」と思いつつ、仁清や乾山の茶碗で薄茶をいただいていると、半東さんから拝見盆に載せられた茶杓が筒とともに、二本出された。「いや、これは」と、合点がいった。拝見盆に載せられていたのは、亡き父・瓢翁のつくった、銘「牛若」と点前に使われていた銘「弁慶」の杓と共筒であった。見覚えがあるはずである。やがて、席主が顔を出し、ことの次第を話してくれた。

昔、父は覚々斎写しの茶杓「弁慶」を削った。かなりの太杓で、名にふさわしい男性的なできばえであった。それをSさんがお気に召して手に入れられた。このことを父は大変喜んで、手紙を添え、「牛若」の華奢な茶杓を贈ったというのだ。「牛若」の筒裏には「弁慶ひとりではやるまじ」と記されていた。私が招かれたのは、茶杓の披露を兼ねて、Sさんが父の思い出話をしたいというわ

武蔵坊弁慶

けがあったのだ。

『義経記』にあるように、弁慶の誕生の地は、紀州田辺。田辺は熊野への玄関口であるが、海に面し、紀伊半島の南端にあたるため、港には燈台が置かれ、沖をいく外国船を見張る必要から城が築かれた。その城は、紀州徳川藩の家老が城主で、その家来の一人が我が池田家の先祖にあたる。実際に調べたところ、先祖の屋敷跡は、今の田辺市役所に近い、城内もしくは大手門の傍に位置していた。

「弁慶」ゆかりの地は、私の先祖の地。と思えば、今回の趣向を見過ごすわけにはいかない。後日、自作の茶杓をSさんに贈るつもりである。その茶杓に「静」と銘をつけて、筒裏に「別れ難し」と記した筒を添えて…。

十五、川上不白とモーツァルト

私がはじめて川上不白という名を強く意識するようになったのは、その手づくりの「玉兎」という茶杓を拝見してからである。「たまうさぎ」あるいは「ぎょくと」と読むのだが、いずれにしろ月に兎が棲んでいるという伝説をふまえた銘であり、月のことを指す銘である。「玉兎」の杓は白竹で艶があり、色は深みを帯びて枇杷色を呈している。樋が非常に深く、櫂先は剣先型。逆樋で節に枝の芽が丸くのぞく。総体は節上から節下まで杓幅が広く削られ、力強い作行《さくゆき》は不白ならではと、今では書くが、その時は、ただ、その迫力に圧倒されてしまったのを覚えている。さらに、二十代の私が驚いたのは、この「玉兎」の共筒に「八十三　不白」と記されていることであった。もっとも、江戸時代には、数え年のほかに、還暦を過ぎて、改元されるごとに一歳年を取ることも一部でなされていたということなので、この年齢をうのみにはできないが、

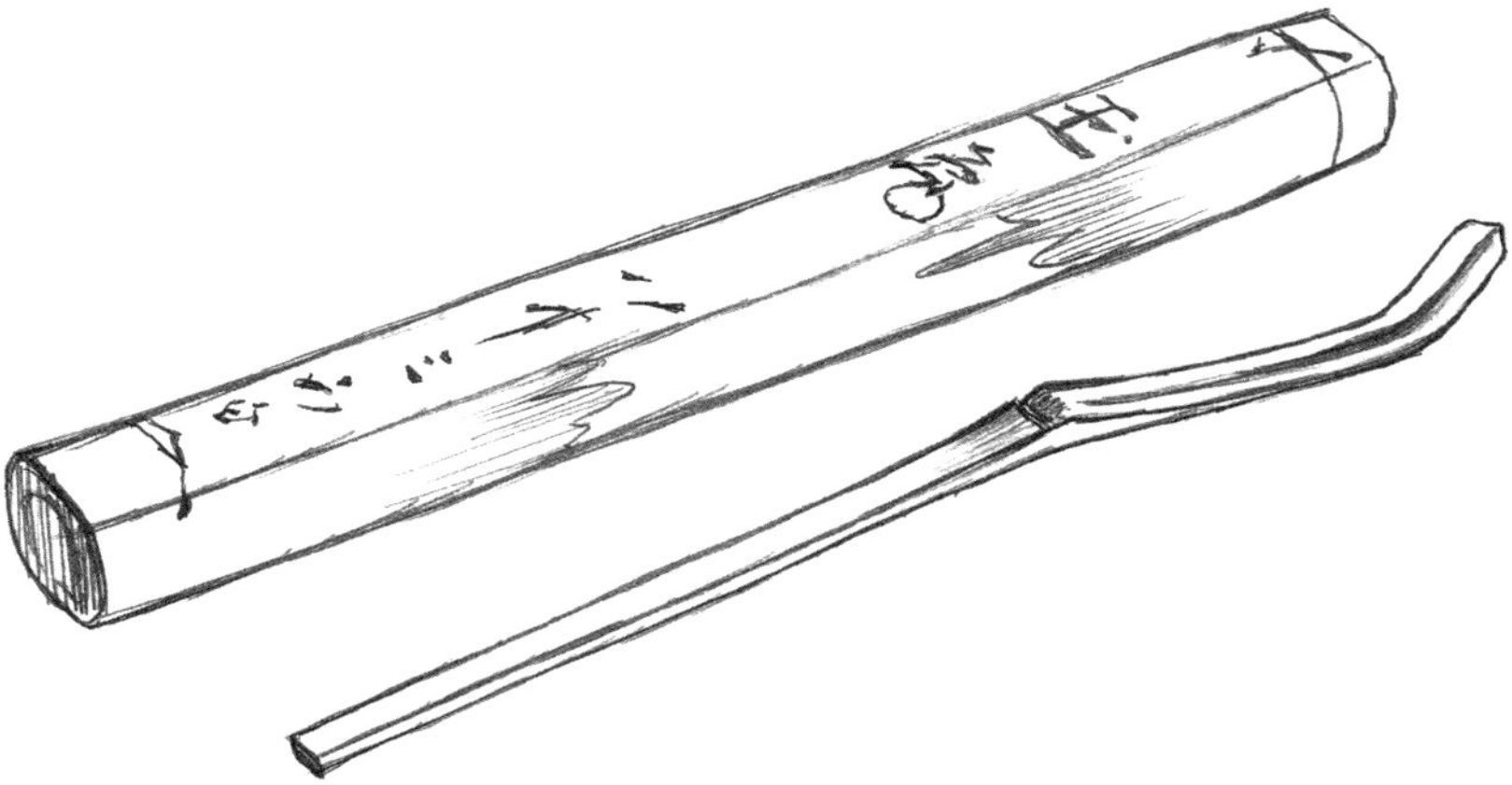

川上不白作　茶杓　銘「玉兎」

後期高齢者のおじいさんの茶杓とは、とても思えぬバイタリティーが感じられたのである。

平成十八年は、その不白の二百年遠忌で、同年の十一月十六日、大徳寺において孤峰忌の茶会が盛大に催された。二百年忌と考えると、意外と時代的に近いなという印象を持つが、不白は長生きだったので、生誕でいえば二百八十九年になる。そう思えば、かなり昔である。

生誕という言葉で思い出したが、平成十八年はモーツァルト生誕二百五十年記念の年でもあった。モーツァルトは、一七五六年一月二十七日に、オーストリアの古都・ザルツブルグで生まれた。この日を祝ってヨーロッパ各地でさまざまな催しが挙行される中、日本でも五月のゴールデンウィークに、有楽町の東京国際フォーラムでモーツァルトの生誕二百五十年を記念する音楽祭が開かれた。「ラ・フォル・ジュルネ・オ・ジャポン」と銘打たれたこの音楽祭では、一流の音楽家の演奏を気軽に聴いて、一日中過ごせるようにさまざまの工夫がなされていた。また、親しみやすいモーツァルトの音楽が中心に据えられたために人気を呼び、七十万人もの観客を動員したという。

実は私もモーツァルト好きなので、この音楽祭に参加したくてうずうずしていたが、一ヶ月後に迫っていた展示会の準備に忙殺されているうちに終わってしまった。そして、十二月五日は、モーツァルトの命日である。この

モーツァルトの生まれたザルツブルグ

日、ザルツブルグでは、ニコラウス・アーノンクールの指揮でモーツァルト作曲「レクイエム」が演奏され、イベントの幕が閉じられる。モーツァルトが亡くなったのは一七九一年のこと。わずか三十五年の生涯であった。

モーツァルトの生まれた年、不白はすでに三十八歳。師の如心斎は亡く、江戸と京都を行き来する生活が続いていた。しかし、翌年には江戸定住を決意し、千家茶道を江戸という新興都市に次第に浸透させ、流行させる素地を築いている。江戸時代中期の話である。一方、モーツァルトもヨーロッパ各地を演奏旅行で行き来し、二十五歳の時にウィーンに移り住み、この地で数々の名曲を残した。モーツァルトが他界した一七九一年、不白は七十三歳。不白の名声は、江戸中に響いていた。しかし、まだ「玉兎」の茶杓を削るまでに十年の余裕がある。不白が亡くなったのは文化四年(一八〇七)、数え八十九歳の年であった。その葬儀の参列者の列は、牛込赤城下の屋敷から谷中の菩提寺まで続いたといわれている。江戸において、いかに多くの人々に支持され、親しまれた茶匠であったかがわかる話である。モーツァルトが生きた時代は、不白がモーツァルトの音楽のようにわかりやすく楽しい茶の世界を築き、武家・公家から庶民まで多くの支持者を得た時代に重なっている。

十六、家族思いの七夕の茶事

取材で青梅へ行った。中央線を西へ、青梅駅で乗り換え、奥多摩行き四両編成の電車に乗る。車窓から見える景色はしだいに住宅地から山あいの風景へと変わり、東京とは思えぬ緑いっぱいの山々が連なっている。これから向かう「吉川英治記念館」は、青梅市の吉野梅郷の西端にあり、この一帯には東にある梅の公園を中心として、梅の木が二万本植えられているという。青梅線の沿線からも畑や民家の庭に青い実をつけた梅の木が散見された。二俣尾の駅で電車を降りる。ここが記念館の最寄り駅である。しかし、驚いたことに改札口がなく、駅員もいない。キョロキョロとしたあげく、Ｓｕｉｃａの小さなタッチパネルを見つけて駅を出た。のんびりしたものである。そして、改めて思ったのは、この山奥だからこそ、吉川英治も家族をともない疎開してきたのだな、ということだった。駅のそばには青梅街道が走っている。それを越えて記念館を示す看板にしたがって行くと、しばらくして急に視界が開ける。眼下に多摩川の流れと広い川原を見下ろす奥多摩橋に出たのである。気持ちよい景観とはいえ、高所に弱い私はそろそろと歩いて渡る。橋を渡ってしばらく行くと、材木を扱う家、陶芸の工房などがあって、吉野街道に出る。その向こう側が陽あたりのよい丘陵になって、記念館はその一角にあるのだ。

昭和十九年から二十八年まで（一九四四～五三）、吉川英治はこの地に暮らし、屋敷を「草思堂《そうしどう》」と名づけた。住居とした建物は、幕末に建てられた養蚕農家のもので、旧武田家の家臣が多く住んだといわれる、この地にふさわしい質実なものであった。記念館には、この母屋を中心として英治の没後につくられた展示館、書斎のあった洋館、そして自身作庭に関わったという広い庭園がある。展示館は谷口吉郎の設計で、通常は自筆原稿、書や絵画、愛用した文房具などが陳列されている。その一隅に直筆の「ちしゅん菴會記」があり、吉川英治と茶の湯の関わり、家族への温かい眼差しを伝えるものとして陳列されているのである。

　茶事が催されたのは、昭和十九年七月七日、七夕の夜であった。主は文子夫人、正客は英治、次客は長男、三客は次男。要するに、家族のためのアットホームな茶事である。家族の疎開先での苦労を、少しでもやわらげたいという気持ちもあったと思う。彼が書き残した会記は、その回のみであった。寄付は芭蕉の画賛「朝顔の句」、本席は床に宗中の「白心」二字を掛け、花入は黒の手桶に夏菊。おそらく炭手前はなく、懐石は焼物に鮎、椀には素麵や芝海老など、汁にそぎみょうが、八寸に栗ふくませ、鮭燻製、箸洗いにあんず・かき餅などな

草思堂

ど。そして、夜ということもあり、子どもたちに配慮してか薄茶のみがあって、釜は筒肩衝、秋草紋。茶杓は啐啄斎「不老」、蓋置が浄味の七夕糸巻。茶碗が染付の牛之絵は、牽牛《けんぎゅう》にかけて用い、替は雪台公箱の刷毛目を使う。棗は伊川院下絵の青柳蒔絵、そして水指は胡銅。香合には平独楽を飾る。菓子には子どもが喜びそうな、白玉のしる粉を出した。

　吉川家でさえ、客人に出された鮎の食べ残しの骨を、子どもたちが焼いて食べるような戦時下の

食生活の中、質素ではあるが、心暖まる心配りの茶事である。英治はあまり点前は好きでなかったと見え、夫人にまかせてはいるが、茶に対する関心は深く、この会記を見ても、茶の功徳についてよくわかっていたように思える。会が終わり、子どもたちは湯浴《ゆあ》みをしてすぐに眠ったこと、夜空を見上げ、戦況を思う筆者の胸のうちなどを記して、会記は終わる。

この戦時下の吉川家の七夕の茶事は、村人たちに支えられての会であったと聞く。吉川英治が地元の人々に愛され、尊敬されていたことを偲べる会記である。茶事は一期一会というが、家庭をかえりみず、茶にのめり込む人もいる。家族との一期一会を持とうとして果たした英治は、ある意味、人生のはかなさ、移ろいをいちばん知っている茶人だったのかも知れない。

こうした吉川英治の人柄を偲ぶには、『宮本武蔵』『鳴門秘帖』『私本太平記』などの歴史小説を読むのが近道とは思うが、彼が遺した書画や陶芸などを見るのもよいだろう。しかし、私は、彼の削った茶杓から思いを馳せたい。それは、平明快活、人情味豊かな茶杓といえるもので、草思堂の庭仕事を手伝ってくれた人に与えたというのも、吉川英治らしい。銘を「重陽」という。中節から上は白く、下は浸みで黒い、上下片身替りの竹を逞しく削った、堂々とした茶杓で、共筒には、その筆で「(〆印)重陽　英治作」と認めている。その勢いのよい筆運びに、優しさが滲んでいるような、心のこもった作品からは、吉川英治の真心がストレートに伝わってくるのである。

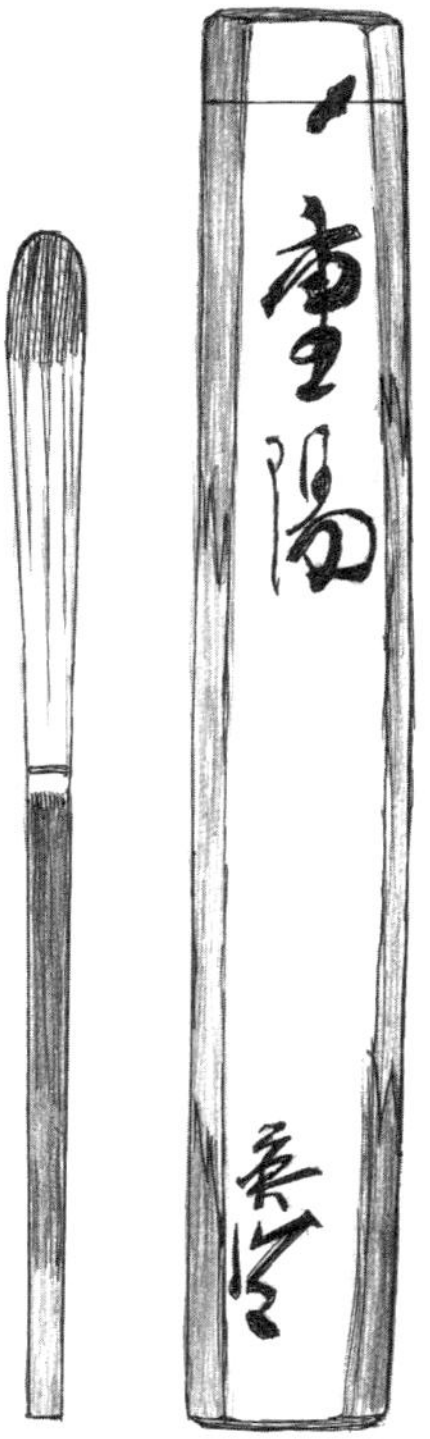

吉川英治作　竹茶杓　銘「重陽」

十七、竹の茶道具

茶の湯における竹の花入について、ずいぶん頁を割いて紹介した。しかし、茶の湯に使われる竹の茶道具は、先に記した茶杓のほかにも、まだまだある。ここでは、思いつくままに、それらについて紹介したいと思う。

まず、お茶の稽古をしていない人でも知っている道具から。

①茶筅

一般に、お抹茶といえば、すぐに浮かぶ道具である。簡単にいえば、竹のササラ。材料は、ハチクを用いる。マダケよりも柔軟で、節が低く、整っていて、割りやすい。茶筅の産地で有名な奈良の高山には、専門に茶筅をつくる家が十数軒ある。また、流儀によっては、煤竹や黒竹、胡麻竹も茶筅にする。また、細く割った穂の数によって数穂・中荒穂・荒穂にわけられ、濃茶・薄茶により使いわけられる。また、茶箱や茶籠に入れるための小さめの茶筅のほか、筒茶碗用の五分長、好みの茶筅など、数十種あるという。本来、穂の根元を結ぶ、上編みかがりの糸は黒色であるが、趣向によって、赤や茶色などがかがられる場合もある。

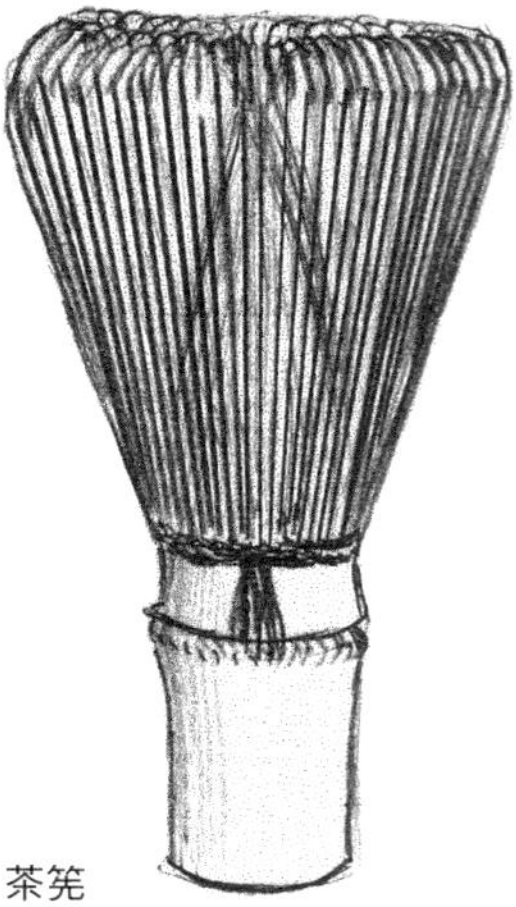
茶筅

②柄杓

釜の湯を茶碗、水指の水を釜や茶碗に注ぐための道具。月形の炉・風炉用と、台子や長板の総荘り・立礼などに使う差通しの三種類にわけられる。合《ごう》の部分は、竹の節を皮を削ってつくられており、炉用は大振り、風炉用は小振り。柄の部分は、皮を残して形に削るが、炉用は切り止めの皮目を削《そ》ぎ、風炉用は身のほうを削ぐ。千家十職の一家、黒田正玄家は、竹細工柄杓師として、その伝統を受け継いでいる。

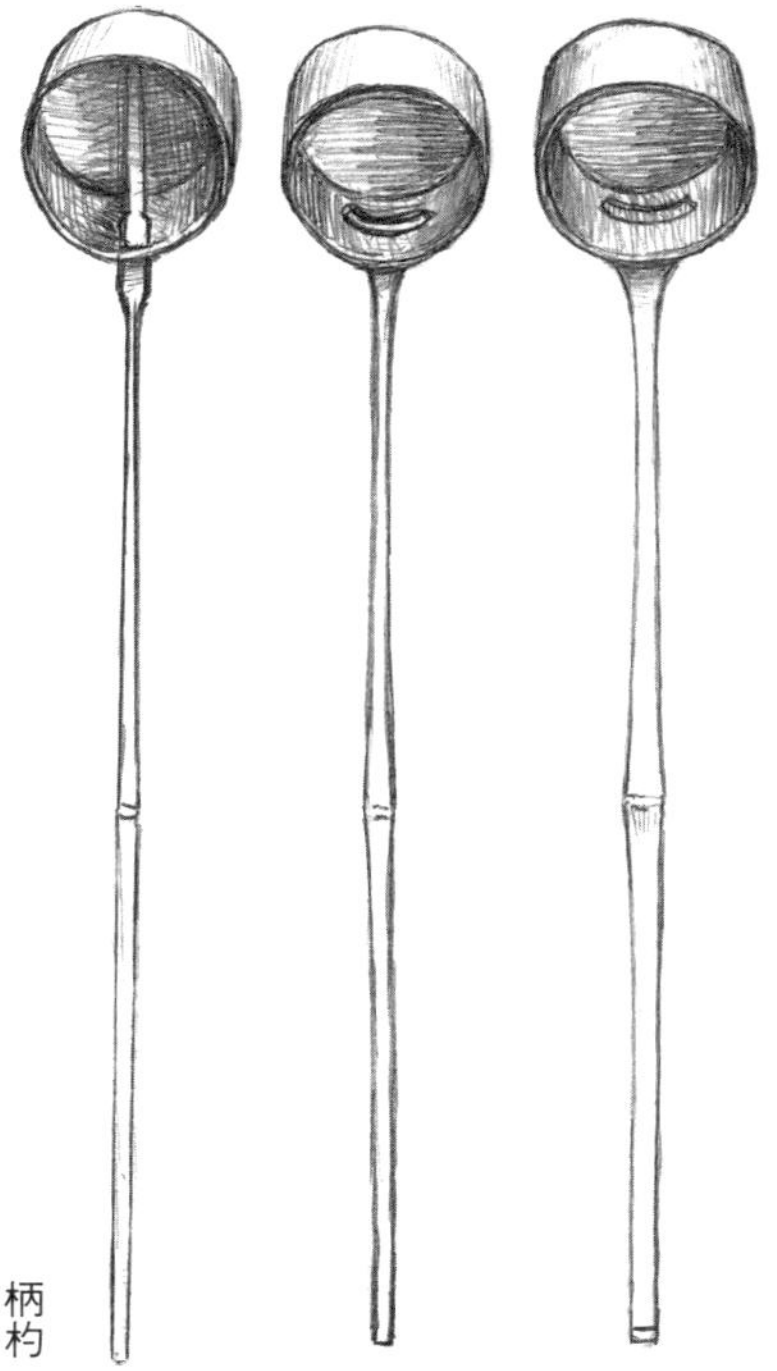

柄杓

③竹蓋置

釜の蓋を点前の最中に仮置きする時に使う。また、柄杓を引く場合にも用いる。青竹のものがよく使われるが、白竹や煤竹のものもある。また、蒔絵を施したものなどもある。寸法が決まっていて、高さは五・五センチ、節は風炉用が天辺に近い部分にあり、炉用は天辺から一・八センチ下にくるように伐る。太さに決まりはないが、逆竹に伐る。竹の蓋置をはじめに使ったのは、利休とも、紹鷗ともいわれている。

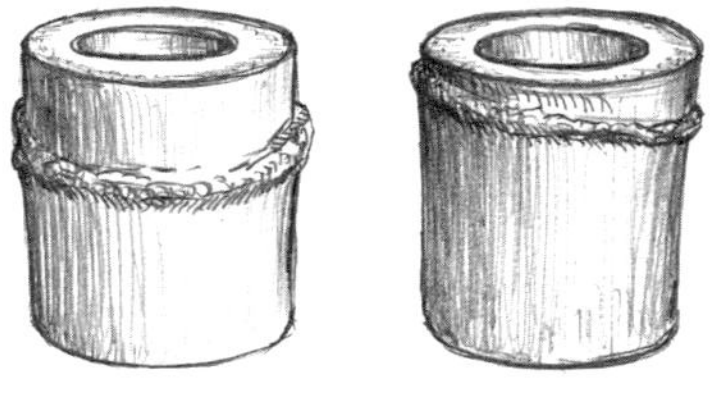

竹蓋置

次に、少し特殊なものを記してみる。

④竹の香合

風炉の時期に使用される香合の中に、竹でつくられたものも含まれる。そのほとんどが創作ものであるが、竹を細工したものや素材そのものの形をいかしたものまで、さまざまある。好み物としては、玄々斎の「庭竹香合」などが挙げられる。

竹の香合

⑤竹の水指

紹鷗がはじめて好んだという竹の水指は、割った竹を木地の水指に張りつけたもの。当時は、まだ水指にするほどの太い竹はなかったらしい。時代が下がって、モウソウチクが中国から移植されると、竹の根に近い部分を伐って、内塗りし、水指とするものがあらわれるようになった。

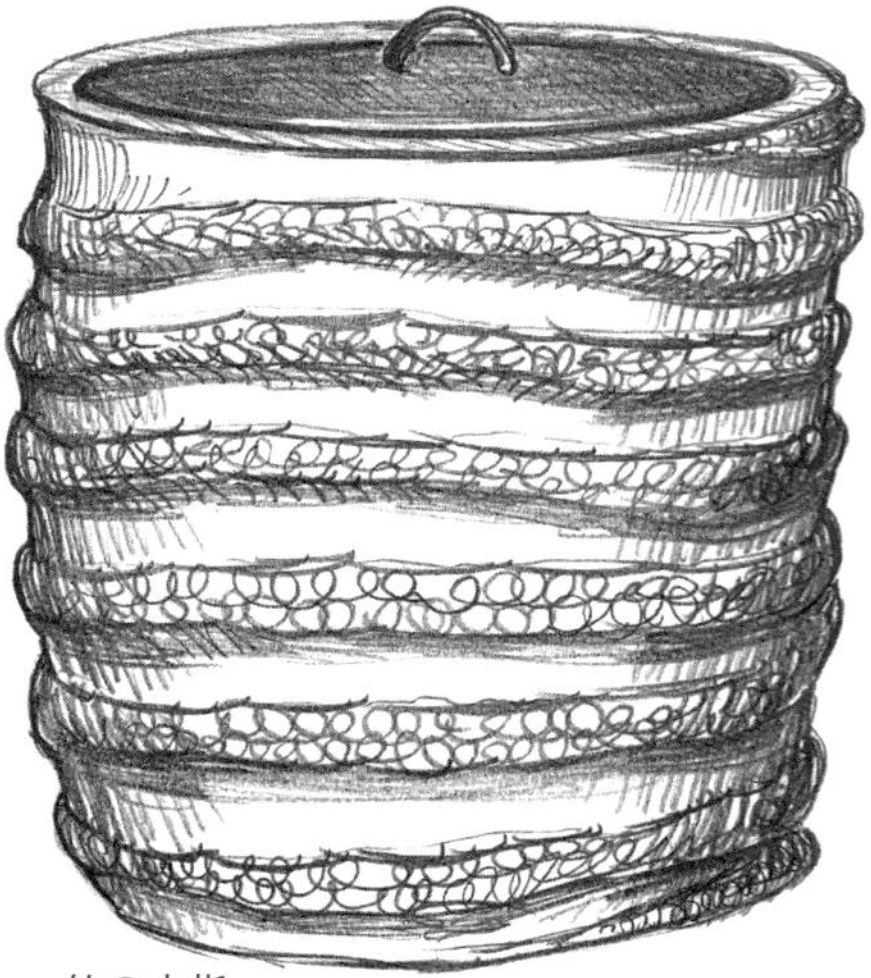

竹の水指

⑥竹の茶器

利休好みに竹の中次があらわれるが、あまり一般には広まらなかった。むしろ、茶入の挽家《ひきや》として、竹を削って合子としたものを多く見かける。有名なものとして、中興名物「雨宿芋子」（静嘉堂文庫美術館蔵）の挽家がある。また、それに倣った、中山胡民作の「雨宿」の筒形茶器は、竹の中次である。そのほか、藤村庸軒好の竹中次などもある。

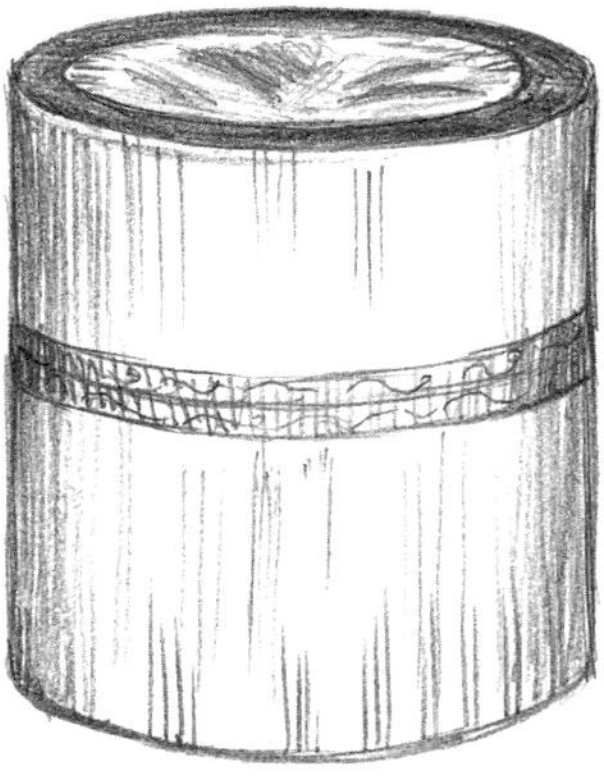
竹の茶器

そして、竹でつくられた棗は、宗旦好みの「竹棗」や玄々斎好みの「七賢棗」が、その例である。

⑦風炉先屏風

籠地を木の枠にはめ込んで、風炉先にこしらえたもので、特に風炉の時期の広間の室礼《しつらい》などに使われる。籠地に工夫が見られるものが多い。

以上のほかにも、建水や釜敷などの道具、水屋道具などにも、さまざまな竹の茶道具があるが、枚挙に暇がないので、残念ながら、ここまでにしたい。

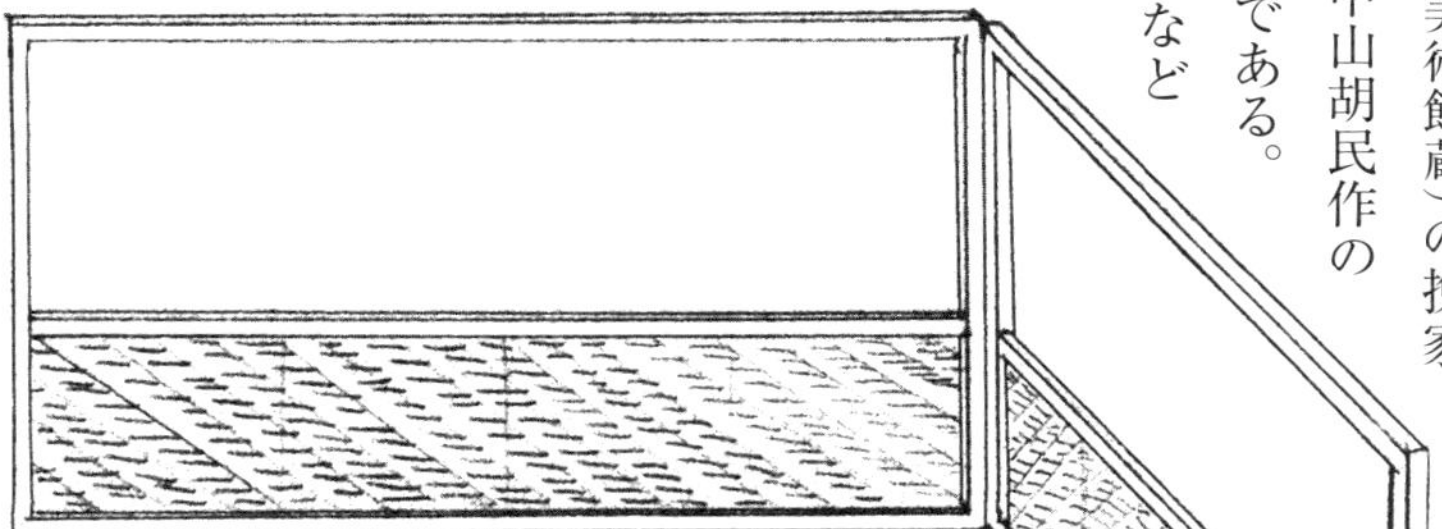
風炉先屏風

十八、松花堂昭乗と竹

京都府の南部、大阪府との境に接する八幡市に、松花堂昭乗の茶室「松花堂」を中心につくられた「松花堂庭園」がある。二万二千坪という広大な敷地は、外園と内園にわかれ、外園には、竹が四十種類、椿が二百種類植えられ、順路をいくうちに、昭乗と親交の深かった小堀遠州の茶室を再現した茶室や宗旦が好んだ茶室、庭石や燈籠、四季折々の花々などを見ることができる。内園では、昭乗ゆかりの二畳の茶室「松花堂」と腰掛待合に苔庭、書院と枯山水の築山などがあるという構成である。

松花堂

園内の茶室や庭を隔てる竹垣は、昭乗垣、金閣寺垣、建仁寺垣と、同じものはなく、ほかに黒文字を材料にした黒文字垣や竹の小枝を利用した竹枝穂垣など、二十三種類を数える。まるで竹垣のショールームにいるようで、一見の価値はあると思う。また、庭園の外には「松花堂美術館」があって、「寛永の三筆」に数えられる昭乗の残した書や絵画などを展示し、その業績や交友関係などの資料を収めた資料室も設けられている。

そして、庭園入口と美術館の間に挟まれた一角には「京都吉兆松花堂店」があり、かの「松花堂弁当」が食せるのである。「松花堂弁当」は、「吉兆」の創始者・湯木貞一が、八幡を訪れた際に松花堂が近在の農家が作物の種入れなどに使っていた、田の字の形に仕切った物入れ（箱）をヒントに、絵の具箱、茶会の煙草盆などとして利用していた遺愛の箱を見て、試行錯誤の末に料理を工夫し、弁当として世に広めたのがはじまりである。その縁での出店であるという。

以前より、八幡市のシンボルともいえる「松花堂庭園」を、一度は訪ねたいと思っていたが、なかなか関西へ行く機会がなかった。今回、ようやくそのチャンスが巡ってきたのか、大阪での仕事があって、その帰路、八幡市に向かう時間を得た。

八幡市は古い歴史の町である。古代の遺跡も多く、木津川・宇治川・桂川が合流して淀川となる交通の要衝の地でもある。駅前に聳える男山には、平安京鎮護のために貞観元年（八五九）に建立の石清水《いわしみず》八幡宮が鎮座し、今ではケーブルカーで参詣できるようになっている。

昭乗は、この八幡宮の社僧として大阿闍梨になった人物であるが、僧としてよりも、書・画・茶の湯に秀で、寛永年間（一六二四〜四四）の文化サロンの中心人物としての評価のほうが高い。ことに、伏見に住んだ小堀遠州との交流は、住居の距離が近いこともあって、親密であったという。

また、昭乗の住居のあった男山一帯に竹が豊富なのは、周囲に河川が多いためであるが、ことに男山のマダケは質がよく、発明王・エジソンの白熱電球のフィラメントになったことで知られる。その記念碑が八幡宮の境内にあるというが、今回は時間がなく、直接「松花堂庭園」へ向かうことにした。

着いたのは、ちょうど昼どきであったので、とりあえず「吉兆」に入って、「松花堂弁当」をいただいた。まるで、それが目的かのように美味しく昼食を済ませて、園内に入ると、まずは竹林が迎えてくれた。モウソウチク・マダケ・クロチクなどが、よく手入れされていて、気分がよい。少し進むと、ホテイチク・キンメイチクなどの珍しい竹が綺麗に植林されている。竹林を過ぎると、遠州・宗旦の茶室がある茶庭にと行き着く。ここでは、丁寧につくられた竹の垣根が目立っている。まっすぐ行くと椿園だが、花の時期ではないので、内園へ向かった。すると、一面、素敵な苔庭が目に入った。腰掛待合も独特のつくりで、心が安らぐ。本席は方丈の茅葺の二畳、一畳の土間と水屋からなる。床の間のつくりが変わっている。押板形式というのだそうだ。席中には仏壇を備え、丸炉が袋棚の下にあることなど、とにかく昭乗独特の異様、いや異色な茶室といえる。ことに天井は、籐の網代に鳳凰が極彩色で描かれていて、その奇抜さにびっくりした。かなり変わっている。変わってはいるが、嫌味はなく、結構落ち着く不思議な茶室で、昭乗の、その人となりが伝わってくるようである。

その日、美術館では特別展示はされておらず、見るべきものは少なかったが、初めて訪れた「松花堂庭園」で充実した時を過ごせたことは、間違いない。昭乗と遊んだかのような、楽しい半日であった。

十九、春なのに秋

長閑な春の一日、京都は四条大宮から京福電鉄、通称「嵐電」の嵐山本線に乗った。路面電車が四条大宮駅と嵐山駅の行程七・二キロを二十二分かけて走るこの線は、関東でいえば、鎌倉と江ノ島を結ぶ「江ノ電」のようなローカルな風情がある。聞くところによると、この二つの線は姉妹提携をしているそうだ。西院《さい》、蚕ノ社《かいこのやしろ》、太秦《うずまさ》広隆寺、帷子《かたびら》ノ辻、車折《くるまざき》神社、鹿王院《ろくおういん》などの由緒ある駅名を楽しんでいるうちに、嵐山駅に到着。駅舎から通りに出て、南に行くと、渡月橋。北へ行くと、西側に天龍寺の総門が見えてくる。

天龍寺は、暦応二年（一三三九）、足利尊氏が後醍醐天皇の菩提を弔うために開基、夢窓国師を開山とする、京都五山の筆頭とされる禅院である。尊氏はその造営費を補うために貿易船を中国に派遣したのが、日元貿易、唐物請来の端緒となった「天龍寺船」である。天龍寺のまわりには、野宮《ののみや》神社、常寂光寺《じようじやくこうじ》、落柿舎《らくししや》、祇王寺《ぎおうじ》などの名跡が多く残り、この一帯は「嵯峨野」と呼ばれている。その散策路沿いには至るところに竹林が茂り、日本一の良材を産する。竹にブランドがあるならば、この嵯峨野の竹林の竹は、最高級の銘柄といってよいだろう。私が春には必ず京都を訪れるのは、この嵯峨野の竹を仕入れるためである。今日もその帰り途に、今年の竹林を見ておこうと足を延ばしたというわけだ。

まずは、天龍寺の庭と桜を拝見しながら、寺内の池をめぐる。さらに進んで、北門へと向かい、鬱蒼とした竹林から木漏れ日のさす、ほの暗い坂道へと出ると、そこはすでに嵯峨野の散策路。左

嵯峨野の竹林

へ坂を登れば大河内山荘、右へ下れば野宮神社へと道が続いている。折しも「竹の秋」である。笹の枯葉がはらはらと散っていて、常緑の竹も、この時期ばかりは多少色を失ったかに見えるが、そこかしこに筍が頭を出し、新しい生命の息吹も感じさせる。「竹の秋」は、歳時記などにもあるように、春の季語になっている。笹が紅葉したように見えるのが、「春なのに秋」と呼ばれる由縁である。おそらく、筍の活発な生長に養分を奪われて、笹が枯れるのであろう。もっとも、竹においては、古い笹が枯れれば新しい笹が生ずるのである。初夏の頃には、竹林はまた常緑の姿を取り戻す。

坂を登ると、道の両側は、モウソウチクの林である。モウソウチクは、日本で採れるもっとも大型の竹であり、笹が細かく、たっぷりと茂るので、美しい竹林を形成する。その幹は、竹工芸や建築などの材料として重要であるとともに、筍は美味である。ご存じ、二十四孝の孟宗が、重い病の母の願いを叶えるため、筍を雪中に探し求めたのが、この竹の名のおこりとなった。中国が原産であり、日本には江戸時代中期に移植されて全国に広まったのである。つまり、日本に古くからある竹ではないのだ。逆に、坂を下り、野宮神社のほうへ向かうと、途中からマダケの林に変わる。モウソウチクにくらべて幹は細いが、光沢が美しく、笹は大きめである。モウソウの笹よりまばらに茂る。斎宮に選ばれた内親王の潔斎の場であった「野宮の跡」ともいわれる、野宮神社付近の竹林もマダケの林であった。モウソウチクの林とは、少し雰囲気の異なるのがおもしろい。

マダケは、真竹・苦竹とも書き、日本に古くからある竹である。工芸および建築材料としてはモウソウチクよりも優れているが、筍は美味ではないので、食品としては流通していない。古典文学や絵巻物に描かれた竹林、ことに平安時代の昔話『竹取物語』において、竹取の翁がかぐや姫を見つけた竹林は、同じくマダケの林でなければならない。モウソウチクの林では間違いである。

「竹の秋」にまつわる筍の話を一つ。戦前の斯界の大家であった飯塚琅玕齋は、筍を口にしなかった、というのは、有名な話であった。竹芸を生業とする者が、その業の基となる筍を食べるのはよろしくないとの考えによるものである。私も琅玕齋の気持ちはよく理解できるし、竹芸家たる者はそうであらねばならぬと思う。しかし、春先に京都からみごとな筍が我が家に届くと、私はその美味の誘惑に負けてしまう。私にとって、春は煩悩の季節でもあるのだ。

二十、小道具としての竹

たまに一人で銀座にゆく時は、銀座通りや晴海通りといった大通りを歩くよりは、並木通りや西五番街、みゆき通りや交詢社通りといった小路を歩くほうが楽しい。小さなブティックや画廊をのぞき、新しくできたチョコレートショップやレストランをチェックしてゆくうちに、小さなビルの地下に小洒落たカフェを発見したりする。しかし、歩き回って疲れ、人ごみから離れたくなったら、私は迷わず木挽町通りまで足をのばすことにしている。

木挽町通りは、歌舞伎座に隣接した粋な店の集まる街。昔、尾張町といった銀座四丁目交差点からたった三百メートル東へ歩けば、有名ブランド店が建ち並ぶ街から、一気に江戸情緒を残す下町へとタイムスリップが楽しめるのである。行かぬ手はない。この通りの界隈には、落ち着いた老舗の飲食店が数多くある。また、歌舞伎座裏の路地には町家の佇まいが残っている。人通りも少なく、疲れた心を癒すには、もってこいの空間である。ひとわたり下町風情を満喫したら、喫茶店で一休み。私の行きつけの店は「茜屋珈琲店」。同じ通り沿いにジョン・レノンとオノ・ヨーコが立ち寄ったと聞く「樹の花」もあるが、「茜屋」には人を介して知り合いになった、落語好きなマスターがいるので、こちらを選ぶ。とはいうものの、ここのマスターの本名を、未だ私は知らない。彼は実にマスターと呼ぶのが似合う人なのだ。マスターはやや小柄で痩身、頭髪はポマード(?)でオールバックにきめ、黒い縁の眼鏡をかけ、鼻の下にちょっぴり髭をたくわえている。服装は清潔な白シャツにチョッキ姿、ストレートの黒ズボンに黒革のシューズと、どっから見ても一家言ありそうな珈琲店のマスターそのものである。いつだったか、ドリップ式の珈琲のテレビコマーシャルにイッセー尾形（ご存じ？）が、ここのマスターそっくりの姿で出演していた。あれはイッセー尾形が、ここのマスターにヒントを得て、演じたものと私は思い込んでいる。

この店に立ち寄ると、私はいつもカウンター席に座る。共通の話題といえば、落語のこと。三遊亭円生が歌舞伎座で独演会を開いたいきさつとか、古今亭志ん朝の芸風がどうだとか、たわいのない話をする。そんな時、マスターはさりげなく、話題に沿った書物を出してきてくれる。なかなかの読書家なのである。また、テーブル席の壁一面に書棚があって、芸能・落語関係の文献が飾られているのもよい。美味しい珈琲を飲み終えたら、長居は野暮と、お代を払って失礼する。ブレンド珈琲一杯九百九十五円也。ハンパに聞こえるが、五円（御縁）があるようにという意味である。店を出るともう夕暮れ時。歌舞伎座の正面は、観劇の客で賑わっている。

さて、歌舞伎座のあるこの一角を、昔は木挽町三丁目といったが、木挽町という町名は江戸時代の初期に江戸城の造営にたずさわる木挽き職が、このあたりに住みついたことに由来するという。木挽きとは、木材を大鋸《おが》という大きな鋸でタテに挽き伐る作業のことで、ちなみに大鋸で挽いた木材のクズをオガクズというのは、このためである。鋸についてはすでに書いたが、工作機械のなかった時代に、木材のタテ挽きは重労働であった。それだけこの町に住んだ職人たちは実入りもよかったであろうし、金遣いも荒かったに違いない。『江戸名所図会』を見ると、木挽町は海辺である。そして、堀には木材を運ぶ船が接岸し、材木を貯蔵する建物も見える。また、寛永（一六二四〜四四）の頃になると、木挽町は山村座、河原崎座などの芝居小屋が軒を並べ、芝居見物の客でごったがえすようになる。そののち、絵島・生島の事件によって、山村座がお取りつぶしになり、芝居小屋が浅草に移されるなどの盛衰はあったものの、明治時代にはふたたび木挽町に歌舞伎座が建設され、現在の繁盛に繋がっているというわけだ。

お茶と歌舞伎とは一見無関係に思えるが、役者さんの中にはお茶を習う人、茶道具を集める人、茶杓を削る人などもいる。先々代の八代目・坂東三津五郎さんはひとかどの茶人であり、古美術の蒐集にも励んでおられ、目利きであったと聞いている。

また、歌舞伎などの、舞台で用いられる小道具には竹を使ったものがいくつもある。

ことに、能楽の舞台では「作り物」と呼ばれる、簡単な構造で、かつシンボリックな装置に竹が多く使われている。四本の竹枠に単純な屋根を置いた「家」や、竹枠の上部に檜の枠を取りつけた「井戸」などに挙げられるように、宮殿から藁屋まで、あるいは建物や舟・牛車などに、竹を組んでつくった装置が舞台上で使われているのである。なかでも、「道成寺」の釣鐘は、ほかの手軽な装置とは違い、大がかりなものである。舞台では緞子幕が回されていて中は見えないが、中身は六ツ目で編まれた大きな籠地である。また、「大原御幸」や「隅田川」では、シテが手に籠を持ってあらわれる、などなど。

ただ、私は、能楽は習っているので、多少の知識はあるが、歌舞伎の世界にはまだまだ疎い。人生は短いのに学ばねばならぬことは山ほどあるなと、ためいきをつきつつ、木挽町通りをあとにして、ネオンのまたたく銀座通りへと向かった。

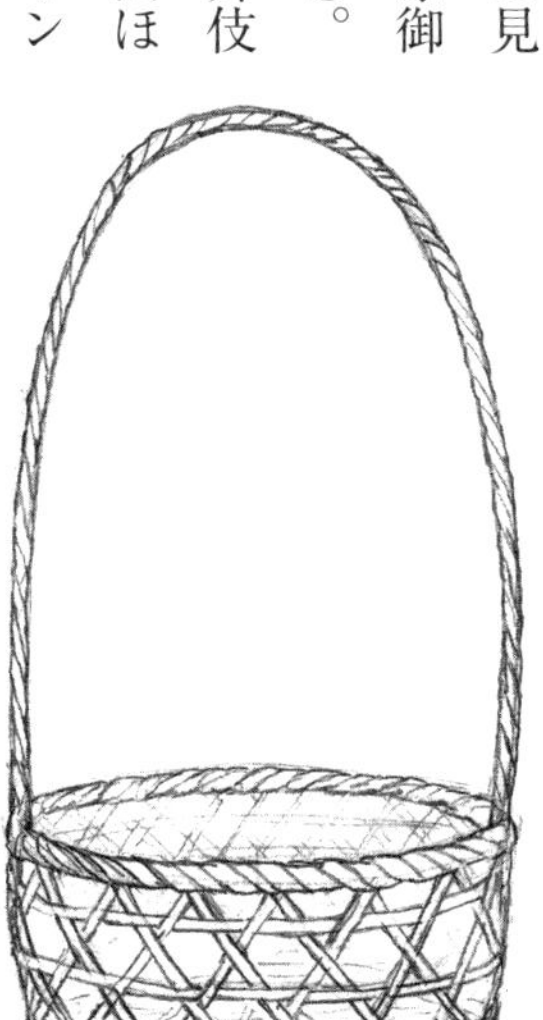
シテが持つ、作り物の籠

二十一、思い出の茶事

　私は、探し物と同じくらいに、片付け物が苦手だ。戸棚や書棚、引出しなどの整理をすると、必ずといってよいほど、思い出の品とか懐かしい写真や、しばらく見つからなかった資料などに出合って、手が止まる。そして、いつまでも片付けが終わらないのである。で、今度は何を見つけてしまったかというと、十年ほど前の茶会の記録である。その小記録の見出しには「（赤坂）水戸幸　吉田清氏　古稀の茶事」と記されていた。

　吉田清氏は長く茶道具商として、また美術倶楽部の社長として古美術界に尽くされた人である。平成十八年の一月に惜しまれつつ亡くなったが、この茶会は平成九年二月から三月にかけて催された、吉田氏の古稀と夫人の還暦祝いを兼ねた茶事であった。私が招かれたのは三月五日。梅露の庵号を持つ席主のために開いた梅も見頃の早春に、赤坂の邸に着いたのは正午に近かった。玄関を入ると、相客のＩ氏が先着していたので、一緒に玄関ホールに飾られた耳庵の書や十種香箱などを拝見し、寄付へ向かう。そこには丸炉に竹の自在で釜が懸けられていた。見事な自在で、これは何者かと床を見ると、江戸時代初期の奈良の茶人、長闇堂（久保権大輔）が吉田氏と同じ古稀の折に、遠州に贈ったものという。その絵入りの自在の文が向掛けになっていて、なるほどと納得する。釜は古芦屋、梅露庵にちなんだ梅の絵である。

　床　長闇堂筆　自在画賛入

　　老いの身の幾世も同じこし伸へて

千世の齢也　呉竹の御代

丸炉　銅丸　不昧公好　瓢耳付

釜　古芦屋　梅地紋

自在　長闇堂在判　竹

鐶・弦　打出し　徳元

そして、古田織部に知遇された塗師の道恵の盆、寿文字入り螺鈿の茶台、絵高麗の湯碗などで香煎をいただく。案内があって庭に出、本席に向かう。私はお詰めを仰せつかったので、最後に本席ににじって入ると、正面の床に美麗な歌切が掛けられ、思わず息をのんだ。行成から三代のちの藤原伊房の筆である。席に着くと席主があらわれ、いつものかん高い声で正客と挨拶をかわし、せかせかと炭手前にとりかかる。釜は芦屋で亀甲の地紋、炭斗は唐物で、灰器はのんこうである。香合は染付の張子牛という道具組に、もちろん羽箒は鶴であった。

床　藤原伊房筆　人麿集切

「たらちねの　おやのこぶしの……」

釜　芦屋　亀甲地紋　佐久間将監箱

炭斗　唐物　木底

香合　染付　張子牛　遠州箱

羽箒　鶴

灰器　道入　素焼焙烙　啐啄斎箱

ほか

続いて懐石となり、台所は吉兆が受け持ちであったが、吉田氏の心入れで一層塩梅がよかった。諸道具は、益田鈍翁の仕事もした喜三郎の碗を永寿盆にのせ、向付に益田家伝来の絵唐津や、織部の扇面手鉢、呉須赤絵金鳥花鉢などなど。ことに印象に残ったのは、このわたが高麗茶碗にたっぷり入れて出された時のこと。席主が酒をすすめながら、それでも余ったこのわたに、もったいないと酒を注ぎ、一気に飲み干してみせたことである。もちろん一同、ヤンヤの喝采がわいた。しかし、このパフォーマンス、実は各席で行われていたらしく、その後、私も見た、という人が多くいたのには二度驚いた。酒好きでもあるが、客を楽しませることが身に沁みついた人でもあった。

さて、菓子をいただいて中立となる。腰掛で聞いた銅鑼の音はおぼえていないが、やはりせっかちに響いていたのではなかろうか。後入の床は、利休作の尺八に椿。花入の裏に朱でケラ判がある、仙叟が「老僧」と名づけたもの。席主のお点前で濃茶が練られた。

花入　利休尺八　在判
水指　伊賀耳付
茶入　中興名物玉柏手　銘　谷陰
茶碗　志野　銘　孟宗　如心箱
茶杓　宗旦　銘　飾祝　原叟箱

茶碗の志野は、筍と籬を描いたもので、少し端反り。見込みが深く、内側にも鉄絵がある。茶入は谷陰という銘で、そういえば、腰掛に飛鳥井雅右の「谷陰の……玉柏……」という歌が掛けられていた。茶杓は櫂先丸く、左肩下がり。丸撓め、直腰で追取は四角く削った短めの杓。節上は煤竹にみえて、節下はゴマ竹の変わりもの。いかにも、宗旦晩年の作と見た。

濃茶が滞りなく終わって広間へ移り、薄茶は夫人のお点前でいただく。床の間は周文の山水図。十二人の高僧の賛が絵の上方に並んでいる。花入は青磁で、みごとな牡丹が祝いの席を彩り、釜は博多芦屋の牛車地紋、水指は阿蘭陀、薄器は不味公六十の賀の折の糸目の面棗と、夫人の還暦を祝う席らしい取り合わせ。茶碗は一入の黒、青井戸、茶杓は鷹司輔信作の銘「彩雲」が使われた。

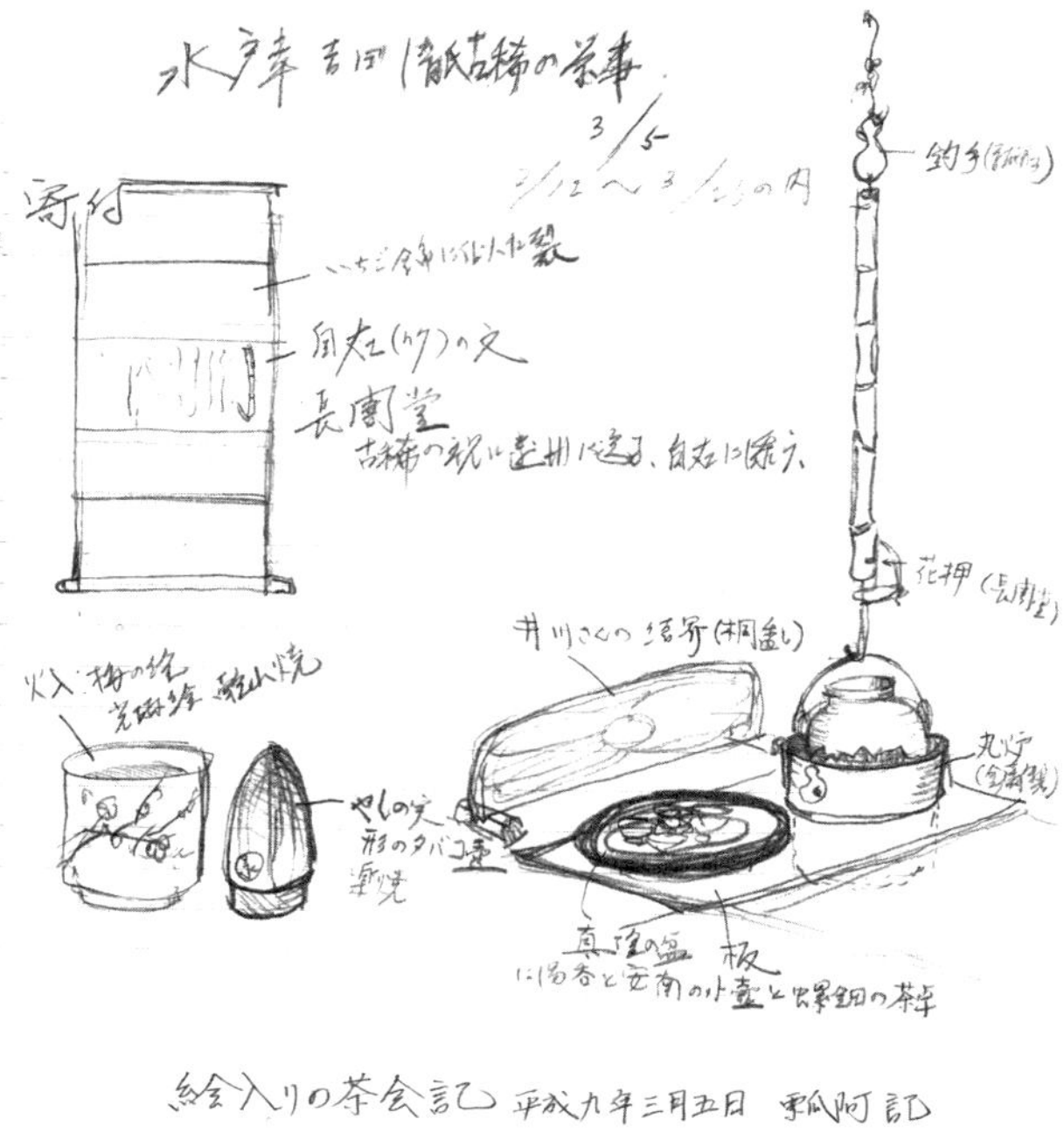

即興で描いた、茶会の様子

　客として眼福の一日が終わった。相客と別れ、一人渋谷の喫茶店で、今日の茶事に思いをめぐらせながら、忘れないうちにと書いたのが、この絵入りの会記である。その後も楽しい会があると書きためている会記だが、困ったことに行方不明の記録も多い。また、片付けの最中に見つかるだろうとあきらめている。

二十二、織姫社とあぶり餅

梅雨空の下、車は大宮通を北上し、四条大宮から千本通を目指す。千本通は、平安京の朱雀門から羅城門まで通じていた、朱雀大路と同じ位置関係にある。今は堀川通や烏丸《からすま》通と並ぶ、京都を南北に結ぶ広い通りとして、そのいちばん西を走り、北は鷹峯《たかがみね》に至っている。二条城が東に見える。東西を結ぶ丸太町通を越え、西陣の街並みを眺めながら、今出川通を過ぎてゆく。四輪駆動車のハンドルを握るのは、京都の竹材店の若主人K氏である。船岡山公園が近づくと、「今宮さんまでは、あと少しの距離です」と教えてくれた。よい竹がほしくなると京都まで出向き、店を訪ねているが、今回は竹でつくる串の話から「あぶり餅」の串の形に話がおよんだばっかりに、「ご案内しましょう」と、店の車に乗せられてしまったのである。忙しいK氏には気の毒なことになった。北大路通で右折すれば大徳寺だが、車はさらに北上し、佛教大学を左に見てようやく東に曲がり、少し進んだ先の左側にある朱塗りの楼門の前で止まった。

大正十五年(一九二六)建立という楼門は、一対の狛犬の石像に守られ、あたりは森閑としている。車を降りた私とK氏は、居住まいを正して楼門の中に入った。「今宮さん」とは、京都の紫野にある今宮神社のことだ。厄除けの神社として千年の歴史を持つ。疫病、災厄を鎮めるため、オオナムチノミコト・コトシロヌシノミコト・クシナダヒメノミコトの三神を祀り、創建された。ちなみにオオナムチノミコトとは、オオクニヌシノミコトのことである。

K氏の蘊蓄《うんちく》に耳を傾けながら、境内を見回して、びっくりしたのは、本殿とは別に、いろいろな神様の社殿が軒を連ねて並んでいることであった。本殿の西側に織姫社・八社（大国社、蛭子社、八幡社、熱田社、住吉社、香取社、鏡作社、諏訪社を一棟に祀る）・大将軍社・日吉社・稲荷社・織田稲荷社・若宮社・地主稲荷社・月読社・宗像社のお社《やしろ》が建ち並び、それぞれに賽銭箱が備えつけてある。私はふと、すべての神殿に参拝したら、お賽銭はいったいいくらになるだろうと考え、思わず財布の中を確かめてしまった。私たちはとりあえず、まずは本殿の前に立ち、参拝を済ませた。次は時節の七夕にちなんで織姫社に参ることにした。

織姫社の社殿は木立に隠れるようにして、こぢんまりとつくられていた。社殿の左右には杼《ひ》（機織《はたおり》の横糸を通す道具）の形を模した奇抜な燈籠が設置されている。

織姫社の祭神は栲幡《たくはた》千《ち》千《ぢ》姫命《ひめのみこと》という神様である。「栲」は梶の木で織った白色の布のこと、「千千」は「縮」に通じるという。織姫に機織を教えた織物

織姫社

の祖神として、技芸上達を願う人の崇めるところとなっている。

もちろん私も、自身の技芸の上達を祈らせていただいた。

地元、西陣の信仰も篤い織姫社だが、K氏によると、以前は七夕祭前後は参道に天の川のようなきらびやかな飾りをめぐらし、境内には五十本以上の笹を立て、盛大に祭礼が行われていたのだそうだ。

時代の変化で、今はそれも休止されているという。さみしいことである。

祭礼の復活を祈りつつ、元禄年間（一六八八〜一七〇四）に建てられたという東門から参道に出ると、左右にあぶり餅の店が一軒ずつ見えた。

どちらの店に入ろうかと迷う間もなく、両方の店から女性店員が飛び出して、口々に「あぶり餅どうどすー」と、それは賑やかに呼び込み合戦がはじまった。

少しあわてる私に、K氏は「左のお店にしましょう」とうながされると、途端に合戦は終わり、もとの静寂が戻っていた。

左の店、つまり北側の店は「一和《いちわ》」といい、南側の店は「かざりや」という。どちらも同じあぶり餅が売り物だという。

あぶり餅は、竹串にお餅の小片にきな粉をつけて焼いただけのもので、それに白味噌のタレをつけて出される素朴な餅菓子である。口に入れると、白味噌の甘みと焦げた餅の香ばしさが広がる。

一条天皇（在位九八六〜一〇一一）の時に、悪疫が流行し、その病と闘うために栄養のある、この菓子が考案され、厄除けとして今日まで庶民に愛されているそうだ。

さて、私にとって問題なのが、竹串である。よく見ると、青竹を幅三ミリ、長さ二十センチ、厚み二ミリぐらいに削ったものであった。その先端を二股に割っているのが特徴である。そして、この串は、店の女性陣が削っていた。そして、最年長であろう当主のおばあさんが、店先の焼台であぶっている。聞くところによると、この竹串は、神事に使われた、神様の依代《よりしろ》となる斎竹《いみだけ》を材料として、手仕事でつくられた串で、使い捨ての上、一人前で十五本を使うという。ある意味、とても贅沢なことと思う。

今宮さんと同じく、千年の歴史を持ち、疫病除けの効用があるという、あぶり餅は、なるほど、ありがたい餅である。そして、つくり方も昔ながらと聞いた。ということは、竹串の形やつくり方も昔ながらに違いない。

ちなみに、私の住居の近く、吉祥寺にある団子屋や、時々訪れる川越の団子屋でも、その店で削られた串で、おばあさんが団子を焼いていた。はて、竹を削った串と団子をあぶるおばあさんの組み合わせとは、何かの因縁か、昔からの習わしなのだろうか。

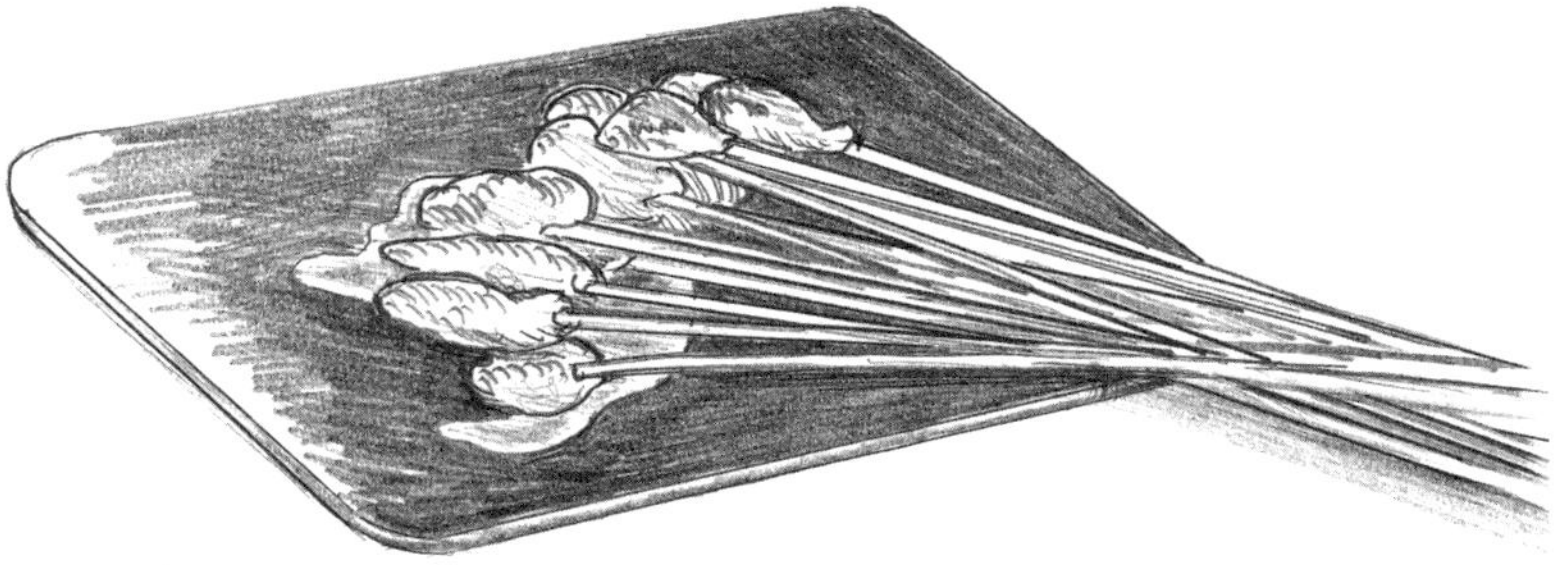

あぶり餅

二十三、鵲の渡せる橋

私の乗ったジェット機は、有明海の上空に達し、次第に高度を下げてゆく。視界には佐賀平野の麦の耕地が広がっている。やがて、着陸のために旋回をはじめた。今度は筑後川の河口付近から海岸線にいたる、軟泥の干潟《ひがた》が見える。海岸から有明海へ向かって広がる干潟は、想像していたよりも遥かに広大な泥の海であった。海に堆積している泥は、非常にきめ細かく、鉛色であるが、美しく清潔な感じがする。その美しい泥の海の潟のあちこちに、漁をする小舟が点々と見える。泥の中にいるムツゴロウやウチワエビなどを獲っているのだろう。捕獲されるのは嫌であるが、私もムツゴロウに倣って、この居心地のよさそうな泥の中で寝てみたいものだなどと、空の上から妄想するうちに、地表が近づいてきて、佐賀空港へと降り立った。初夏の九州は、さすがに陽差しが強い。本州の太陽とは別物のようである。

講演のために、初めて佐賀に訪れた。唐津・有田・伊万里・鍋島と、おもだった窯場だけでもたくさんある窯業の盛んな地であり、有明海に面しているために海産物も豊富で、山の幸にも恵まれていて、何とも羨ましい環境である。さて、当日、空港まで迎えに来てくれた方に、私がこの土地について、いちばん知りたかったことを、車中で聞いてみた。佐賀の県鳥、鵲《かささぎ》のことである。

鵲

鵲の渡せる橋に置く霜の　白きを見れば夜ぞ更けにける　大伴家持

鵲の雲のかけはし秋暮れて　夜半には霜や冴えわたるらん　寂蓮法師

かささぎの翅《つばさ》を星の天の川　星よりさきに渡る秋風　正徹

笹竹に短冊を結ぶ

古歌にも詠まれる鵲は、ユーラシア大陸に広く分布し、各地の神話・伝説にあらわれ、アジアでは吉鳥とされている。ことに中国においては七夕伝説と深く関わり、中国の南北朝時代中期頃、天漢（天の川）に鵲が羽を連ねてかけた橋を渡って織女が牽牛に会うというストーリーが固定し、のちに、その伝説が我が国に伝わった。『万葉集』には、地上の恋愛を天上に託した七夕歌が百数十首あるというから、すでに万葉の時代には庶民のレベルまで、七夕伝説は広まっていたようである。

笹に短冊を掛けて祈る七夕飾りが、いつ頃からはじまったのかは知らないが、商店街にあった我が家の玄関先の木製の鉢に植えられた笹竹が、通りゆく人にも風流だといわれるのを、私はひそかに自慢に思っていた。七夕の頃にはいつも、この笹に短冊を結び、願掛けをしていたのだが、根を伸ばしたい竹には鉢は窮屈だったらしく、いつしか枯れてしまった。今はもう、笹竹に短冊を結ぶことはないが、子ども時代のよい思い出にはなっている。

ところで、七夕は旧暦でいうと、もう秋。初秋になる。空気は澄んで、空は高く、夜になると星空が冴え冴えとして、天空を彩る。織女の星・ベガ(Vega)と牽牛の星・アルタイル(Altair)は、天の川を挟んで対峙《たいじ》し、年に一度、この二つの星を結びつけるために、鵲が飛来する。その伝説と古歌にあらわれる鳥が、日本においては、この佐賀平野にしかいないというのは何故か、というのが、私の疑問である。

答えは明解であった。鵲はもともと日本にいない鳥だったというのだ。文禄・慶長の役(一五九二〜九八)の朝鮮出兵に参陣した、この地の大名・鍋島直茂が持ち帰り、保護した鳥が日本における鵲のはじまりだという。つまり、古歌に詠まれた鵲は、日本人にとっては想像上の鳥であったというわけだ。

実際に見る鵲は、それほど美しい鳥とはいえない。雀と鴉《からす》の中間くらいの大きさで、長い尾をぴんと立てた黒い姿で、胴と羽の一部が白い。習性は鴉に似ていて、民家に迷惑をかけることもあるらしい。しかし、地元の人たちは鵲、別名カチガラスを佐賀県の県鳥として大切に保護して、数を増やそうとしている。それほど数の少ない天然記念物でもある。

二十四、酉の市の熊手

東京では、今でこそ、裏千家をはじめとする各流の茶の湯が花盛りであるが、昔、江戸で茶の湯といえば、江戸千家という時代が長く続いていた。明治になって、江戸が東京となってからも、かの益田鈍翁はじめ、東都の財界茶人の多くが江戸千家流の茶に親しんでいた。もちろん、この流れをつくったのは川上不白である。

紀州生まれの不白が、はじめて茶道を学んだのは十五歳の折、江戸に住むようになってからのことという。俳諧も同時期に学んでいる。不白は間もなく如心斎の門に入ることとなり、住み込みのお弟子になり、その才能を認められ、高弟となった。およそ十六年間は京都住まいとなるが、如心斎の死と前後して、江戸で千家流の茶を広めることを決意して、再び江戸に「帰り」、六十年近く、江戸における茶の湯の流行を支え続けたのである。不白は、よくよく江戸と関わりの深い人であったと思う。

さて、その不白が江戸で流儀の普及に苦労しながら、精力的に活動をしていた宝暦・明和年間（一七五一～七二）は、京・大坂に対して江戸の文化・経済がそれを凌駕《りようが》していった時代に重なる。ここにも不白の幸運を思わずにはいられない。時代は、田沼意次が幕政を動かした、いわゆる田沼時代が続いていた。江戸の町衆の活気は、社交的で活動的であった不白にこそ、ふさわしいものであったろう。町衆の活気は、茶道・花道・川柳の流行、歌舞伎や吉原の賑わいなどにも見られるが、現在もその活況を伝えるのが、祭りや市である。ことに浅草の三社祭、ほおずき市（四万六千日）、羽子板市（歳の市）、そして酉の市に往時の面影を偲ぶことができる。

春を待つことのはじめや酉の市

と、其角《きかく》の句にあるように、正月を待ちわびる気分が酉の市にはある。私も浅草の鷲《おおとり》神社に酉の市見物に出掛けたことがあるが、神社に近づくにつれて参詣の人波は増え続け、軒を連ねる露天商の前に立ち止まる人、進もうとする人で道はごったがえし、異様な雰囲気となって、途中で帰ろうかと思ったのを覚えている。境内はさらに凄まじい混みようであったが、それよりも隙間なく飾り立てられた熊手店の極彩色の熊手の迫力に圧倒され、人にもまれるようにしてお参りもそこそこに、気に入った縁起熊手を買うもままならず、諦めて帰った記憶がある。

酉の市は、十一月のはじめての酉の日に祭りがあり、その日に市が立ったことからやがて「酉の市」と呼ばれるようになった。来る年の開運、ことに商売繁盛をお祈りし、願う祭りである。熊手は縁起もので、福を「掃きこむ、かきこむ」という意味があり、また、鷲が獲物をわしづかみにする爪に模した形の熊手で、宝を鷲づかむという意も込められている。

この熊手、その本体は竹でつくられている。鷲の爪の部分は、人の指ほどの幅に削られた青竹の先を丸めたものを扇子状に開いて束ね、そのもとの部分にやはり竹でできた柄をつけて留めてある。縁起熊手の柄は、短めである。熊手が青竹でつくられるのは、農具であった時の名残りであるが、その昔は武具として鉄製の熊手が使われていた時代もあったという。

鷲神社（大鳥神社）は日本武尊を祀り、浅草だけでなく全国に社があるが、日本武尊が東征をした時に、戦勝を祝したのが足立区にある大鷲神社で、もともと酉の市はこの地よりはじまり、「本酉」

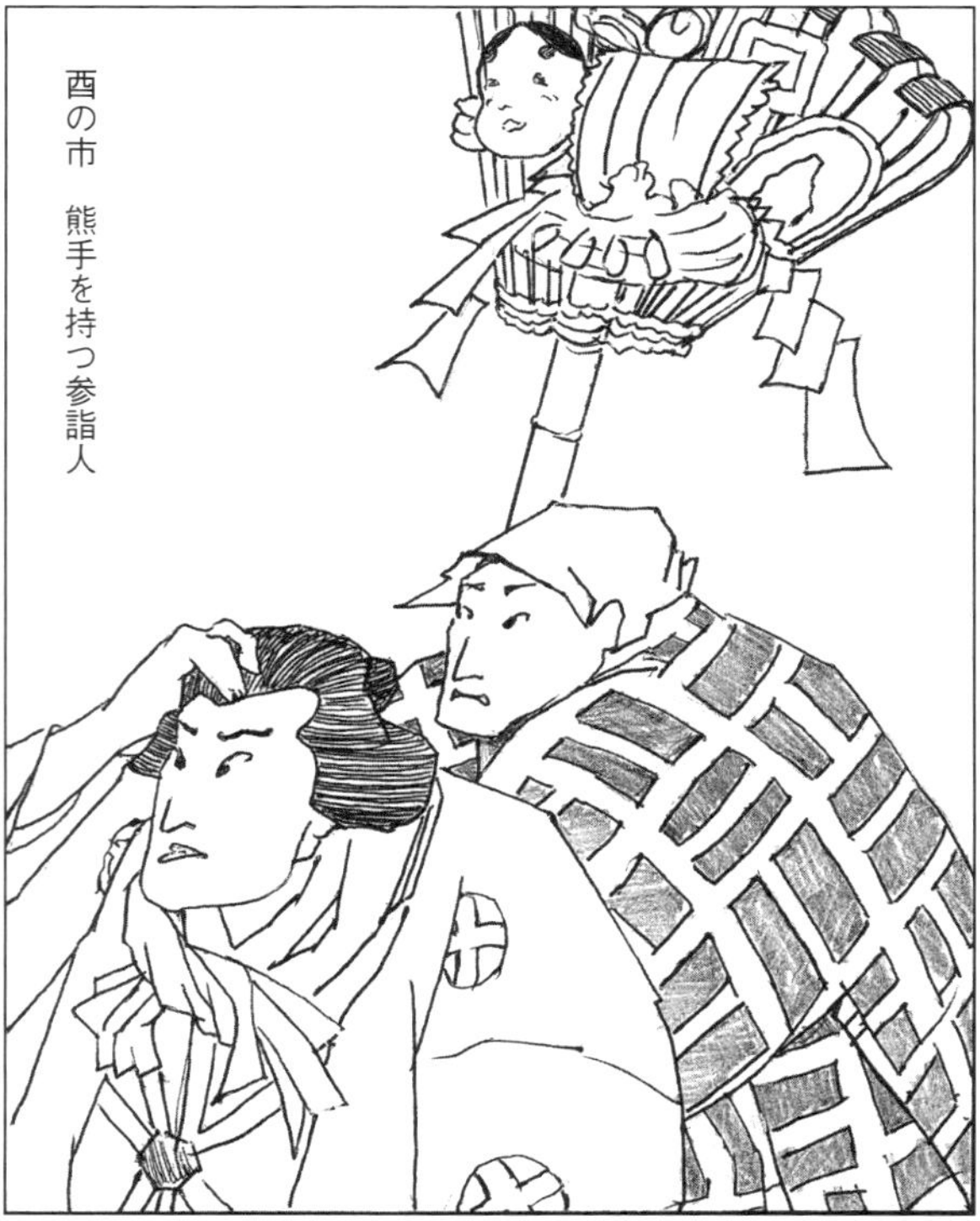

酉の市　熊手を持つ参詣人

と呼ばれた。浅草の市は「新酉」と呼ばれていたが、吉原に近かったために、水商売に従事する人々の信仰を集め、また、酉の市を口実に吉原へくりだそうという輩も加わって、大変な賑わいになっていったのだ。

不白が江戸で活躍をはじめたのは、こうした江戸町人の文化が栄えた時代であった。茶席に熊手は似合わないと思うが、多くの弟子を育て、流儀の拡大に成功した不白には、きっとたくさんの人の心をかき集める大きな熊手のような魅力があったに違いない。

二十五、神農さんと五葉笹

薬の町として知られる大阪の道修町《どしょうまち》（御堂筋と堺筋に挟まれた区域）は、江戸時代には輸入された漢方などの薬（唐薬種）を一手に買いつけ、独占的に全国に販売していた薬の問屋街である。その一角に、私の曾祖父が経営していた化粧品などを扱う薬種問屋があったことは、以前に述べた通りである。つまり、私にも関わりの深い街になるのだ。

薬祖神農

今でも製薬メーカーが軒を連ねる、この道修町の守り神を祀るのが、少彦名《すくなひこな》神社。ご祭神は、日本の薬祖神・少彦名命と、古代中国の統治者で医薬を司った「神農氏《しんのう》」の二神だが、もともとは神農氏の掛け軸を床の間に掛けて祀っていたことから、今でも地元の人たちは、この神社をおもに「神農さん」と親しみを込めて呼んでいる。神農氏は伝説上の人物で、三皇五帝の一人とする二つの角を持つ「牛首人身」の異様な姿だが、一日で百草をなめ、民のために薬となる草を探したといわれる、立派な人物（?）であった。いわば、薬の神様の元祖である。そして、毒を消す薬として飲まれた茶葉の発見者としても名高い、私たちにも関わりの深い神様でもある。また、中国では、民に農耕を教えたことから「農業の神様」と呼ばれ、市場で交易を教えたので「商業の神様」とも呼ばれ、さまざまな職業の守り神として崇拝されているそうだ。

少彦名神社は、江戸時代の薬種仲買仲間の寄合所が起源で、製薬メーカーの本支店などが並ぶオフィス街の一画にある。よく見ないと通りすぎてしまうような、門口の狭い、こぢんまりした神社である。例大祭は「神農祭」といい、毎年十一月二十二日と二十三日に行われる。そして、この祭礼は、平成十九年には「少彦名神社薬祖講行事」として、大阪市無形文化財(民俗)に指定されたと聞く。両日は道修町通りに、くす玉飾りや献灯提灯が建ち、たくさんの露天が軒を並べ、神虎(張子の虎)を求める参拝者で賑わいをみせる。

ところで、この神虎の発祥は、文政五年(一八二二)に広がったコレラの疫病除けにある。三日で亡くなることから「三日コロリ」と呼ばれ、虎や狼が一緒になって来るような恐ろしい病気として「虎狼痢」の文字があてられ、当時は治療法がなかったが、「鬼を裂く」といわれる、虎の頭骨など十種類の和漢薬を配合した「虎頭殺鬼雄黄圓」という丸薬が発明され、初めは百人に限って効能書に一粒ずつ包んで施薬し、同時に、病名も丸薬にも虎の字があてられていたので「張子の虎」をつくって、五葉笹に吊るし、神前で祈禱した証しに、虎の腹部に「薬」の文字が朱印され、病除けのお守りとして授与したという。

この神虎の張り子の虎は、今でも神農祭のシンボルともなっていて、ちょっと愛嬌のある虎が

「五葉笹」に相変わらず、ぶらさがっている。今は笹がプラスチック製になっているのは仕方のないことであるが、この五葉の笹に厄除けの意味を持たせているのであろう。五葉笹は、枝わかれしない一本の笹の節のところから五枚ずつ小葉を出し、枯れても葉が落ちないといいう。

ちなみに、大阪の祭りは、一月の十日戎《えびす》にはじまって十一月の神農祭で終わる。今宮戎神社で行われる十日戎では福笹を配るが、これはモウソウチクの枝の部分を使っているそうだ。そして、神農祭は「とめの祭り」といわれている。どちらの祭りにも笹が縁起ものになっているのが、おもしろい。

数年前の十一月、たまたま道修町近くの伏見町で仕事があった。その帰り道、地元の人々がぞろぞろと歩いているのに出会い、何気についていくと「神農祭」の催し日に辿り着いたことがあった。曾祖父や初代も拝んでいたかもしれない「神農さん」に、知らず知らずにお詣りできたのは、何かの縁であろう。私も参拝者の列に並んで、張り子の虎を授かり、何となくほのぼのとして東京への帰路に就いた。

五葉笹につけた張り子の虎

二十六、竹と祭り

私の大学時代の恩師の一人に宮本常一《つねいち》先生がいる。宮本先生は民俗学の大家であった。私の専攻は工業デザイン。つまり、自動車やパソコン、テレビなどの工業製品の意匠を学ぶ学科で、民俗学とはあまり縁がない分野ながら、一般教養として「民俗学」を取り、先生を知ったのである。たった一年間お世話になっただけだが、今ふり返ってみると、民俗学を学んでいてよかったと思う。知らず知らずのうちに、自分が仕事としている竹と民俗学を結びつけて、ものを見ていることに気がつくようになったからである。

竹は、古くから日本人と深く結び合って、その文化を育んできたことはいうまでもない。我が国は、行事や祭りによく竹を使う。そして、貴賤を問わず、暮らしの中に竹が入り込み、生活を支えてきた。茶の湯においても、竹の役割が多岐にわたっているのは、ご存じの通りである。

先生から直接うかがった話の中でも、民衆と竹の関わりがしばしば語られた。今も忘れられないのは、昔は神の依代《よりしろ》として、背の高いつくり物が地上に用意されたという話である。よい例が、祇園祭の山鉾の山車《だし》の天辺に飾られる真木や松である。そこに神様が降りていらっしゃるように、空から見えるようにつくる必要があったのだという。

真木や松ばかりでなく、民衆は、一年のうちにすくすくと伸びて、天を目指す竹に神秘を感じ、また、清浄なものとして、それを依代として用いたことなどを、写真や映画を通して教えていただいた。授業中、私は自分が竹とすでに結びついていることを誇りに思ったものである。そのことが家業を継ぐ動機の一つになったのは間違いない。

この竹の神秘性、清浄感は信仰とも結びついて、正月飾りの門松の竹、東大寺二月堂のお水取りのお松明、七夕の笹、今宮神社の斎竹《いみだけ》からつくられるあぶり餅の串などに、竹が用いられてきたことは、すでに触れた。ほかにも民俗行事と竹の関わりは山ほどあるが、ことに神道との結びつきは深く、このことが茶の湯における竹花入の発生の遠因になっているのではないかとさえ、私は考えている。

さて、竹と民間信仰が結びついてはじまった神事の中で、古い歴史を持つのが、菅生石部《すごういそべ》神社の御願神事《ごがんしんじ》、通称「竹割まつり」であり、毎年、二月十日にその神事は行われる。石川県の大聖寺にある神社のこの行事は、もとは天武天皇が悪疫退散・五穀豊穣を祈ってはじめられたという祭りで、白装束の若者が燃えさかる斎火をくぐり、神社の境内に運び込まれた二百本の青竹を、喚声をあげながら拝殿や石段に打ちつけて粉々に砕き、悪

菅生石部神社の御願神事

霊を追い払い、次に大蛇に見立てた大縄を引き合うという勇ましい祭りである。竹を打ちつけて砕くと、大きな音がする。それは破裂音ともいうべきもので、これは竹の幹が中空だからである。そして、この破裂音で悪霊を驚かし、払うのだろう。ちなみに、割っていない竹は節と節の間の内部に空気が入っているので、火にくべると中の空気が膨張して竹が破裂し、パン！　と鉄砲を撃ったような音がする。悪霊を祓う。これが爆竹のはじまりである。

おまけに、竹が割れるという繋がりで話せば、冬の茶会で竹花入や茶杓の筒が割れて、ひびが入ることがある。私の経験上でもっとも甚だしい例をあげれば、茶会中に床の間に掛けてあった時代の竹花入が、パン！　と、もの凄い音とともに割れて、中の水がザーッと床の間に落ちてきたことがあげられる。しかし、茶人とはたいしたもので、びっくりはしても、誰一人騒ぐ人はなく、半東さんが急いで雑巾で始末をする間、「席中に滝を落としてみせるなんて、冬とはいえ、これもご趣向ですかね」などと、ささやき合っていたのを覚えている。しかし、かわいそうなのは席主である。顔で笑って、心で泣いていたに違いない。その時はたまたま、暖房設備のある茶室で「落とし」を使わず、花入に直接水を入れていたのがよくなかったのだが…。ただし、竹花入が割れた音で、席中の悪霊はすべて払われたに違いない。めでたし、めでたし。

二十七、幼少時代のはなし

今の自分はさておき、幼少時代の性格を一言でいうと、大人しいというか、穏やかで、喧嘩をするよりは仲裁に入るほうであった。もちろん、男子に生まれたので、仲間の男の子たちとはプロレスごっこやチャンバラなどの遊びも知っていたが、その性格が災いしたのか、女の子たちに「おままごと」の仲間に誘われることも、少なからずあったのは確かである。「ままごと」という言葉も、今では死語になりつつあるので、一応説明しておくと「子どもが玩具を使って炊事の真似事をする遊び」であり、「飯事」と書く。実際には「飯事」だけでなく、主役となる主婦役の女の子による育児場面や、夫役の男の子とのやりとり場面なども含んだ、ホームドラマのような大人の真似事遊びである。室内あるいは戸外なら敷物の上に玩具の調理具を並べ、想像上の家庭がつくられる。男の子は、その仮想空間を構築する上で必要な役があてがわれ、ある時は家の主人になり、子どもにもなる。

桃の花

こんな付き合いをしていると、女の子の親たちにも信用されて、三月の雛祭りには、お招きの声があちらこちらから掛かる。乱暴な男の子では、大切なお雛様が壊される心配があるからだろう。そして、どの家でも、お雛様の飾りを見せるだけではなく、ちらし寿司とか蛤のお吸い物などが用意されていて、ご馳走がいただける。また、甘味も、草餅や白酒が必ず出され、桃の節句は、私にとって、結構楽しい記憶として残っている。

こんな大人しい幼少時代を過ごしてしまったのは、家庭環境も災いしているのかもしれない。何しろ、家の中は、籠や竹ばかりでなく、茶道具が所狭しと置かれ、私も三歳の頃には正座をして抹茶をすすっていたのだから。それでも、茶の湯に関わる竹芸家の子として生まれたことを、残念に思ったことはないし、親も竹を使っていろいろと私を楽しませてくれた。その一つが竹馬である。自分の背丈よりも高い竹に足がかりをゆわいつけ、それに乗って歩く、あるいは走る遊びである。足がかりの高さによっては、かなり危険な遊びとなる。そして、竹トンボ。これは説明はいらないと思うが、親につくってもらうばかりでなく、自分も夢中で削った覚えがある。夏には、竹の水鉄砲。冬には、太竹を曲げて、ミカンの木箱にくくりつけたソリでの雪遊び、などなど。何しろ、材料の竹に不自由することはなかったのだから…。

さて、三月頃になると、雛祭りの茶会に招かれる方も多いことであろう。最近、私が招待された茶席も大変華やかだった。犬張り子の絵を床の間に掛け、花入には菜の花と桃の花を入れ、もちろん、立派なお雛様が飾られていた。薄茶の後に白酒をいただきながら、普段から女の子たちと一緒に遊べず、雛祭りにも呼ばれなかった男友だちから仲間はずれにされた、幼い日の自分の姿を懐かしく思い出した。

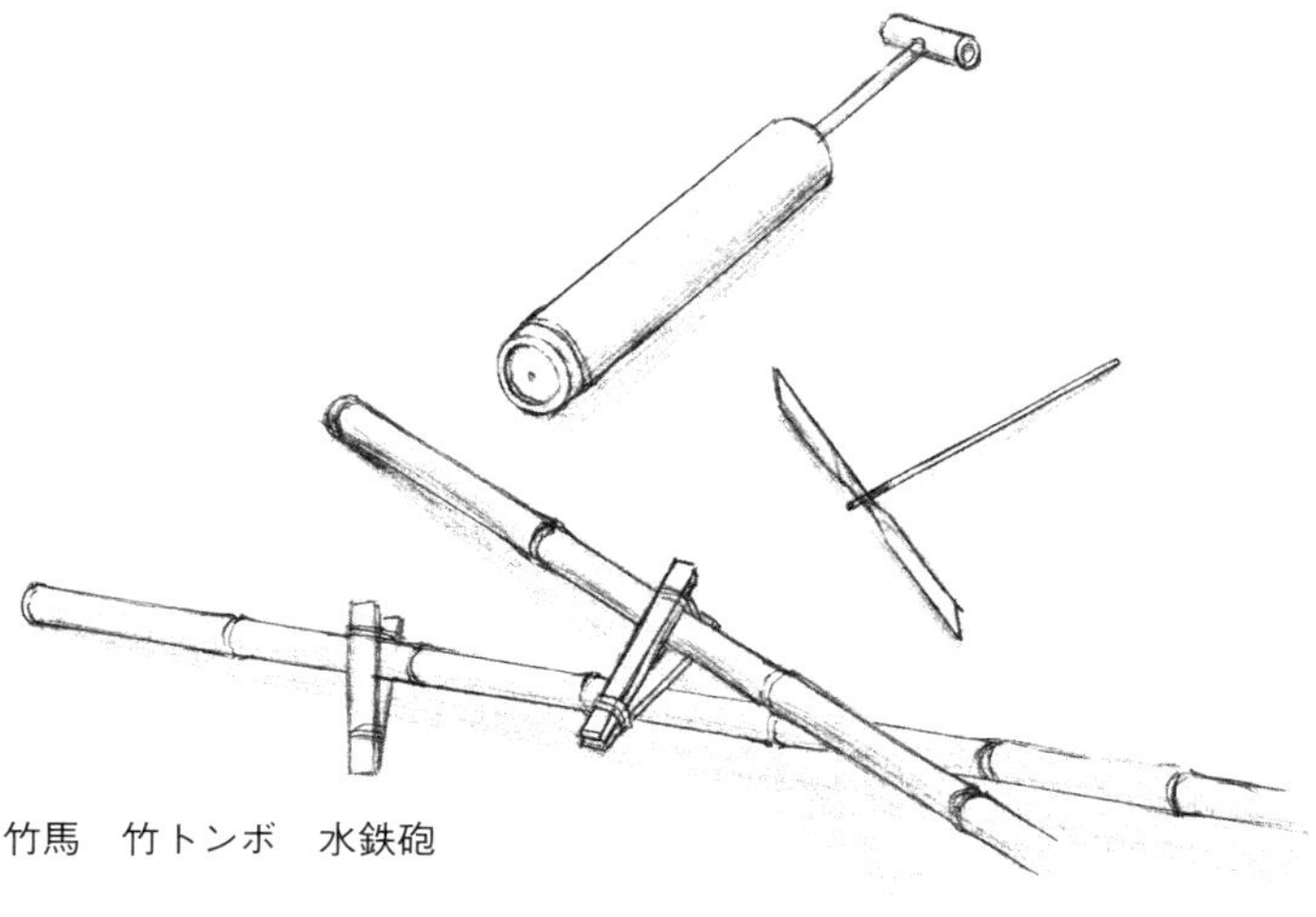

竹馬　竹トンボ　水鉄砲

二十八、私の初陣茶会

年の暮れになると、いろいろと考えることが多くなるのは、私だけではないと思うのだが、いかがだろう。私は、大掃除をいつにするかとか、新年を迎えるにあたって年内にやり残したことがないか、などと、一年を振り返り、我が身の来し方を思う時でもある。

茶会も歳末らしく、寄付に大津絵の手に大福帳を持った鬼の図や、本席に「閑」一文字の横軸などを掛けたり、香合は使い納めの干支をあしらった一点を用いたり、主茶碗には暦手の茶碗など、季節の情趣を感じさせ、慌ただしい中にも「忙中閑」の一時《ひととき》を楽しもうとする古人の知恵が楽しい。しかし、こういった茶の湯の取り合わせを楽しめるのも、昔の暮らしを知っている世代まで。暮れになると掛け取りが家にまで押し掛けてくるとか、年越しとともに皆一つ年を取るのだとかいう、昔ながらの生活を知らぬ人が増えてくると成り立たぬ趣向、という時代がいつかくるに違いない。一方で、クリスマスのように、現代でも理解しやすいテーマで茶会を、という向きもある。といっても、あまりやり過ぎると茶番になってしまうので、難しいには違いない。

クリスマスの趣向は、私の父も考えたことがあった。ある時、谷川徹三氏旧蔵の小堀遠州筆の師走の消息を手に入れたからである。この手紙は送り状で、遠州は「ぢんたとくり」というものを知人に贈っている。「ぢんた」とは、ポルトガル語で赤ワインのこと。「とくり」は徳利のこと。つまり、南蛮のワインを一瓶(?)プレゼントした時の添え状というわけだ。これを本席に掛け、遠州とゆかりの深い古田織部のクルスの絵がある黒織部の沓茶碗を用い、水指には阿蘭陀、菓子は洋酒入りのチョコレートを高杯型の銀食器（教会で聖餐のパンを乗せてくるような物）にと、あれこれ考えていた。イエズス会の布教によって、日本にもキリスト教信者が急増した時代があった。当時、キリシタンを名乗る大名も多く出、茶道隆盛の時期とも重なって、茶とキリスト教を結びつける資料も少なからずある。また、父の両親、つまり、私の祖父母がキリスト教の信徒であったので、その想いが、父の心の中にいつかは南蛮茶会をという夢を描かせていたのかもしれない。しかし、結局、実現はしなかった。今となっては残念なことである。

そういえば、私が初めて一席を懸けたのもクリスマスの頃であった。初陣茶会としては、歳末というのは取り合わせが難しかったけれど、「仏名経」の断簡を使えることになったのでお引受けしたのである。もうかれこれ、二十五年前、三十五歳の時である。「仏名経」とは、仏名会に誦まれるお経のことで、旧暦の十二月十九日から三日間、諸仏の名号を唱えて年内の罪を消滅しようとする、心に思いあたる節のある者には、大変ありがたい法会である。クリスマスもキリストの誕生を祝い、その教えの原点に立ち返って心浄める日であるならば、似ているといえないこともないであろう。取り合わせは、次のごとくであったと覚えているが、定かではない。

本席

床　仏名経断簡

花　白玉椿

花入　胡銅柑子口

香合　交趾　台牛

釜　　霰　　与次郎造
水指　志野
茶器　真塗中次　　藤重造
茶杓　甫竹作　無銘
茶碗　井戸脇　銘山里　権十郎金字形
　蓋置　青竹
建水　砂張
菓子　蓮弁型百合根きんとん
　器　塗　唐物輪花盆

取り合わせは、歳末に合わせ、侘びに徹するように、なけなしの道具の中で考えた。お客さんたちにわかってほしかったのは、茶杓の「甫竹作」である。私は、裏千家のお茶は習ってはいても、茶人ではない。職方である。それを茶杓であらわしたかったのだ。職人作の茶杓は、私に一番ふさわしいからである。ただし、姿は、利休も驚くほどの一本樋、蟻腰の利休型である。

茶会の朝は、空がどんよりとして重たげな雲に覆わ

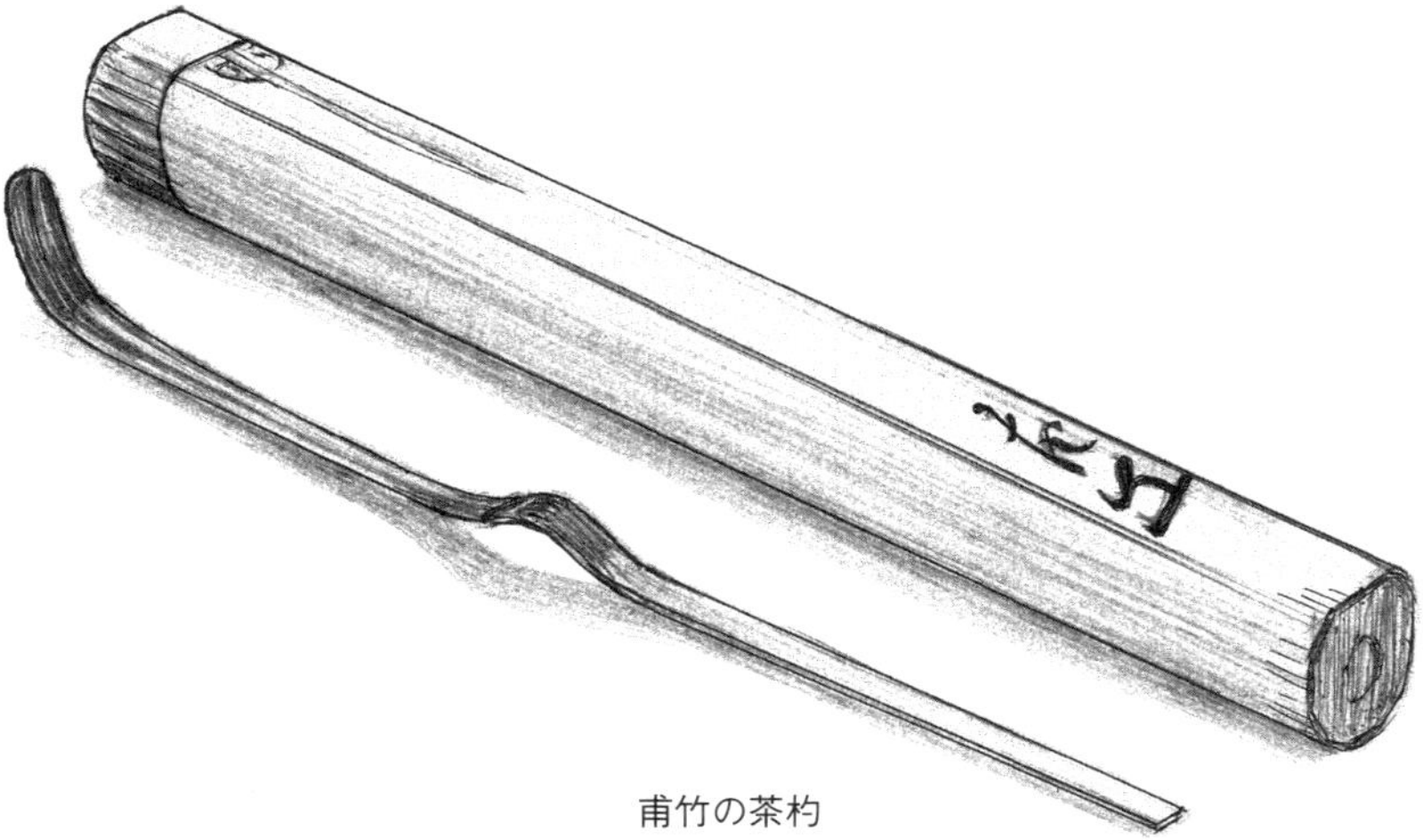

甫竹の茶杓

れ、今にも雪が降り出しそうな天気であった。慣れぬ早起きをして、道具を車に積み込み、茶席に辿り着くと、ありがたいもので、水屋の人たちは準備に余念なく、立ち働いてくれている。私も急いで掛物を掛け、花入を置いて、心を込めて花を入れる。その後、着物に着替え、馬乗り袴を着ける。気の早い人は、もう待合に来ているという。ところが、茶会のはじまりまで小半時という頃から雪が降りはじめた。着物で来て下さる方には大変気の毒なことであるが、茶会の風情としては悪くない。そして、こういうこともあろうかと用意しておいた甘酒を振る舞うことにした。この甘酒は、寒気が厳しかったこともあって、大好評であった。茶会より甘酒の評判が高かったという、ありがたくない評価までいただきながら、あっという間に時が過ぎ、終わる頃には帰り道が心配になるくらい雪が積もっていた。

ともかくも、大いに楽しんだホワイトクリスマスの茶会。亭主七分、いや八、九分は楽しんだかも知れない。ただでさえ忙しい師走における茶会の上、後悔することが無きにしも非ずではあったが、終わった後の、席主を務めたという満足感は癖になるようだ。まだの方は、一度お試しあれ。

二十九、竹のデザイン

三十五年ほど前の夏、私は美大の四年生で、一般の大学の卒業論文にあたる卒業のための課題制作の真っただ中にいた。その頃、陽のあるうちは大学の門はいつでも開いていたので、夏休みでも工房に常に数人の学生がいて、思い思いに油土(造形用の粘土)を削ったり、石膏型を取ったり、スプレーガンで塗装をする中、私も一緒になって制作に励んでいた。

私が選んだ卒業制作のテーマは「集合住宅におけるコミュニケーションシステム」という、今でいう「ご近所の底力」に役立つ掲示板を、新しい発想で創ろうと考えたものであった。アイデアスケッチをおこし、スチレンボードやアクリル板を切ってモデルをつくり、具体的なイメージを形にして、教授たちに見せなければならない。私にはそのプレゼンテーションまでに解決をしなくてはならない問題が山積していた。そして、いちばん困ったのが技術的な問題である。どのような部品をいかように組み合わせたら、私の考えた掲示板が実用となるのか。この技術的な問題を解決するには、直接、企業の製造に従事する技術者に聞くのがベストと、数社に問い合わせをしたが、いちばん親切に答えてくれたのが、任天堂の社員の方であった。

任天堂といえば、今やゲーム機やゲームソフトで名だたる世界的企業だが、その当時は、まだトランプや花札などを売る玩具メーカーという認識しか、私にはなかった。その任天堂の玩具に、何度も描き直しのきくイラストボードがあって、それに目をつけたのだ。まだパソコンが普及していなかった時代のことである。任天堂の確か本社の社員の方は、一学生の質問にも丁寧に答えて下さった。おかげで私の卒業制作は技術的な問題を克服し、めでたく優秀の評価を得ることができた。ただ、今でも少し残念なのは、その任天堂の社員の方の「我が社に来ないか」という言葉に従えなかったこと。他社の内定をいただいているのでと、お断りしてしまった。

秋、卒制を終えた私に、転機が訪れた。瓢阿の名跡を継いでくれと父に頼まれたのである。兄は漆芸の道を歩みたいという意志がかたく、次弟の私にお鉢が回ってきたのだ。T社に内定が決まっているからといったが、母も一緒になって説得するので、いろいろ悩み考えた揚げ句、一ヶ月後に親に就職をあきらめる由を伝え、内定をいただいたT社にはよく事情を説明して、後輩たちの道を閉ざすことがないようにお願いした。そして、竹芸が私の仕事になった。

思うに、結局私はこの道が性に合っていたのであろう。それ以来、毎日毎日竹に触れ、籠を編んでいても飽きることがない。天職と思う。ただ、学生時代にデザイナーを目指していたことが、年を重ねるにしたがい、私と竹の向き合い方に微妙な影響を与えていることに気がついた。新しい竹芸作品をつくる時は、必ずアイデアスケッチからはじめ、試作をくり返す。人の意見を聞くのは、市場調査と同じである。つねに新製品に興味があって、今の経済と市場の動向に気をつかっている自分がいる。籠師なのにと思わないでもないが、デザイナー的な視点からものを眺める癖は、学生時代についたのかも知れない。

現代のデザイン界は、活況を呈している。デザインは商品を売る上で重要な要素となった。そして、竹や籐といった旧来の素材も新しいデザインをまとい、新たな価値を生んでいるのは素晴らしいことである。最近では、竹の繊維で織られた涼しいシャツやブラウスもつくられるようになったし、新しく開発された商業施設のインテリアの一部として竹が用いられることも多くなってきたように思う。建築家やデザイナーが、竹のシンプルで肌ざわりがよく、清潔で涼しげなイメージを生かし、竹の家・家具・テーブルウェアなどを次々に提示してくれるのは、日本の文化を未来につなぐ試みでもある。もっともっと若い建築家やデザイナー諸氏に、竹を使ってほしいと考えている。日本人は竹のよさを世界中でもっともよく理解している民族である。すなわち、モダンデザインの中に竹を取り込む能力は、日本のデザイン界が世界に誇れるものだからである。

さて、私がデザインの世界から竹の世界に居場所を変えて三十五年強が経った。デザインの道を選んでいたらと、たまに考える。もしも、あの時に任天堂に鞍替えして入社していたら、どういう人生を送っていただろう。もしかしたら、シアトルにある米国の現地法人に出向して、シアトルマリナーズの試合も（任天堂はシアトルマリナーズのオーナー企業の一つ）好きなだけ見て、イチロー選手と握手して、本場のスターバックスでコーヒーを飲んでいるかも知れない。そんな人生もありだったかなあと考えながら、日本のスタバでこの原稿を書いている。

あとがき

ここに書き記したことのほとんどは、私が「井の頭のアトリエ」と呼んでいる、ほんとうに小さな仕事場で、一人で黙々と籠を編み、竹を削っている時に、ふと、頭の中をよぎった想念がはじまりになっている。忘れぬうちに手帳に書きつけては、あとで読みなおし、あるいは、覚えておいて人に聞いてもらい、反応の好かった話に裏づけを取って、まとめたものが、この一冊になった。

一応、『孤峰』誌で書きためた連載が中心になってはいるが、あらたに書き下ろし、また、書き替え、書き加えた文章がかなりの量になったので、連載中の読者にお読みいただいても、新鮮な気持ちでページをめくっていただけると思う。

ただ、『籠と竹のよもやまばなし』という題名に、ややしばられた感もないとはいえない。籠や竹にまつわらない話にこそ、私のいいたい内容が含まれている場合もあったが、今回はそういった類の話は泣く泣く削った。籠や竹にまつわることのみで、ページ数が尽きてしまうことが、歴然としていたからである。

本文を校了して、今は「籠という文字の成り立ち」や「建造物に使用される竹のはなし」について、あるいは、「籠や竹の関わる祭り」などについては、いずれ体験を添えて書いてみたいという気持ちを強く持っている。

今年、還暦を迎えたが、今日まで籠や竹工の実作者として、また、研究者のはしくれとして、茶道具のみならず、籠や竹に関しての調査・研究に邁進することができたのも、多くの方々から受けたご支援のおかげであり、歳の節目にこのような出版の機会をいただいたことに感謝の念でいっぱいである。

これからも感謝を忘れず、さらに情報収集のアンテナを高くして、一層、皆様に楽しんでいただける新しい内容を増やして、話したり、書いたりできればと思っている。

最後に、『孤峰』連載中にお世話になった笠原悦子さん、本書を出版するにあたって、なかなか筆の進まない著者を叱咤激励してくださった淡交社の河村尚子さんに、心からのお礼の言葉を贈りたい。

平成二十三年 夏　アトリエにて

池田　瓢阿

池田瓢阿（いけだ・ひょうあ）

昭和26年(1951)、東京都生まれ。武蔵野美術大学卒業後、竹芸の道に進む。

祖父である初代は益田鈍翁より「瓢阿」の号を賜わり、2代目瓢阿である父も鈍翁より薫陶を受けた。

平成5年(1993)、3代目瓢阿を襲名。古典の基本をしっかりと押さえつつ、竹芸の新しい可能性を探って精力的に活動し、日本橋三越本店において定期的に個展を開催。また、竹に関する茶道具や民俗などの研究に力を注いでいる。

現在、竹芸教室「竹樂会」(昭和28年〈1953〉、2代瓢阿創立)を主宰するとともに、淡交会巡回講師、淡交カルチャー教室講師、NHK文化センター講師、朝日カルチャーセンター講師、創造学園大学客員教授などをつとめる。

おもな著書に『茶の竹芸　籠花入と竹花入 その用と美』、『近代の茶杓—数寄者たちの優美な手すさび』、茶の湯手づくりBOOK『茶杓・共筒』『竹花入』『茶席の籠』(いずれも淡交社)、『趣向の茶事』(世界文化社)などがある。

籠と竹のよもやまばなし

平成23年10月17日　初版発行

著　者　　池田瓢阿
発行者　　納屋嘉人
発行所　　株式会社 淡交社
　本社　京都市北区堀川通鞍馬口上ル
　　営業　075-432-5151
　　編集　075-432-5161
　支社　東京都新宿区市谷柳町39-1
　　営業　03-5269-7941
　　編集　03-5269-1691
　http://www.tankosha.co.jp
印刷・製本　　日本写真印刷株式会社

ISBN978-4-473-03742-8